Juan Goytisolo
Kibla – Reisen in die Welt des Islam

Aus dem Spanischen von
Thomas Brovot und Christian Hansen

Suhrkamp

Die Originalausgabe erschien unter dem Titel *De la Ceca a La Meca* bei Alfaguara, Madrid.

Die Essays und Reportagen dieses Bandes gehen im wesentlichen zurück auf eine von Goytisolo konzipierte Sendereihe im spanischen Fernsehen mit dem Titel *Alquibla*. Sie entstanden in den Jahren 1987 bis 1995; einige davon sind in *El País* erschienen.

edition suhrkamp 2145
Erste Auflage 2000

Deutsche Erstausgabe

Druck: Nomos Verlagsgesellschaft, Baden-Baden
Umschlag gestaltet nach einem Konzept
von Willy Fleckhaus: Rolf Staudt
Printed in Germany

1 2 3 4 5 6 - 05 04 03 02 01 00

Inhalt

Islam, Wirklichkeit und Legende

In der kulturellen Wüste der vermeintlichen »Massenkultur« finden Gemeinplätze und Klischees ein ideales Klima. Ich weiß noch, wie ich nach der Lektüre einer dieser journalistischen »Zuchtperlen« das Fernsehen einschaltete und bei einer der üblichen Quizsendungen landete, in der eine etwa zwanzigjährige Kandidatin vom Showmaster gefragt wurde: »Wir alle haben schon von der heiligen Stadt Mekka gehört, können Sie uns sagen, in welchem Land sie liegt?« Ohne zu zögern, antwortete die junge Frau: »In Libyen.« Das war natürlich Unfug, aber doch verständlich und aufschlußreich: Die junge Frau hatte auf ihre Weise eine von den Medien gebetsmühlenartig wiederholte Verkettung kurzschlüssiger Gleichungen auf den Punkt gebracht: Islam – Araber – Dschihad – Terrorismus – Gaddafi. Wo konnte die heilige Stadt des Islams anders liegen als im Iran oder in Libyen?

Dabei ist die erstaunliche Gehirnwäsche, der wir hinsichtlich des Islams und der Araber ausgesetzt sind, nichts Neues. Seit Jahrhunderten begegnen wir ihr in den Werken von Chronisten, Reisenden und Geschichtsschreibern über »Mauren«, »Sarazenen« und »Mohammedaner«, nur daß die antikolonialistischen Befreiungskämpfe der fünfziger und die Ölkrise der siebziger Jahre, die Verzweiflung über die Tragödie des palästinensischen Volkes sowie die Ereignisse im Iran ihr einen in diesem Ausmaß unerwarteten Nachdruck verliehen haben.

Seit den tastenden Anfängen unserer spanischen Sprache ist der Muslim immer der Spiegel gewesen, in dem wir uns auf eine bestimmte Weise reflektiert finden, ein äußeres Bild von uns, das uns hinterfragt und beunruhigt. Häufig eine Art Negativ: die Projektion von vielem, das unserer inneren Zensur zum Opfer fällt und dementsprechend unseren Haß und Neid auf sich zieht; zuweilen auch das romantisch verklärte Wunschbild eines unerreichbaren Ideals. Dies ist beileibe kein ausschließlich spanisches, nicht einmal ein rein europäisches Phänomen. Die »Erfindung« des Anderen, ob als Barbar oder edler Wilder, ist eine universale Erscheinung, die je nach den historischen, kulturellen und sozialen Koordinaten der Gesellschaft variiert, in der sie entsteht. Logischerweise spielen geographische Faktoren – Nähe oder Ferne – eine entscheidende Rolle. Die Inkongruenz bestimmter Merkmale, Normen und Gebräuche verwandelt sich gerade unter Nachbarn gern in unüberbrückbare »Wesensunterschiede«.

Die Bedrohung der christlichen Welt durch den arabischen beziehungsweise türkischen Islam zwischen dem 8. und 17. Jahrhundert ist der Grund für die zentrale Stellung, die er ihr gegenüber einnimmt und die sich qualitativ von der aller anderen nichteuropäischen Kulturen (Buddhismus, Brahmanismus etc.) unterscheidet. Sie erklärt, wie es der tunesische Historiker Hichem Djaït treffend bemerkt hat, das Fortwirken einer heftigen und hartnäckigen »antiislamischen Empfindlichkeit in allen Schichten des europäischen Unterbewußtseins«. Aufgrund des dialektischen Verhältnisses zwischen Ich und Welt, Ich und Nicht-Ich, über das sich bekanntlich Identität herstellt, erfüllte der Islam für den christlichen Westen eine auf Opposition und Kontrast abgestellte Funktion der Selbstvergewisserung; seine Rolle war die des Anderen, des »Intimfeindes«, der zu nah ist, um gänzlich exotisch zu erscheinen, und zu geschlossen, eigenwillig und konsistent, um sich domestizieren oder neutralisieren zu lassen. So kommt es, daß sich eine Geschichte, eine Tradition des Denkens, eine Rhetorik sowie ein Konglomerat aus Legenden und Klischeevorstellungen um den Islam ranken, die vom und für den Westen geschaffen wurden und eine unüberwindliche Distanz zwischen dem »Unsrigen« (natürlich verbunden mit dem Bewußtsein selbstzufriedener Überlegenheit) und dem »Ihrigen« (das feindselig oder »schief« angesehen wird) erzwingen. Beide abstrakten Gebilde, der Westen und der Islam, stützen sich auf- und spiegeln sich ineinander, verstrickt in ein dialektisches Spiel ihrer Spiegelbildlichkeit. Der Islam ist die Hohlform, das Negativ Europas: Gegenstand seiner Aversion und ständige Versuchung.

Die spanischen Christen lernten den Islam nicht nur als eine Militärmacht kennen, mit der sie in Schlachten und Kriegen – an die sich manchmal lange Perioden fruchtbaren Zusammenlebens anschlossen – ihre Kräfte zu messen hatten: er war auch eine ideologisch-religiöse Konkurrenz, ein kulturelles und philosophisches Modell, dessen Überlegenheit und Einfluß sie Jahrhunderte hindurch tief prägte. Zur Zeit des Kalifats von Córdoba klagten Bischöfe und andere kirchliche Würdenträger, daß ihre Gläubigen den Gebrauch des Lateins aufgegeben hätten und mit Leichtigkeit und Eleganz arabisch sprächen und schrieben. Später sollte sich diese mudejarische Vermischung der Kulturen in neuen, höchst originellen literarischen und künstlerischen Ausdrucksformen niederschlagen. Durch die Übersetzerschule von Toledo fanden arabische Wissenschaft und Philosophie sowie die ins Arabische übertragene griechische Philosophie in Europa Verbreitung, das durch die Völkerwanderung von seinen griechisch-lateinischen Wurzeln abgeschnitten worden war. Wenn sich daher um die Mitte des 13. Jahrhunderts an der Pariser Universität die Verteidiger der von Avicenna verbreiteten Thesen über die Unmöglichkeit, daß die Seelen der Gerechten im Paradies zu einer unmittelbaren Anschauung Gottes gelangen, und Thomas von Aquin gegenüberstehen – der sich, wie Southern zeigt, seinerseits auf Averroes stützt –, christianisieren ihre Dispute unversehens einen islamischen Theologenstreit. Auch wissen wir seit Asín Palacios, daß Dante sich arabischer, ins Lateinische und Provenzalische übersetzter Texte aus dem *Miradsch* – der nächtlichen Reise des Propheten zum Himmel und zur Hölle – für seine *Divina Commedia* bedient hat.

Parallel zu diesem Einfluß und der verdeckten Aneignung von Gebräuchen, Kenntnissen und kulturellen Modellen des Islams – die Liste spanischer Assimilierungen reicht vom Begriff der Toleranz und der Kreuzzugsidee bis hin zu den militärischen Orden, dem Rosenkranz und den religiösen Bruderschaften der Semana Santa – sollten jedoch die Notwendigkeit, sich zu verteidigen, und die damit einhergehende Zweckmäßigkeit, einen gefürchteten und bewunderten Feind herabzuwürdigen, einer propagandistischen Literatur den Weg bahnen, die ein verzerrtes und groteskes Bild der Muslime entwirft: Jahrhundertelang werden sie als Anbeter einer schimärischen, die christliche nachäffenden Trinität dargestellt; ihr Prophet wird als Götze oder Scharlatan und Hochstapler karikiert, ihr Paradies als ein Bordell. Empirische Wirklichkeit, konkrete Beobachtung und Konfrontation mit den Tatsachen bleiben unberücksichtigt. Eine phantastische Vision, die den antiislamischen Diskurs antizipiert, ersetzt jeden Versuch eingehenderer Erkenntnis. Umfaßt dieser Textkorpus dann erst mehrere Jahrhunderte und Fachgebiete, entfaltet er eine außerordentliche

Macht; die Imagination verfinstert die Wirklichkeit, blendet sie aus. Daß sich aufgeschlossenere Zeitgenossen wie Ramón Llull in missionarischer Absicht um einen Dialog oder ein Juan de Segovia um Friedensgespräche und Gedankenaustausch bemühten, vermochte nichts gegen das gigantische Arsenal infamer Mythen und Legenden über den Islam und die Araber. Sie haben sich bis heute gehalten und eher noch verstärkt, auch wenn die defensive Einstellung Europas in den letzten Jahrhunderten einer offensiven Eroberungshaltung gewichen ist.

Man braucht tatsächlich nur irgendein Geschichtsbuch aufzuschlagen, um die systematische Anwendung von zweierlei Sprachmaß bestätigt zu finden: aufwertend, wo es sich auf die westliche Welt bezieht, abwertend in Hinblick auf die muslimische Welt. Auf der einen Seite ist von »Ausbreitung«, »ökumenischem Geist« und »zivilisatorischer Sendung« die Rede, auf der anderen von »Invasion«, dem »Ansturm« und »Überfall feindlicher Horden«. Das gleiche Lehrbuch, das die Grausamkeit der osmanischen Sultane in allen Einzelheiten ausmalt, breitet den Schleier der Diskretion über die Autodafés der Inquisition und den weißen oder roten Terror unserer Revolutionen. Einen Ausdruck wie »christlicher Fanatismus« wird man vergeblich suchen. Als Johannes Paul II. vor einiger Zeit Mexiko, Brasilien und Polen besuchte und von einer lautstarken Menge begeisterter Anhänger empfangen wurde, berichtete die hiesige Presse von einer »ergreifenden Manifestation des Glaubens«; anläßlich eines vergleichbaren Schauspiels auf arabischem Boden geißelten dieselben Kommentatoren die »Hysterie der fanatisierten Massen«. Der angebliche muslimische Fanatismus dient als universales Erklärungsmuster für alles, was irgendwie mit der arabischen Welt zusammenhängt. »Angesichts des Rückfalls in diese immergleiche Stereotypie«, sagt dazu ein Ethnologe, »hat man fast den Eindruck, als wenn *arabisch* und *fanatisch* synonyme Begriffe wären.«

Die historischen Umstände der letzten vierzig Jahre – Kampf gegen den westlichen Kolonialismus, Implantierung des israelischen Staates mit anschließender Vertreibung der Palästinenser, libanesischer Bürgerkrieg und iranische Revolution – haben diverse Szenarien der Gewalt entstehen lassen, deretwegen man die islamische Welt in toto für alle Probleme und Miseren verantwortlich macht, mit denen die Welt zu kämpfen hat. Der Westen scheint zu vergessen, daß seine eigene Geschichte und jüngste Vergangenheit ihn nicht dazu prädestinieren, sich als Lehrmeister aufzuspielen. All jene, die den Islam systematisch verunglimpfen, sollte man daran erinnern, daß es in seinem Geltungsbereich niemals blutige Inquisitionen, Genozide an ganzen Völkern wie an den amerikanischen Indianern, eine Massenvernichtung wie unter Hitler oder einen Einsatz von Atomwaffen wie gegen Hiroshima gegeben hat.

Das gegenwärtige Bild vom Islam ist fast immer, selbst bei wohlmeinenden Beobachtern, von perspektivischen Verzerrungen geprägt, die dem Einfluß ethnozentrischer Denkgewohnheiten und der unreflektierten Übertragung eigener Vorstellungen auf einen kulturellen Kontext geschuldet sind, dem sie nicht gerecht werden. Weder lassen sich der Schiismus, der Wahhabismus oder die Salafiyya mit unserem Protestantismus gleichsetzen, noch der identitätstiftende Islamismus der marginalisierten Massen mit dem elitären spanischen Fundamentalismus. Um zu verdeutlichen, welche Verwirrung der Mißbrauch ethnozentrischer Verallgemeinerungen anrichtet, braucht man nur den Begriff »islamisch« durch »christlich« zu ersetzen und ihn auf so unterschiedliche

Phänomene anzuwenden wie den polnischen Katholizismus, den irischen Protestantismus, die Maroniten im Libanon, den schweizer Calvinismus, das Opus Dei, die Glaubensgemeinschaften der Quäker und Mormonen oder die Anhänger der sogenannten Befreiungstheologie in Lateinamerika. Nur einem Narren oder Ignoranten könnte es einfallen, Mutter Teresa mit einem Kreuzritter zu verwechseln. Dagegen ist es allgemein üblich und erregt niemandes Anstoß, den Kern des geistigen und kulturellen Vermächtnisses des Islams zum mutmaßlichen Fundament des Terrorismus zu rechnen.

Wer den Islam und seine geistige Botschaft von dem dichten Gespinst aus Trugbildern und Irrtümern befreien will, kommt nicht umhin, eine Reihe von Fakten und Begriffen ins Spiel zu bringen, die für seine kulturelle und religiöse, aber auch seine soziale und politische Dimension von grundlegender Bedeutung sind. Das Wort, das aus der Wüste kam, sich in weniger als einem Jahrhundert wie ein Lauffeuer verbreitete und unzählige Volksgruppen unterschiedlicher Herkunft und Kultur erfaßte, lehnt vor allem jede auf Rasse oder Sprache gegründete Diskriminierung ab. Es verlangt weder die Existenz einer Kirche noch die einer päpstlichen Autorität, und unter bestimmten Voraussetzungen toleriert es in seinem Bereich die anderen Buchreligionen. Außerdem erlaubt es keiner Priesterkaste, sich zwischen den Gläubigen und Gott zu stellen. Was die vierzehn Jahrhunderte währende und alle politischen Wechselfälle überdauernde innere Geschlossenheit und ständig wachsende Verbreitung seiner Lehre erklärt, ist deren Schlichtheit: der Glaube an einen alleinigen Gott, dessen Wort Mohammed geoffenbart wurde und das den historischen Zyklus der Prophezeiung schließt, die Offenheit gegenüber Menschen aller Rassen und Schichten, die ihre Gebete in der vorgeschriebenen Richtung (Kibla) und in der Sprache der Verkündigung sprechen, sowie die Ausübung der *Arkan ad-din*, der »fünf Säulen« des Islams, die der Masse der Gläubigen Identität und Einheit verleihen. Glaubensbekenntnis, tägliche Gebete, Pflichtalmosen, Fasten im Monat Ramadan und Wallfahrt nach Mekka sind die Regeln, nach denen der Muslim sein Leben einrichtet und sich in die Gemeinschaft der Gläubigen (Umma) einreiht. Der große Dschihad des Gläubigen ist – anders als der von Demagogen beschworene und von Feinden des Islams begeistert nachgebetete »heilige Krieg« – der innere Kampf gegen seinen Egoismus, der Vorsatz, die Welt nicht mit Schwert oder Propaganda, sondern tief in seinem Herzen und Bewußtsein zu verändern. Ursprünglich vertrat auch der Islam eine egalitäre Botschaft – Ablehnung ererbter Privilegien, eine auf Verdienst und Frömmigkeit gegründete Stellung und Würde –, doch in den Generationen nach dem Tod des Propheten geriet der neue Kalifenstaat, ähnlich wie das Christentum, unter den Einfluß absolutistischer Traditionen in den eroberten Reichen, die seine Ausprägung und Funktionsweise grundlegend veränderten.

Angesichts der Tatsache, daß die allermeisten der Mohammed zugeschriebenen Aussprüche soziale Themen behandeln, drängt sich die Frage auf, ob es einen islamischen Staat geben kann, der sich auf die Prinzipien des Korans und die in der Sunna zusammengefaßte religiöse Tradition gründet. In Wahrheit beantwortet sie jeder muslimische Theologe so, wie es seinen eigenen Wünschen, seiner persönlichen Überzeugung, seinen Klassenvorurteilen oder den politischen Interessen seiner Regierung oder Obrigkeit entspricht.

Mohammed hat, wie wir wissen, kein Mitglied seiner Familie zum Erben ernannt, und diesem Beispiel sind selbst Abu Bakr und Omar gefolgt. In den dreißig Jahren nach dem Tod des Propheten, der Zeit der sogenannten »rechtgeleiteten Kalifen«, regierten diese die Gemeinschaft gemäß den Anweisungen des Korans, so wie es Mohammed während seines Aufenthalts in Medina getan hatte; geistige und weltliche Herrschaft verschmolzen in der Person des Kalifen. Nach der Ermordung Alis jedoch – Auslöser der bis heute andauernden Spaltung zwischen der sunnitischen Mehrheit und der schiitischen Minderheit, welche den von Ali abstammenden Imamen und seinen messianisch inspirierten Vorstellungen treu geblieben ist – vertrauten die Omaijaden, die in erster Linie um eine Konsolidierung ihrer politischen Autorität bemüht waren, die Regelung der Scharia, des islamischen Gesetzes, den Richtern (Kadis) an. Diese erarbeiteten auf der Grundlage des Korans ein Korpus von Vorschriften, die das Leben der Gläubigen bis ins Detail regeln sollten: eine Liste von Verhaltensweisen, die die Bereiche des Obligatorischen, Verdienstvollen und Erlaubten bis hin zum Tadelnswerten (*makruh*) und Verbotenen (*haram*) umfaßt. Die unterschiedlichen Auffassungen der Rechtsgelehrten (*fuqaha*) führten zur Entstehung der vier Rechtsschulen des sunnitischen Islams: der malikitischen, hanefitischen, schafiitischen und hanbalitischen, wobei sich letztere durch besondere Unerbittlichkeit und Strenge auszeichnet. So lehnt der hanbalitische Ritus jede Heiligenverehrung strikt ab. Einer ihrer berühmtesten Vertreter im 14. Jahrhundert, Ali Ibn Taimiyya, bekämpfte die mystischen Ideen Ibn Arabis, und einige Jahrhunderte später zerstörten seine wahhabitischen Anhänger alle Grabmäler und Heiligtümer der arabischen Halbinsel und unterbanden die Wallfahrten zu den Gräbern der Heiligen (*auliya*). Das Fehlen einer kirchlichen Hierarchie und eines Pontifex maximus reduzierte gleichwohl die theologischen Differenzen auf einen Streit um geringfügig divergierende Lehrmeinungen, und Al-Ghasali sprach mit Ironie und Verachtung von »jenen, welche die unermeßliche Güte Gottes gegen seine Diener einschränken und das Paradies in ein Reservat für Grüppchen von Theologen verwandeln möchten«.

Ist ein islamischer Staat, der sich auf die Souveränität der Glaubensgemeinschaft (Umma), die Wahl des Chefs der Exekutive (Kalif oder Emir), die Unabhängigkeit der Gerichtsbarkeit (Kadi) gründet, eine gangbare Lösung für die verschiedenen muslimischen Gemeinwesen, die zum überwiegenden Teil unter erheblicher sozialer Ungleichheit leiden und vom Scheitern importierter politischer Modelle desillusioniert sind? Ist die Rückkehr zum goldenen Zeitalter von Medina und den ersten Kalifen, wie einige Zeitgenossen es den durch einen ungezügelten Kapitalismus marginalisierten Massen versprechen, möglich oder überhaupt erstrebenswert? Ist die schreckliche Alternative, sich zwischen der Treue zu einer Tradition, die ihre Identität verbürgt, und der Notwendigkeit des Wandels entscheiden zu müssen, nicht vielleicht ein Teufelskreis, der die muslimischen Länder gefangenhält und ihr Elend vertieft?

Wenden wir uns der erhellenden Lektüre Ibn Chalduns zu, wie Abdallah Laroui es vorschlägt. Die Logik der Chaldunschen Analyse, sagt er, beruht darauf, daß die Verwirklichung des ethischen Ideals islamischer Prägung zum Verschwinden des Staates führen müßte – ein ähnliches Wunder vorausgesetzt, wie es sich zu Lebzeiten des Propheten ereignete. Da ein solches Wunder ausgeblieben ist, so die Schlußfolgerung, ist der Staat, wie er sich im Einflußbereich des Islams entwickelt hat, immer ein Staat der Herrschaft und Gewalt gewesen, auch wenn er die Scharia zum geltenden Recht erhoben hat. Anders gesagt: Der Islam kann Staatsreligion sein, doch einen islamischen Staat kann es nicht geben, es müßte denn ein Wunder geschehen.

Den Islam auf eine Ideologie oder politische Waffe zur Mobilisierung der Massen zu reduzieren heißt, ihn zu verfälschen und zu verkürzen, da man ihn auf diese Weise seiner philosophischen und kulturellen Dimension, seiner reichen mystischen Erfahrung, seines künstlerischen und literarischen Vermächtnisses beraubt. Der Koran, diese »zugleich musikalische wie semantische Orchestrierung«, wie Arkun es wunderschön ausdrückt, ist keine Waffe, sondern ein Angebot. Die entwürdigende und ungerechte Situation, in der die Mehrheit der muslimischen Völker heute lebt, darf uns nicht dazu veranlassen, eher zufällige Erscheinungen mit den religiösen und ethischen Prinzipien zu verwechseln, die ihr Leben bestimmen. Der Islam, das ist auch die Architektur Sinans, das prophetische Wort Ibn Arabis, die Dichtung der Sufis, die literarischen Schöpfungen des iranischen Schiismus, seine bewundernswerte spirituelle Klarheit und das eindringliche historische Beispiel von Al Andalus.

Der Raum der islamischen Stadt

Von den Historikern wissen wir, daß die Gründung einer *cives* – Stadt oder Medina – durch einen ganzen Komplex von Faktoren bestimmt wird, die ein Nomadenvolk veranlassen, an einem bestimmten Ort zu siedeln: Warenaustausch, Verteidigung gegen feindliche Stämme, Zugang zu einer Wasserstelle oder Nähe von fruchtbarem Land. Die arabische islamische Gemeinschaft, die aus der Hedschas-Wüste kam, war von Beginn ihrer Expansion an gezwungen, sich einer feindlichen Natur anzupassen, wobei sie es verstand, vom hydrotechnischen Wissen alter Kulturen wie der ägyptischen und mesopotamischen zu profitieren. Mit dem Übergang vom Nomadentum zu einem seßhaften Leben auf landwirtschaftlich nutzbarem Land veränderten sich auch die Gewohnheiten und Wertvorstellungen der Beduinen, für die bisher allein der Individualismus und die Solidarität des Stamms gezählt hatten. Die Bedingungen, unter denen die neuen, stets von Dürren und Überschwemmungen bedrohten Landstriche bewirtschaftet wurden, verlangten nach einer staatlichen und bürokratischen Kontrolle – einschließlich der Ausbeutung jener Bauern, die schon seit Jahrhunderten der Willkür ihrer wechselnden Herren unterworfen waren. Innerhalb nur weniger Jahrzehnte taten die Araber so den Sprung von der Weidewirtschaft zur politischen und ökonomischen Herrschaft über ausgedehnte Gebiete mit einer rasch islamisierten Bevölkerung.

Die Wahl der künftigen Medina erfolgte nach sowohl ökonomischen und politischen als auch strategischen

Gesichtspunkten. Die Beduinen ließen sich nieder und wurden heimisch, wo es für ihre Herden von Vorteil war: Hatte Kalif Omar nicht gesagt, »was gut ist für die Kamele, ist gut für die Araber«? Doch wie der tunesische Essayist Hichem Djaït in seinem Buch *Al-Kufa, naissance de la ville islamique* (*Al Kufa, Geburt der islamischen Stadt*) treffend bemerkt, erklärt diese pastorale Vorstellung von der neuen, seßhaften Hirtenexistenz weder die schnelle und geordnete Anpassung der Araber an eine solche Lebensweise noch die Übertragung ihres jungen islamischen Modells auf neuerbaute Städte in einem Gebiet, das sich in weniger als einem Jahrhundert vom Persischen Golf bis zum Atlantik erstreckt. Zwischen der beduinischen Tradition auf der einen Seite und den neuen, im Zuge der Expansion des Kalifats entstehenden politischen und administrativen Erfordernissen auf der anderen errichten die Araber ihre ersten Städte in einem Grenzbereich, der in der Tat beiden Vorstellungen gerecht wird.

Struktur und Form der *cives* verdanken sich in erster Linie ihrem Ursprung. Oft sind sie das Ergebnis eines allmählichen, durch zahlreiche Umstände begünstigten Urbanisierungsprozesses; andere Male entspringen sie einfach der Entscheidung eines Monarchen oder Oberhaupts. Die Anlage von Städten wie Kufa, Basra und Fustat läßt deutlich einen Plan erkennen, der nur wenig dem Zufall oder der Improvisation überläßt. Wie ein Kulturhistoriker einmal gesagt hat, ist der Begriff Mutter Natur für einen Muslim unübersetzbar. Der Islam hat in Regionen Wurzeln geschlagen, wo die Natur dem Menschen gegenüber unerbittlich ist: er kann nicht mit ihr verschmelzen, er muß sie fliehen. Sein Ideal ist die künstliche Welt: die Stadt, das Bewässerungssystem, der Garten, der in sein Haus führt, »als wäre er ein Teppich«. Die

Lyrik der städtischen islamischen Kultur beschreibt keine natürlichen Landschaften, sondern »Blumen eines *riyad*«, eines Ziergartens.

Auch wenn man gemeinhin das Gegenteil annimmt, war die islamische Stadt in ihren Anfängen das Ergebnis rationaler, organisierter Planung. Die ersten arabischen Eroberer wollten einen neuen Rahmen, einen Raum, der ihren Bedürfnissen, ihren religiösen Anschauungen und ihrem Temperament entsprach, einen anderen Raum als den der Städte persischen, römischen oder byzantinischen Ursprungs, die sie soeben unterworfen hatten. Das äußere Gepräge und die Struktur von Kufa, das als Muster für die übrigen islamischen Gründungen dienen sollte, weisen eine Teilung des Stadtraums in klar abgegrenzte Zonen auf, die wir trotz des Wandels der muslimischen Gesellschaft und der Probleme, die aus der rücksichtslosen Entwicklung der Städte mit ihrem rasanten Bevölkerungswachstum resultieren, auch heute noch nachvollziehen können: im Zentrum ein ausgedehnter Bereich, abgesteckt und eingegrenzt wie ein heiliger Bezirk, in dem sich Palast und Moschee befinden, Herz der religiösen und politischen Macht; rings um diese Mitte der unbebaute, leere Raum oder *rahala*, der die nötige Distanz zum Markt und zu den Wohnungen schafft, welche den Händlern, Handwerkern und Mitgliedern der einzelnen Stämme vorbehalten sind. Es ist der Ort der großen religiösen Versammlungen und militärischen Zeremonien, in denen die bindende Kraft der beiden baulichen Symbole ihren sichtbarsten Ausdruck findet. Diese Konzeption eines spezifisch muslimischen Städtebaus ging bald schon einher mit der Errichtung von Monumenten und Moscheen, deren Schönheit, Perfektion und Harmonie uns auch Jahrhunderte später noch tief beeindrucken. Der Säulenwald der Moschee von Córdoba oder der Qarawiyyin in Fès, die goldenen Kuppeln von Isfahan, die schlanke Silhouette der Kutubiyya in Marrakesch, der trutzige Stolz der Ibn Tulun in Kairo oder die kerzengleich in den Himmel schießenden osmanischen Minarette: all diese Pracht der islamischen Architektur ist Abbild ihrer abstrakten Religiosität und metaphysischen Schwerelosigkeit. Bewunderer der spirituellen Leichtigkeit und zarten Poesie der Sufis finden in ihr dieselben Elemente von Schlichtheit, Strenge, Erhabenheit und Reinheit wie in den visionären Zeilen Ibn Arabis.

In der islamischen Stadt spiegelt sich der zweifache Status des Gläubigen nach dem religiösen Gesetz. Wenn einerseits die Unterwerfung unter einen Komplex sowohl gesellschaftlicher wie spiritueller Normen die Unterschiede zwischen den Individuen verwischt und sie zu einer einzigen Gemeinschaft verschmilzt, in der die Wohnungen sich, wie Titus Burckhardt beschreibt, in einem In- und Übereinander zu kompakten Einheiten verschränken, bekräftigt der Islam andererseits die Autonomie jedes Gläubigen und sein Recht auf einen unantastbaren familiären Bereich. Abgeschirmt vom lärmenden Getriebe der Geschäftsstraßen, sind die traditionellen Wohnungen sich selbst zugewandt, um einen Hof zentriert, wo der Anblick eines Paars unbekannter Babuschen an der Tür eines den Frauen vorbehaltenen Zimmers Besucher wie Familienangehörige zurückhält. Diese wohlbehütete, kostbare Intimität ist die individuelle Entschädigung des Gläubigen für alle Unbill des täglichen Daseins, der Sauerstoff, der ihn atmen und leben läßt.

Eben dieser Dualität ist es zu verdanken, daß zu den Elementen, die der ursprünglichen islamischen Idee der Medina zugrunde liegen, mit der Zeit noch andere hinzukamen. Städtebauliche Planung ist kein kontinuierlicher Prozeß, die Phasen des Ordnens, des Demonstrierens von politischer Macht durch jene, die sich stark und sicher fühlen, wechseln ab mit Zeiten, in denen der Verfall die individuelle Initiative auf Kosten der Macht und staatlichen Reglementierung fördert. In Fès und in Marrakesch hat sich der Privatbereich immer weiter in den Straßenbereich hineingefressen. Häuser, die einander gegenüberliegen, berühren sich mit einemmal, die oberen Zimmer ragen ins Nachbargrundstück hinein, Gassen werden zu Labyrinthen und scheinen Ortsfremden den Zugang zum Viertel absichtlich zu erschweren. Wie in unseren mittelalterlichen Städten gestaltet ein begreifliches Mißtrauen gegen den Staat und seine Repräsentanten dieses Terrain, das sich der Planung und Kontrolle zu entziehen sucht. Eine Handvoll Männer am Eingang eines Gäßchens konnte einer ganzen Armee den Weg versperren, und bis zur Kolonialordnung der Franzosen garantierten die *drub* ohne Schild oder Hausnummer den Bewohnern ihre Unabhängigkeit, Sicherheit und Anonymität.

Der vertraute Gang durch die Medina-Stadt, die Empfindungen von Nähe und Bewegung, die sie beim Passanten hervorruft, verführen zu einer anregenden Neubetrachtung ihres Raums. Gegenüber dem Funktionalismus einer von strengen Hygiene- und Kontrollmaßnahmen beruhigten Würfelfläche, Block für Block und Haus für Haus numeriert durch eine Macht, deren oberstes Bestreben immer sein wird, ihre Einwohner zu registrieren und zu klassifizieren, bewahrt die islamische Medina ihre fruchtbare Improvisation, eine Lebensform fern jeder behördlichen Einmischung, ein Auflehnen gegen die gönnerhafte Logik des offenen und keimfreien Raums, eine größere Achtung vor den Mitmenschen und ihrem Wunsch, sowohl für sich zu sein als auch in der Menge. Gewundene Gäßchen, baumartige Verästelung, Wege ohne Ausgang, ertragreiche Umkehr: Fehlen von Schildern und Nummern, Blöcke undurchdringlicher, kompakter Realität. (Fès)

Vor einer phantastischen Kulisse aus Minaretten, Moscheen, Koranschulen verbergen Dschellabas Burnusse Schleier Haiks die schwankenden Bilder, die dein Gedächtnis nie wieder wird rekonstruieren können: zweifelhafte Routen, ungewisse Reisen durch ein dichtes Gewirr beharrlich ineinander verstrickter Gassen: unzählige bunte Babuschen türmen sich in den winzigen Seitengeschäften wie Mitren, das stete Treiben der Handwerker geleitet dich zu den Arabesken des Grabmals von Mulay Idris: mit der Hand berühren die Pilger die runde Öffnung in der Kupferplatte, eine Figur aus Tausendundeiner Nacht *schlummert im Vesperlicht eines Ladens auf seiner Ware: im Zickzack, immer im Zickzack durch Höfe, Tunnel, Karawansereien, achtsam an den Vorsprüngen und Einbuchtungen der Qarawiyyin entlang: durch die tiefdunkle Gasse der Sieben Kehren, hinab in die klüftige Enge ihrer uterinen Windungen: Biegen, Schlupfe, Kurven eines launischen Wegs, der sich willkürlich dahinschlängelt, ohne am Ende zu einem Ausgang zu finden.* (Fès)

Die Grenzen der Straße sind unscharf, veränderlich. Die Ware wird auf die Gehsteige gekippt, die Kleinhändler feilschen mitten auf der Fahrbahn und behindern die Fußgänger, das Handwerk wird vor aller Augen verrichtet, niemand versucht, die Pyramide der Ausbeutung zu verhüllen. Transparenz der Beziehungen zwischen den

Klassen, theatralische Arrangements von Basaren und Trödeln, Rufe, Reibereien, lautstark ausgehandelte Verträge, ständige Bereitschaft, einzugreifen oder zuzuhören. (Marrakesch)

Verschlossene Gebäude, glatte Wände, die Häuser in sich gekehrt: mittiger Hof, Garten, Gynäzeum, ein quadratisches Dach in ferner Höhe, das stets der Himmel ist. Unerklimmbar, einbruchsfest, überwältigendes Bewußtsein von Verbotenem, gemächliches Schlendern durch Gassen zwischen blinden Mauern. (Marrakesch)

Schnelligkeit der gesellschaftlichen Veränderungen in der modernen medinisierten Stadt: Osmose, Umschmelzung, Befruchtung, hervorgerufen durch unaufhörliche Kulturschocks, plötzliches Ineinandergreifen von Bräuchen.

Wechsel von privatem und öffentlichem Raum, Ambivalenz ihrer Grenzen, unterschiedlicher Begriff von Heimlichkeit: verbannt aus dem umfriedeten Grund durch das unerbittliche Spähen jener, die sehen, ohne gesehen zu werden, flüchtest du dich in das rührige Gemenge der Suks, die allgemeine Unsichtbarkeit des Augenscheinlichen und Ausgestellten. Kein besseres Refugium für die Intimität als das drangvolle Durcheinander der Menschen. (Marrakesch)

Wie Elie Faure sagt: »Spiritualität ist noch nie einem Konzil entsprungen, auch keinem System oder Dogma, sondern stets dem Leben selbst in seinem schöpferischen Werden.«

Die sowjetischen Muslime

Die Zahl der meist türkisch- oder turkmenischstämmigen Angehörigen jener sowjetischen Völker, die sich mehrheitlich zum Islam bekennen, ist laut letzter Zählung von einundzwanzig Millionen im Jahr 1939 auf siebenundfünfzig Millionen im Jahr 1989 gestiegen. Zieht man ihre hohe Geburtenrate in Rechnung, werden sie wahrscheinlich in den nächsten zwanzig Jahren die hundert Millionen überschreiten und nach den Slawen (Russen, Belorussen, Ukrainer) die zweitgrößte Gruppe auf dem Gebiet der ehemaligen Sowjetunion stellen.

Der Islam drang zwischen dem 11. und 19. Jahrhundert allmählich über die Türkei, Persien und Afghanistan in die heutigen Republiken Zentralasiens, Kaukasiens, der Krim und des Wolgabeckens vor. Während die Khanate Buchara und Kasan sowie das Khanat der Krimtataren unabhängige oder weitgehend autonome Staaten unter der geistlichen Oberhoheit der osmanischen Sultane bildeten, festigten letztere ihre Herrschaft im Kaukasus und verbreiteten den islamischen Glauben mit Hilfe ihrer tatarischen Vasallen unter den kirgisischen Nomaden. Die Ende des 15. Jahrhunderts eingeleitete russische Expansion – die des alten Großfürstentums Moskau, später die der Zaren – stieß nach Süden und Osten vor, unterwarf dabei Kasan und das Khanat der Krim, vertrieb die Osmanen aus dem Kaukasus und eroberte im Laufe des 18. und 19. Jahrhunderts – trotz des »heiligen Krieges« der Emire und, vor allem, der islamischen Bruderschaften –Turkmenistan, Kasachstan, Usbekistan und Kirgisien. Genau wie die spanische formt sich also auch die russische Identität im Kampf gegen den »mohammedanischen Feind«. Bezeichnenderweise stellen die berühmten Kuppeln der Basilius-Kathedrale gegenüber dem Kreml islamische Turbane dar: gekrönt vom siegreichen Symbol des Kreuzes.

Zu Beginn unseres Jahrhunderts erfährt die muslimische Gemeinschaft in den eroberten Gebieten des Zarenreichs trotz des Verlusts ihrer politischen Unabhängigkeit und des massiven Zuzugs russischer Kolonisten eine bemerkenswerte kulturelle und religiöse Renaissance. In der freiheitlichen Atmosphäre der Revolution von 1905 können zahlreiche Zeitungen erscheinen, die den Demokratisierungsprozeß unterstützen und sich für die Rückgabe des von den Siedlern enteigneten Landes und den national-religiösen Kampf für Selbstbestimmung einsetzen. Parallel zur Bildung der Sowjets in Rußland entstehen im April 1917 eine Vielzahl von Schuras, islamischen Versammlungen. Nachdem sie sich gegen die Obrigkeit aufgelehnt und zahlreiche Okkupanten getötet haben, rufen Kirgisen, Turkmenen und Usbeken ihre Unabhängigkeit aus, desgleichen Tschetschenen und Aserbaidschaner, deren Republik Aserbaidschan drei Jahre existieren soll.

Die Beziehungen zwischen Bolschewiki und Muslimen durchlaufen verschiedene Phasen, von einer Allianz mit den demokratischsten und fortschrittlichsten nationalistischen Kräften auf muslimischer Seite bis hin zur blutigen Unterdrückung aller islamischen Bewegungen unter Stalin. Trotz des historischen Aufrufs Lenins an die »Mohammedaner Rußlands und des Ostens« (»all diejenigen, deren Moscheen und Bethäuser zerstört, deren Glauben, Sitten und Bräuche von den zaristischen Unterdrückern mit Füßen getreten wurden! Von nun an werden Ihr Glaube und Ihre Bräuche, Ihre nationalen und kulturellen Institutionen für frei und unantastbar erklärt«) wurde die islamische Befreiungsbewegung der UdSSR zunächst an den Rand gedrängt, dann bekämpft und schließlich zerschlagen. Die Prinzipien von Freiheit, Gleichheit und Brüderlichkeit, auf die sich die fortschrittlichen muslimischen Führer beriefen, blieben unter dem alles niederwalzenden großrussischen Nationalismus auf der Strecke.

Vor 1917 hatte Lenin noch kühn die Idee der Selbstbestimmung der Völker verfochten: »Man muß allen Völkern Rußlands das Recht zugestehen, sich in Freiheit von ihm loszusagen und unabhängige Staaten zu bilden. Wer dieses Recht verweigert und nicht die erforderlichen Maßnahmen zu seiner praktischen Umsetzung trifft, der bekräftigt die [zaristische] Politik der Eroberungen und Annexionen.« Doch schon bald nach der Oktoberrevolution warfen die Delegierten der ersten Konferenz der Kommunisten Mittelasiens, nachdem sie von ihren Kämpfen gegen die Ausbeuterklasse in den jeweiligen Regionen berichtet hatten, den russischen Genossen eine »Mentalität von Herrschern« vor, die es gewohnt seien, »die Moslems wie Untertanen« zu behandeln. Im Januar 1920 beschloß die dritte Konferenz nicht nur die Gründung einer autonomen Republik in Turkestan, sondern schlug auch, ein alter panturkischer Traum, den Anschluß aller Brüder in der Sowjetrepublik vor. Für sie bestehe, so ihr Sprecher, die Revolution nicht bloß aus Klassenkampf: Revolution bedeute ebenso, daß sich die unterjochten Völker und Volksgruppen in einer gemeinsamen Front zusammenschlössen, um ihr Schicksal zu wenden. Dergleichen Vorschläge riefen große Unruhe hervor und wurden von Moskau zurückgewiesen.

Der bekannte Tatarenführer Sultan Galiew bemerkte rasch, daß die sozialistische Revolution in Rußland das

Problem der Ungleichheit der Völker nicht löste. Das einzige Mittel dagegen, so wurde ihm bewußt, bestand darin, daß die unterentwickelte koloniale Welt zunächst ihre Unabhängigkeit vom unterdrückerischen Imperialismus errang. Obwohl selbst ein überzeugter Marxist, hatte Sultan Galiew das moralische Potential der religiösen Gefühle der Massen deutlich erkannt, und indem er die bindende Kraft des Islams mit einbezog, nahm er, wie wir heute wissen, die Politik zahlreicher weltlicher oder marxistischer arabischer Eliten bei ihrem späteren Kampf gegen den französischen und britischen Kolonialismus vorweg. Seine strategische Hellsicht hinderte ihn indes nicht daran, an dem Dogma festzuhalten, wonach die Rettung der sogenannten Dritten Welt einzig vom Sieg des europäischen Proletariats abhänge. Die Stimmen Sultan Galiews und seiner Genossen, die sich für einen freiheitlichen Panislamismus einsetzten, stießen in den revolutionären Gruppen ganz Asiens auf Resonanz, doch die Kommunisten wußten sie effizient zum Schweigen zu bringen: Sultan Galiew wurde wegen »nationalistischer Abweichung« verurteilt und starb einige Jahre später in Stalins Lagern.

Schönheit und Glanz von Buchara und Samarkand, die den Turbulenzen der Geschichte und den Attacken der Moderne bis heute widerstanden haben, bezaubern den Besucher bis in unsere Tage; die Liste der Reisenden, die über sie geschrieben haben, reicht vom »Klassiker« Ibn Battuta bis zum libanesischen Erfolgsschriftsteller Amin Maalouf. Das erste Zeugnis in spanischer Sprache geht auf das frühe 15. Jahrhundert zurück. Der Verfasser, Ruy González de Clavijo, ist zwar für die meisten seiner Landsleute ein Unbekannter, doch sein Wirken als Diplomat am Hofe Timur-Lengs, im Abendland Tamerlan genannt, gehört heute zum Erinnerungsschatz des usbekischen Volkes, und in Buchara und Samarkand verbindet man seinen Namen mit dem fernen Bild Spaniens. Der Botschafter Heinrichs III. von Kastilien berichtet nicht nur von phantastischen Details, wie sie für die Zeit typisch sind – etwa von dem wunderbaren Ring des Tamerlan, dessen Stein die Farbe wechselte, wenn jemand in seiner Gegenwart log –, er hat uns auch eine schlichte, geradezu naive Beschreibung der Hauptstadt des Zweiten Mongolenreichs hinterlassen: »Die Stadt Samarkand liegt in einer Ebene und ist umschlossen von einer Mauer aus Lehm und sehr tiefen Gräben, und sie ist ein wenig größer als Sevilla. Vor der Stadt aber gibt es ein große Ansammlung von Häusern, die an vielen Stellen wie Viertel zusammenstehen. Die Stadt ist rings umgeben von vielen Gärten und Weinstöcken, und wenn man auf die Stadt zugeht, scheint sie zunächst nichts anderes als ein Berg mit sehr hohen Bäumen. Und durch die Stadt und besagte Gärten zogen sich viele Wassergräben, und inmitten der Gärten gab es viele Melonen und Baumwolle, und die Melonen in diesem Land sind sehr zahlreich und gut, und zu Weihnachten gibt es so viele Melonen und Trauben, daß es ein Wunder ist.« Auch bald sechs Jahrhunderte später zeigen die Früchte auf den Märkten ihre saftige Opulenz, und die Medina bewahrt selbst verblüht noch den Zauber früherer Tage. Ein Großteil der Moscheen und Medresen kämpft zwar mit dem Verfall, doch andere Monumente sind in den letzten Jahren sorgfältig restauriert worden. Das Stadtbild, ein Nebeneinander von Pracht und Zerstörung wie in einigen Vierteln Kairos, weckt in dem Reisenden, der mit dem Islam vertraut ist, dieses Gefühl von Unmittelbarkeit, Bewunderung und Melancholie, wie es von Tanger bis Mittelasien alle großen Zeugnisse der alten muslimischen Kultur hervorrufen. In schwereloser Harmonie fügen sich grazil aufragende oder gestutzte Minarette, goldene Kuppeln, Mosaikfassaden in prachtvollem Blau, das Straßenleben ist ein dichtgedrängtes Treiben, der Reiz, zu »medinieren«, ein ständiger, feiner Kitzel. Wir gehen über die Märkte, unter dem Sonnenschutz von Zeltplanen oder Rohrgeflecht, und erblicken unterwegs Bilder und Szenen, die an die Türkei oder Ägypten erinnern: von Weinlaub beschattete Straßencafés, Gäste, die träge auf den Matten liegen, andere, die versonnen vor einem Glas Tee oder einem Damebrett hocken. Für jemanden, der gerade aus Moskau kommt, könnte der Wechsel nicht angenehmer sein: Menschentrubel, Sanftmut, Sinnlichkeit, die Wärme menschlicher Beziehungen, größere Vielfalt an Gesichtern, Kleidern, Farben, plötzlich ansteigende Gemütstemperatur, belebende Stereophonie von Stimmen.

Bucharas Pracht ist älter, das Schicksal der Stadt wechselhafter. Während Ibn Battuta hier lediglich die Zawiyas und Gräber von Heiligen und barmherzigen Emiren erwähnt, zeichnet ein Geograph aus der sogenannten Balkhi-Region ein Bild der Stadt, das eine ausführlichere Wiedergabe verdient: »Ich habe in islamischen Landen noch keine Stadt gesehen oder erwähnt gefunden, die von größerem Glanz umgeben wäre als Buchara. Denn von der Höhe ihrer Zitadelle aus findet der Blick, wo immer er hinfällt, nichts als Grün, das mit der Farbe des Himmels verschmilzt. Ihre Burgen, meint man, leuchten wie Ranunkeln, und die Felder rings um die nahen Dörfer scheinen blankpolierte Spiegel.« Zwar wechselten etliche Male die Herren der Stadt, sie litt Feuer und Gewalt, doch das Emirat überdauerte dornröschengleich bis in jüngere Zeit: uralt, irreal und somnambul. Der dänische Reisende Olufsen, der sie Anfang des 19. Jahrhunderts besuchte, berichtet uns, der Emir habe wie in früheren Zeiten »hinter seinen hohen Zinnen« gewohnt, und seine

»Vasallenkönige«, die Begs, lebten noch mit ihrem anachronistischen Hofstaat in düsteren, romantischen Burgen. »Die gewundenen Straßen«, schreibt er, »die Häuser mit ihren Mauern aus Lehm und ihren Terrassen, die Moscheen und Medresen werden nicht von der aufdringlichen Präsenz europäischer Wohnhäuser behelligt. Wie vor Jahrhunderten drängen sich die Mullahs, Derwische, Qalandare und Geisteskranken am Eingang der Heiligtümer.« Tatsächlich war Buchara noch Mitte des 19. Jahrhunderts eines der bedeutendsten Zentren der muslimischen Welt. Der Islam bestimmte das Leben der Stadt, ihre politische, ökonomische und gesellschaftliche Bedeutung. Die Macht befand sich in den Händen der Geistlichkeit, und das rigide, autoritäre Herrschaftssystem suchte die Ordnung der Welt nach den Geboten des Korans aufrechtzuerhalten. Als im Zuge der zaristischen Expansion das Emirat im Jahre 1868 zum Vasallenstaat wurde, änderte sich an der politisch-sozialen Situation Bucharas zunächst wenig. Zwar trug der Emir den Titel »Beschützer der Muselmanen Rußlands«, doch das allmähliche wirtschaftliche und kulturelle Eindringen der Europäer förderte die Entfaltung panturkischer Ideen und islamischer Erneuerungsbestrebungen, was sowohl die zaristische Polizei als auch die feudale Klasse alarmierte. Zwischen den Revolutionen von 1905 und 1917 kämpften Konservative und Reformkräfte darum, dem Emir ihre Vorstellungen aufzuzwingen. Als Verbündeter der »weißen« Konterrevolution wurde er 1920 abgesetzt, doch auf Anweisung Lenins respektierten die Bolschewiki die Unabhängigkeit der Volksrepublik Buchara, um ihr bereits angeschlagenes antikoloniales Prestige bei der asiatischen Bevölkerung zu retten. Vier Jahre lang bestand Buchara als quasiunabhängiger Staat, doch die politische Klasse der muslimischen Reformer merkte recht bald, daß die Vertreter des russischen Proletariats sich nicht sonderlich von den zaristischen Beamten unterschieden: ihre Beziehungen zu den Russen waren die von »Beschützten« zu ihren »Beschützern«. Ein Zusammenstoß war absehbar, so daß die Sowjets dem nationalistischen Aufstand zuvorkamen und die Volksrepublik Buchara einfach abschafften.

Während der Jahre des Bürgerkriegs und der britisch-französischen Intervention zeigten die Bolschewiki aus taktischen Gründen eine relative Toleranz gegenüber dem Islam. Die Neue Ökonomische Politik und die Notwendigkeit einer Atempause nach all den Zerstörungen und Metzeleien taten ein übriges. Ab 1928 jedoch beobachten wir einen direkten, frontalen Angriff der Partei auf Kultur und Religion jener Völker, die während des Zarismus annektiert worden waren. Nach der Abschaffung der traditionellen Gerichtshöfe, der Schließung der Medresen und der Beschlagnahme des von Gläubigen gestifteten Grundbesitzes folgten die Schließung fast sämtlicher Moscheen und eine heftige antiislamische Kampagne. In den dreißiger Jahren nahmen die Angriffe gegen die »parasitäre« muslimische Geistlichkeit und die »Banditen« der Bruderschaften, die sich erhoben und mit ihren dürftigen Waffen gegen die unerbittliche Repression Widerstand leisteten, noch an Schärfe zu. Die *Sowjetische Enzyklopädie* von 1935 bezeichnet den Islam als »Ideologie der konterrevolutionären Kräfte in den östlichen Republiken der UdSSR«. Die Aggression Nazi-Deutschlands und der Abfall zahlreicher Soldaten tatarischer, aserbaidschanischer oder turkmenischer Herkunft zwangen allerdings zu einer Modifizierung dieser Politik: Damit auch die muslimischen Republiken ihren Beitrag zu den Kriegsanstrengungen der UdSSR leisteten, unterbrach Stalin die atheistische Propaganda und normalisierte die Beziehungen der Staatsmacht zum nur noch rudimentären »offiziellen« Islam. Nach Kriegsende nahm er seinen ideologischen Kampf gegen den »Obskurantismus« wieder auf, und erneut wurde die Definition des Islams als »reaktionäre Doktrin« und auf »Erfindungen und Lügen« basierender »toter Rest mittelalterlicher Lehren« von einer allgemeinen antiislamischen Offensive und der Schließung zahlreicher Kultstätten begleitet. Stalins Nachfolger blieben der alten Politik treu: Zwischen 1954 und 1964, schreibt Vincent Monteil, erschienen in der UdSSR fast tausend antireligiöse Werke in den verschiedensten Sprachen. Offiziellen Statistiken zufolge verringerte sich die Anzahl der Moscheen, die im Jahre 1905 noch etwa 7000 betragen hatte, bis 1942 auf 1312. Ein Bericht von 1966 gibt die Zahl mit 400 an, und zehn Jahre später waren nur noch 300 »ordnungsgemäß registriert«.

Zum besseren Verständnis dieser Entwicklung muß man hinzufügen, daß der offene Krieg gegen den Islam von systematischen Bemühungen flankiert wurde, das muslimische Lager zu spalten, seine politische, kulturelle und geistige Einheit zu brechen und das Gespenst eines immer wieder auflebenden Panislamismus und Panturkismus zu bannen. Das Verbot des klassischen Arabisch, die Manipulation der verschiedenen in den Rang von »Nationalsprachen« erhobenen uralaltaischen Dialekte, die sprachliche Russifizierung und erzwungene Einführung erst der lateinischen, später der kyrillischen Schrift hatten zum Ziel, die von den Zaren eroberten Völker von ihren religiösen und kulturellen Wurzeln abzuschneiden, sie zu zerschlagen und ihrer Identität zu berauben. All diese repressiven Maßnahmen in sämtlichen Bereichen des politischen, religiösen und kulturellen Lebens entfachten einen neuen heiligen Krieg der Bruderschaften, die den antirussischen Kampf seit Zarenzeiten gewohnt waren, wobei die zahlreichen Prozesse gegen »konterrevolutionäre Terroristen und Saboteure«, von denen die sowjetische Presse unter Stalin, Chruschtschow und Breschnew berichtet, die Rolle des volkstümlichen Sufismus im nationalen Widerstand gegen die Besatzungsmacht nur verschleiern. Die Breschnewsche Politik befand sich in einer Zwickmühle: Zum einen galt es, den muslimischen Ländern der Dritten Welt gegenüber das Bild einer UdSSR als »Freundin und Beschützerin des Islams« zu zeichnen, zum anderen, die Angst vor der »islamischen Ansteckung« durch die revolutionären Schiiten und afghanischen Mudschahedin zu schüren. Diesen Widerspruch aufzulösen, war man nicht in der Lage, und in der Tat hätte es die Quadratur des Kreises bedeutet.

Der Dialog mit dem Islam mußte jedenfalls geführt werden, zu seiner Kontrolle wie zur eigenen Imagepflege, und so schuf man eine Geistliche Verwaltung der Mohammedaner Mittelasiens und Kasachstans sunnitisch-hanefitischer Glaubensrichtung mit Sitz in Taschkent. Dem Mufti Babachanow – Vorsitzender dieser Einrichtung bis zu seinem erzwungenen Rücktritt 1989 aufgrund massiver Proteste der Gläubigen gegen seine Willfährigkeit und angebliche Korruption – unterstanden nach eigener Aussage etwa zweihundert große Moscheen (*schami*) in den Republiken Mittelasiens, davon zwölf in Taschkent, vier in Buchara und drei in Samarkand; die Zahl der Bethäuser (*masdschid*) in den drei genannten Städten belief sich auf hundert, zehn und fünfzehn. Allerdings sind diese Angaben sowohl übertrieben als auch unvollständig: übertrieben, wenn wir uns an die offiziell anerkannten Kultstätten halten; unvollständig, weil jene nicht berücksichtigt sind, die in der Halblegalität bestanden.

In Usbekistan, der »moslemischen Modellrepublik«, wie die sowjetische Propaganda stets betonte – zu mindest bis zu den religiösen und ethnischen Unruhen 1989 –, alimentiert die Taschkenter Geistliche Verwaltung eine gewisse Anzahl von Mullahs, um das Bedürfnis der Gläubigen nach Ausübung ihrer Riten zu befriedigen. Sie betreibt auch die beiden einzigen in der UdSSR zugelassenen islamischen Lehranstalten, die Miri-Arab-Medrese von Buchara und die des Imams Ismail al-Buchari in Taschkent. Erstere ist eine Einrichtung für die mittlere Geistlichkeit, deren sieben Jahre dauerndes Studium der Ausbildung von Imamen und Predigern für die »registrierten« Moscheen dient beziehungsweise der jener Theologen und Rechtsgelehrten, die an der übergeordneten Medrese von Taschkent eingeschrieben sind. Die Anzahl der Studenten beider Schulen beträgt nicht einmal dreihundert. Diese reguläre, bis vor zwei Jahren von der Staatsmacht streng kontrollierte Geistlichkeit predigte die Vereinbarkeit von Marxismus-Leninismus und Islam, vermied jede Kritik an den antireligiösen Kampagnen und diente den staatlichen Vertretern bei ihren Reisen ins muslimische Ausland als Propagandainstrument. Die Unterwerfung des offiziellen Islams unter die Interessen der sowjetischen Regierung sowie der angesichts der großen Masse der Gläubigen dramatische Ausstattungsmangel ließen in Usbekistan und den übrigen muslimischen Unions- und autonomen Republiken jedoch einen parallelen Islam« entstehen, der wahrscheinlich sehr viel lebendiger war. Die spärliche Anzahl legaler Moscheen in riesigen Gebieten mit vereinzelten, weit verstreuten menschlichen Ansiedlungen bewirkte ebenfalls, daß immer mehr »nicht registrierte« Moscheen aus dem Boden schossen, die von Mitgliedern der Sufi-Orden geleitet wurden. Es waren die Sufis, die die Riten vollzogen, in den Häusern der Gläubigen die Gebete sprachen, den Festen und Familienfeiern vorstanden und die Kultstätten beaufsichtigten. Sogar nach Angaben der sowjetischen Presse überstieg die Zahl der heimlichen Moscheen die der offiziellen um das Dreifache. Es waren ehemalige, geschlossene oder verlassene Badehäuser, die von »Extremisten« in Beschlag genommen wurden, Bethäuser in der Nähe eines Friedhofs oder Grabmals, Privathäuser, die den Gläubigen für die Verrichtung ihrer Gebete offenstanden, oder andere, geheime Unterkünfte, die den Mitgliedern einer Bruderschaft vorbehalten waren. Dieselben Meldungen, die im allgemeinen in der lokalen Presse der muslimischen Republiken Asiens erschienen, prangerten regelmäßig die Korankurse und ihre Lehrer an: »Mullahs ohne Titel«, »Eiferer«, »Parasiten« und »Betrüger«. Doch überall in diesem gewaltigen ethnischen und kulturellen Konglomerat der UdSSR hatten die Sufis – und nicht erst seit Gorbatschow und dem Afghanistan-Desaster – die klägliche und konformistische offizielle Geistlichkeit im alltäglichen Leben von Millionen von Muslimen längst ersetzt. In den Republiken Mittelasiens sind die Zeremonien des *dhikr*, der mystischen Trance der Bruderschaften, heute an der Tagesordnung. Unter Anleitung eines »Führers« geben sich die Ordensmitglieder wie in Ägypten oder Marokko dem Psalmodieren des göttlichen Namens und ihren ekstatischen Tänzen des Weges der Einung hin. Als jüngst der Mufti von Taschkent auf einer Versammlung usbekischer Sufis erschien – und dabei von einem von ihnen heimlich gefilmt wurde –, gestattete er ihnen bei aller orthodoxen Mißbilligung, ihre Riten zu zelebrieren, woraufhin die Ordensbrüder in Jubel und wirklich beeindruckendes Siegesgeschrei ausbrachen.

Trotz ihrer faktischen Zerstreuung, sprachlichen Zersplitterung und unterschiedlich ausgeprägten Integration in die sowjetische Gesellschaft pflegen die meisten Muslime der UdSSR die traditionellen Bräuche und vollziehen die vorgeschriebenen Riten. Die faden kommunistischen Hochzeiten im Haus des Volkes wurden ersetzt durch den traditionellen Gang des Brautpaars zum islamischen Richter und das Feiern rauschender Feste. Die Beschneidung – sie erlaubt es, den Gläubigen vom russischen Kafir zu unterscheiden – erfolgt vornehmlich aus Gründen der nationalen Identität und als Akt des Widerstands gegen die Assimilierung, selbst bei nichtpraktizierenden Muslimen. Auch diese lassen sich nach islamischem Brauch begraben und werden so symbolisch in die Gemeinschaft ihrer Ahnen aufgenommen. Heute tragen die meisten Usbeken den Leichnam eines verstorbenen Verwandten wieder auf einer Bahre zum Vorhof der Moschee, wo der Imam nach dem Rezitieren der Fatiha und weiterer Koransuren die Gebete spricht und die göttliche Barmherzigkeit anruft. Manchen Bräuchen wie Polygamie oder Brautkauf, die bei den zentralasiatischen Stämmen fest verwurzelt sind, haben auch siebzig Jahre sowjetischer Präsenz nichts anhaben können; trotz löblicher Bemühungen, der Würde der Frau zu größerer Achtung zu verhelfen, sind diese Praktiken immer noch gang und gäbe und zeigen, wie nutzlos die besten Reformen sind, wenn sie von oben aufgezwungen werden.

Noch augenfälliger wird der hartnäckige Widerstand gegen die Russifizierung an der wachsenden Bedeutung des Heiligenkults und der Pilgerreisen. Allein das Beispiel Usbekistans zeigt, daß die Wallfahrten zu den Gräbern und Mausoleen, die nicht nur von der weltlichen, sondern auch von der offiziellen geistlichen Obrigkeit immer verurteilt wurden, jahrzehntelang Massen von Menschen anzogen, die taub waren gegen jede Warnung oder Drohung. Vor einem Jahr wurde unter dem Patronat der Mullahs der Geistlichen Verwaltung in Taschkent die berühmteste Pilgerfahrt für die Gläubigen zugelassen: zu dem *masar*, in dem die sterblichen Überreste des Scheichs Baha'uddin Nakschband liegen, des Begründers des angesehenen Nakschbandi-Ordens, der zahlreiche Mitglieder im Kampf gegen die sowjetische Herrschaft verlor. Offizieller Islam und volkstümlicher Islam vermischen sich hier unauflöslich. Zahllose Pilger und Ordensmitglieder suchen jeden Tag die Moschee auf, um dort zu beten, die rituellen Rundgänge um das Grab des Heiligen zu vollführen und den gefällten Stamm eines für seine *baraka* (Segenskraft) berühmten hundertjährigen Baums zu umkreisen. Die Atmosphäre des Ortes erinnert immer wieder an die Wallfahrten zu den marokkanischen Heiligen: Die Pilger liegen bequem auf Estraden im Schatten der Weinlauben, entspannen sich oder nippen an ihrem Tee, andere trinken das geweihte Wasser aus dem Brunnen, Mütter kommen mit ihren Neugeborenen zum Vorbeter, der dem Säugling die Fatiha oder den Ruf des Muezzins ins Ohr spricht und ihm ins Gesicht haucht – im islamischen Kulturraum bezeichnet ein und dasselbe Wort, *ruh*, sowohl Seele wie Hauch –, damit aus ihm ein guter Muslim wird. Nach Jahrzehnten der Verwaisung erwacht das Heiligtum zu neuem Leben. Die Frauen haben ihre eigene Moschee, wo sie ihre Gebete verrichten, und zur Zeit wird die alte Herberge für Pilger und Ordensmitglieder wiederhergestellt.

Der Samarkander Gräberkomplex Schah-i Sindeh (»der lebendige Herr«) mit dem Masar des Kussam ibn Abbas, eines Vetters des Propheten, ist wegen seines hohen künstlerischen Werts von der Obrigkeit bewahrt und zu einem Museum gemacht worden, doch die Gläubigen kommen nach wie vor hierher, um vor den Gräbern der zahlreichen auf dem Gelände bestatteten heiligen Männer zu beten und ihre Gelübde zu tun. Das ehemalige Museum des Atheismus neben dem Eingang hat sich in einen Souvenirladen verwandelt. Russische und ausländische Besucher kreuzen den Weg frommer Usbeken, die ihre Hände auf die Ecken der Grabsteine legen und sich dann die Wangen berühren, um den Segen der Heiligen zu erhalten. Ein weiteres großartiges Baudenkmal, das Mausoleum Senschi Atas in Kalinin, nicht weit von Taschkent, war ebenfalls zeitweilig ein antireligiöses Museum und lockte seinerseits zahlreiche Pilger herbei: geblendet von »Schwindlern und Scharlatanen«, wie die lokale Presse es nannte. Bezeichnenderweise sind auch die Gräber jener Sufis, die im heiligen Krieg gegen die Anhänger des Zarismus oder gegen die Bolschewiki fielen, ein Wallfahrtsort. Diese »Brutstätten des Obskurantismus, des Fanatismus und der Reaktion, Zentren nationalistischer Propaganda und religiösen Hasses«, in denen laut Breschnewscher Propaganda »Hochstapler, Tagediebe, Lügner und sogar Kriminelle« ihr Unwesen trieben, ziehen heute Pilger an, die nicht nur aus Usbekistan kommen, sondern aus allen Republiken Mittelasiens.

Die allgemeine Enttäuschung über die Wohltaten des »realen Sozialismus«, die Ungleichheit zwischen Russen und Einheimischen sowie das schrille Getöne der früheren antireligiösen Kampagnen haben die Menschen zu jenen Traditionen zurückfinden lassen, die vom Islam verkörpert werden. »Man braucht gar nichts von freudianischer oder neofreudianischer Psychologie zu verstehen«, sagt Alexandre Bennigsen, »um intuitiv zu erfassen, daß die eigenen kulturellen und historischen Werte nur um so attraktiver erscheinen müssen und erst recht zu ihrer Verteidigung herausfordern, wenn man sie ständig verurteilt, der Lächerlichkeit preisgibt und verbietet, während die fremden Werte in den Himmel gehoben und als Modell für die ganze Welt gepriesen werden.« Für viele sowjetische Muslime ist der Sufismus der Bruderschaften die zwangsläufige Antwort auf eine solche permanente Aggression.

Der Krieg in Afghanistan und der Kampf der Mudschahedin haben ebenfalls zum Erwachen islamisch-nationalistischer Gefühle beigetragen. Fachleute weisen darauf hin, daß die sowjetischen Muslime bereits seit dem warnenden Beispiel Sultan Galiews im Kommunismus nicht eine politische Ideologie, sondern ein Machtinstrument sehen, das einzig dem Ziel dient, die von den Zaren ererbte Herrschaft aufrechtzuerhalten. Der Zusammenbruch dieser Ideologie, die das Reich zusammenhielt, macht all die ethnischen und religiösen Spannungen sichtbar, die der Terror und die Repression sorgfältig verborgen hielten. Die jüngsten Unruhen in Usbekistan, die sich an den Entlassungen im Zuge der Mechanisierung der Baumwollmonokultur entzündeten, wurden selbst von Gorbatschow einem »Panislamismus« zur Last gelegt, »der längst nicht mehr zögert, die Zähne zu zeigen«. Als letztes Kolonialreich auf dieser Erde wird die Sowjetunion den unerläßlichen Prozeß der Entkolonialisierung ihrer vielfältigen Nationalitäten und Ethnien bewältigen müssen, wenn sie nicht auf eine Krise zusteuern will, die in einem Drama enden dürfte.

Die Athleten Alis

Die Stadt Teheran besitzt rund zwanzig *Zurkhaneh*-Gymnasien – wörtlich: »Häuser der Stärke« –, in denen sich die Anhänger dieses äußerst populären Kampfsports täglich versammeln, um gemeinsam zu beten und ihre Kraft und Geschicklichkeit zu erproben. Überlieferungen zufolge soll der Ursprung des Zurkhaneh in die Zeit von König Darius und seiner achämenidischen Nachfolger zurückreichen. Zarathustra, dessen religiöse Lehre in einigen Gegenden des Irans noch Bestand hat, erwähnt in seinen Schriften, daß das oberste Gelübde seiner Anhänger gegenüber dem Gott Ormuzd darin bestand, »in den Himmel zu kommen und einen kräftigen Körper zu besitzen«. Geschichtsschreiber wie Herodot, Xenophon und Plutarch heben die Tatsache hervor, daß im alten Persien Kühnheit und harmonische Körperbildung der jungen Männer Eigenschaften waren, die sie sich durch athletische, auf ihre Statur und Stärke abgestimmte Übungen erwarben. Und auch der iranische Nationaldichter Firdausi erinnert in seinem *Königsbuch* daran, daß König Ardaschir, der Begründer der Sassaniden-Dynastie, ein Dekret erließ, mit dem er das Zurkhaneh und die Künste des *pahlewan* allen seinen Untertanen zur Pflicht machte, auf daß sie mit Bogen, Keule und Schild umzugehen lernten und ihm »mit einem wie Bronze gehärteten Körper« zur Seite stünden. Die von Firdausi in fünfzigtausend Distichen versammelten Legenden besingen die Tugenden der *ayars* oder Ritter, die kühn genug sind, allen Gefahren zu trotzen, ins Lager des Feindes vorzudringen und Gefangene zu befreien, Fähigkeiten, die Rostam, der Heros ohne Fehl und Tadel der persischen Mythologie, vollendet verkörpert. Der Ayar muß Mut und Stärke in sich vereinen, auf seinen Vorteil zugunsten des Allgemeinwohls verzichten, muß sich als menschlich und mitfühlend erweisen und Schicksalsschläge geduldig ertragen. Zu den Ahnen der heutigen Kämpfer gehören auch die *fettis*: Krieger, die sich dem Kampf gegen die Unterdrücker und Feinde des Vaterlandes verschrieben haben, wahre Don Quichottes im Dienste der Armen und Schutzbedürftigen.

Im Verlauf der internen Kämpfe zwischen den Nachfolgern des Propheten schlug sich das iranische Volk auf die Seite der Nachkommen Alis, dessen Sohn Husain der Legende nach die Tochter des letzten Sassanidenkönigs geheiratet haben soll, ungeachtet der Niederlage und Vernichtung der Seinen bei Kerbela. Die Annektierung des Landes durch die Kalifen von Bagdad ließ den von mystischen und messianischen Vorstellungen durchdrungenen Schiismus zum Rückgrat der Nation werden und die Nacheiferer Rostams zu Kämpfern gegen Fremdherrschaft und religiöse Verfolgung. Die Treue zum Koran, zu Mohammed und den zwölf Imamen verlangte von ihnen eine enge Verschränkung von islamischer Frömmigkeit und physischer Stärke. Ihr eiserner Körper, ihre ungebärdige und muskulöse Erscheinung waren Sinnbild der Kraft ihres Glaubens, die athletischen Übungen Sinnbild ihrer eindringlichen geistigen Erfahrungen und Formen. Durch die iranische Geschichte hindurch sind die Pahlewane ihren Idealen von Unabhängigkeit und Gerechtigkeit treu geblieben. Viele von ihnen haben im Kampf gegen äußere Feinde und den Hochmut der eigenen Despoten – den letzten Schah eingeschlossen – ihr Leben verloren.

Die alten Zurkhanehs, ihrem Ursprung nach geheime

Zentren des geistigen Widerstands gegen die Macht der *Anmaßenden*, verbargen sich gewöhnlich vor den Blikken der Öffentlichkeit in kleinen Nebenstraßen oder im Labyrinth der Basare. Äußerlich unterscheiden sie sich von den Nachbargebäuden durch niedrigere Eingänge, die alle Eintretenden zwingen, sich zu ducken und so dem Ort ihren Respekt zu erweisen. Ein kurzer Flur führt zum Übungssaal, an dessen Ende sich eine Art Kanzel, *sardam* genannt, befindet, auf der der *murschid* Platz nimmt. Diese Kanzel, die manchmal mit Bildern von Ali oder Rostam geschmückt ist, besteht aus einem steinernen, hölzernen oder schmiedeeisernen Bogen, der vielfältige Formen und Verzierungen aufweist und von Pfauenfedern und einer Glocke gekrönt wird. Der Phantasiereichtum des volkstümlichen Schiismus im Iran – dessen Prachtentfaltung immer wieder an spanischen Barock erinnert – versieht die Kanzel mit einer Fülle von farbigen Ampeln, Heiligenbildern, Koranversen und Gravuren. Die Einrichtung eines solchen Mimbar geht auf die früheren Derwischklöster zurück, in denen Gebete und Gesänge des Meisters das schwindelerregende Ritual der tanzenden Derwische begleiteten. Heutzutage sitzt der Murschid in einem Sessel, auf den Knien eine große Bechertrommel aus Ton, den sogenannten Sarb, dessen Fell über einem Kohlebecken oder elektrischen Ofen erwärmt und gestrafft wird. Ein einfaches Steingutgefäß dient als Opferstock für die Spenden der Teilnehmer am Ende der Veranstaltung. Mit der Glocke wird der Wechsel der Übungen eingeläutet, die Leistung eines Athleten beglückwünscht und eine Person von hohem geistlichem Rang bei ihrem Eintreffen geehrt.

Wie in den Derwischklöstern wölbt sich über dem großen Saal des Zurkhaneh eine Kuppel, die sich manchmal in einer Laterne öffnet und an die zwölf Meter hoch sein kann, was den Akrobaten während ihrer Geschicklichkeitsübungen das Spiel mit den Keulen ermöglicht. Eine runde, manchmal achteckige Versenkung in der Mitte der Halle – der *goud* – dient den Athleten bei ihren Trainingsstunden oder der Ausübung des Ritus als Arena. Wenn die Kämpfer in das heilige Rund des Goud hinabsteigen, küssen sie die Fingerspitzen der rechten Hand und berühren mit demütiger Gebärde den Boden, wie zur Erinnerung an die menschliche Natur und die Vergänglichkeit von Ruhm und Reichtum. Die Zuschauer sitzen auf Bänken, die sich um die Vertiefung gruppieren; in den moderneren Zurkhanehs bietet eine halbkreisförmige Galerie oder Tribüne Platz für eine größere Besucherzahl, was ihrem ursprünglichen, eher bescheidenen und intimen Charakter abträglich ist. Die traditionellen Keulen, Schilde und Bögen stehen aufgereiht am Rand des Goud, in Reichweite der Athleten, die sie gemäß den Anweisungen des Meisters während der Zeremonie zur Hand nehmen.

Die Fülle von Andenken, Trophäen und Wahrzeichen verwandelt einige Zurkhanehs in regelrechte Museen. An den Wänden hängen Porträts von Pahlewanen, Abbildungen in leuchtenden Farben, Suren und Lobpreisungen des ersten Imams; Darstellungen von Ali mit grünem Turban, Richterschwert und einem zahmen Löwen zu Füßen; in Grün und Weiß gehaltene Gemälde des Propheten mit würdevollem Bart und den Gesetzestafeln in Händen; Bilder berühmter Derwische mit den Emblemen von Armut und Wanderschaft; Dutzende Athleten von grimmigem Aussehen, allein oder in Gruppen, die Hände verschränkt, als besiegelten sie einen Friedenspakt oder Waffenstillstand; Gewichtheber mit hervortretenden, von der Anstrengung geschwellten Muskeln; wohlgeformte Hünen, die Hände in den Hüften, mit

Schnauzbärten, stolzen Brustschilden, im strahlenden Glanz ihrer ledernen Kniehosen und der Stämmigkeit von Sohlengängern; Rostam, zu erkennen an seinem Spitzbart und dem hörnerbewehrten Helm; Puriaye Wali, der legendäre Pahlewan, der lieber sich selbst besiegen als über seinen Gegner triumphieren wollte; Takhti, neuzeitliche Verkörperung der Tugenden des *pischkeswat* und Verteidiger der kleinen Leute sowie des schiitischen Glaubens, ermordet von der Polizei des Schahs... Die Begeisterung für den mystischen Weg, für religiöse Prinzipien und körperliche Stärke verschmilzt hier zu einer unauflöslichen Einheit und verleiht dem Ort eine außergewöhnliche, sinnverwirrende Atmosphäre, die den Betrachter in Erstaunen setzt und seine Seele erquickt.

Der Murschid steht in der Nachfolge der Scheichs oder »mystischen Pole« innerhalb der reichen und fruchtbaren schiitischen Spiritualität und wird von seinen Kollegen unter jenen muslimischen Gläubigen ausgewählt, deren Ansehen und Charakter in gutem Ruf stehen. Außerdem muß er für dieses Amt über eine hervorragende Stimme verfügen, ein ausgezeichneter Timbalspieler sein, eine große Anzahl Koranverse und Litaneien zu Ehren Alis sowie ganze Passagen über Rostam aus dem *Königsbuch* auswendig kennen. In Zeiten von Unterdrückung und Fremdherrschaft, die in der iranischen Geschichte nicht eben selten waren, stärkte und beflügelte die vom Rhythmus des Sarb untermalte Erinnerung an Husains tugendhaftes Leben die Entschlossenheit so mancher Athleten, die durchdrungen waren vom Geist ritterlicher Traditionen und der messianischen Esoterik der als Märtyrer verehrten Imame.

Faramarz Najafi, Mitglied der Staatlichen Musikakademie des Irans, ist ein Paradebeispiel für die Tugenden und

Begabungen, die einen Murschid auszeichnen. Er ist fromm, gebildet, ein passionierter Leser persischer und arabischer Dichter und voll Verehrung für Mewlana, Faridoddin Attar und Suhrawardi, deren Werke er gewissenhaft studiert. Aufgewachsen in einem Haushalt gläubiger Muslime, wurde er von Kind an mit dem Amt des Murschids vertraut gemacht; heute gibt er seine Kenntnisse an den Sohn weiter, den er in die Geheimnisse dieser subtilen und komplexen, alle Nuancen von Anmut und Harmonie erfassenden Kunst einführt. Seine Stimme besitzt einen überwältigenden Klang und beherrscht perfekt die Ton- und Rhythmuswechsel, die der Sprechgesang der Gebete und das Gedenken an die Taten der Pahlewane vorgeben. Er ist Lehrmeister am großen und beliebten, im Herzen des Teheraner Stadtviertels Baharistan gelegenen Zurkhaneh, wo er am frühen Abend seine Arbeit aufnimmt, wenn sich die Athleten nach Erledigung ihrer Tagesgeschäfte in den »Häusern der Stärke« versammeln, um zu beten und sich ihren Übungen zu widmen. Er tritt aber auch am staatlichen Zurkhaneh auf – während der Schahherrschaft als Club Melli bekannt –, von dem er gelegentlich eingeladen wird, um Sondervorstellungen der besten iranischen *salawatis* zu leiten. Hoch auf seiner Kanzel, den Sarb auf den linken Oberschenkel gestützt und das Fell der Tommel dem Publikum zugewandt, gibt er mit beiden Händen auf wundervolle Weise den Rhythmus an, wandelt ihn je nach den Erfordernissen des Gesangs, bestimmt Anfang und Ende jeder Übung, läutet mit einzigartiger Intensität und Präzision die Glocke. Seine faszinierende Begabung stimuliert und elektrisiert die Kraft der Salawatis, die verzückt seinen epischen Erzählungen lauschen, den zärtlichen mystischen Gedichten und den Gebeten zu Ehren des Propheten und der Imame.

Die Hierarchie der Athleten eines Zurkhaneh bestimmt sich nach dem Alter und dem jeweiligen Grad ihrer spirituellen und körperlichen Reife. Die Älteren und Ranghöheren genießen Respekt und Gehorsam seitens der Jüngeren, ungeachtet der gesellschaftlichen Stellung jedes einzelnen. Der Neuling wird, nachdem er die Einführungsphase absolviert hat, vom Lehrmeister zum *noutsche* ernannt und in die Gruppe der Schüler aufgenommen. Seine Ausbildung ist sowohl religiöser wie athletischer Natur: Unter der strengen Aufsicht des Meisters profitiert er von dessen reicher Erfahrung und dringt Schritt für Schritt in die Geheimnisse der körperlichen Harmonie und des psychischen Gleichgewichts ein. Die innere Disziplin zählt mindestens ebensoviel wie die Fertigkeit im Umgang mit Keulen oder Schilden. Die Dauer des Noviziats richtet sich danach, wie schnell der Kandidat lernt, sich selbst zu beherrschen und sich dem Meister unterzuordnen. Nach Abschluß dieser Initiationszeit wird der Jüngling von seinen Kollegen feierlich in den Kreis der *nou khaste* aufgenommen. Wenn er in seinem Eifer nicht nachläßt und den großen Dschihad gegen seinen Egoismus und seine Begierden führt, erhält er den Status eines Salawati – ein weiterer Schritt auf der Stufenleiter der Vollendung für die Anhänger des mystischen Wegs. Unabhängig von seinem Alter und seiner gesellschaftlichen Stellung erwirbt er sich die Ehrerbietung der niederrangigen Athleten und wird bei seinem Eintreffen im Zurkhaneh vom Murschid mit einem Trommelwirbel empfangen. Ganz oben in der Hierarchie stehen die Pischkeswats: sie sind die wahren Pahlewane unserer Zeit und zeichnen sich gleichermaßen durch ihre Stärke und Geschicklichkeit, durch Beherrschtheit, Selbstlosigkeit, Demut und Höflichkeit aus, Eigenschaften, die mit den ritterlichen Traditionen und der schiitischen Religiosität in Einklang stehen. »Möge dem Propheten und allen seinen Nachkommen die göttliche Barmherzigkeit zuteil werden«, sagt der Murschid bei ihrem Eintreten, und alle Anwesenden verneigen sich zum Zeichen ihrer Ehrfurcht.

Die Trainingskleidung der Athleten besteht gewöhnlich aus einer langen Sporthose, die sie mit einem schwarzroten Baumwolltuch umwickeln, dem sogenannten *long*, das am Gürtel befestigt, einmal um jeden Oberschenkel geschlagen und als üppiger Schurz über dem Schritt verknotet wird. Der Aufseher des Zurkhaneh gibt jedem Athleten ein Long und kann nach einer besonders schwierigen Übung weitere in den Goud hinabwerfen, wenn ihn einer darum bittet, der sich damit den Schweiß abwischen oder vorsorglich die Schultern bedecken möchte. Bei öffentlichen Aufführungen tragen sie den obligatorischen *tonikeh*, dessen Schnitt an den *kıspıt* der türkischen Ringer bei ihren schlüpfrigen Kämpfen erinnert; anders als dieser ist er jedoch kunstvoll mit Blattornamenten bestickt, die ihrer recht wilden und kraftstrotzenden Erscheinung eine phantasievolle Note verleihen. Der Tonikeh wird in der Taille mit Riemen und Schnallen, an den Knien mit aufwendig verzierten Knieschonern befestigt. Die Stickereien der Hose sind von Club zu Club verschieden: Während einige leuchtend gelbe und rote Verzierungen auf blauem Tuch verwenden, tragen die Athleten des staatlichen Zurkhaneh schlichtere, schwarzweiße und ebenfalls blätterverzierte Tonikehs, allerdings mit farblich abgesetzten Hosenschlitzen und Gürteln. Zu Ehren der selbstlosen und unerschrockenen Ayars früherer Zeiten agieren sie bei ihren Vorführungen von Kraft, Geschicklichkeit, Ausdauer und Gewandtheit mit entblößter Brust.

Die Aktionen im Goud werden von einem *miandar*,

dem Zeremonienmeister, dirigiert, um den die übrigen Athleten einen Kreis bilden. Wenn mehrere, nach Alter und Verdienst ranggleiche Kämpfer diese Ehrenstellung beanspruchen dürfen, verlangt die Regel von jedem, zugunsten der anderen zu verzichten und mit ihnen zeremonielle Umarmungen und Komplimente auszutauschen. Es kommt vor, daß der Miandar einem niederrangigen Kollegen die Leitung bei einer der Übungen anbietet, was der jedoch mit einer respektvollen Verbeugung quittiert oder nur annimmt, wenn der Meister darauf besteht. Die gleichen Regeln von Höflichkeit und Anstand bestimmen auch den Umgang der Sportler untereinander: die Heiligkeit des Ortes verlangt von ihnen Zurückhaltung und Ehrerbietung.

Nachdem die Athleten in den Goud hinabgesprungen und einmal herumgegangen sind, nehmen sie das *takhte schenou* oder »Schwimmbrett« und legen es im Kreis um den Miandar vor sich hin. Bäuchlings, die Beine so weit wie möglich gespreizt und die Arme geöffnet, um die Enden des Bretts zu fassen, vollführen sie eine Reihe von Flexionen, heben den Rumpf, spannen die Muskeln und versetzen den Körper in eine schwingende Bewegung, ahmen das Wogen des Meeres nach. Mit ihrem ungestümen, geschmeidigen Schlängeln scheinen sie zu schwimmen und in die zarteren Lüfte zu entsteigen. Der Meister ermuntert sie, indem er sich selbst wie eine Spirochäte windet, laut seine geschraubten Kontraktionen zählt und dabei die Hilfe des Propheten und der Heiligen Imame erfleht. Sind die Hundert erreicht, legt der Murschid in der Regel eine Pause ein und beginnt den zweiten Teil der Übung. Anders als der erste erfolgt dieser zu den Rhythmen der Timbal und den gesungenen Versen über Rostams Heldentaten. Sodann heben die Athleten – immer noch mit gespreizten Beinen und die Enden der

Bretter fest im Griff – den Oberkörper an und verdrehen ihn abwechselnd nach beiden Seiten, bis sie mit der Schulter das Holzbrett berühren. Der Murschid erhöht den Takt der Trommelschläge und spornt mit seinen Versen die Ausführenden zur Tapferkeit an. Diese wiederholen in einer vierten Phase die vorherigen Bewegungen mit geschlossenen Beinen. Der Murschid markiert nun den Rhythmus der Beugungen: Bei eins neigen sich die Athleten nach rechts und berühren das Brett mit der Schulter, während der linke Arm einen Winkel von zehn Grad bildet; bei zwei drehen sie sich zur Gegenseite, bis der rechte Arm einen Winkel von sechzig Grad zeigt. Die Übung gilt als beendet, wenn der Miandar sich erhebt. Die Athleten tun es ihm nach und legen die Bretter an ihren Platz zurück. Der Murschid läutet ihnen zu Ehren die Glocke und erhält seinerseits lobende Worte vom Meister, in die die Salawatis einstimmen.

Beim Training im Zurkhaneh sieht man häufig Athleten mit dem Long unter dem nackten Rücken ausgestreckt auf dem Boden liegen und zwei riesige, oben eckige, unten halbkreisförmige Schilde aus Nußbaumholz stemmen, die in der Mitte eine Öffnung mit einem Handgriff aufweisen. Diese Schilde bilden das Wahrzeichen des Zurkhaneh und wiegen dreißig bis vierzig Kilogramm. Der Athlet hebt sie abwechselnd oder – wenn es sich um einen ausgebildeten Salawati handelt – gleichzeitig empor. Ohne sie ein einziges Mal auf dem Boden abzustützen, hält er sie waagerecht über Brust und Armen, stemmt sie in die Höhe und läßt sie in die vorige Position zurücksinken. Immer steht ihm der Murschid oder einer der Athleten zur Seite und zählt seine Hebungen mit einer Litanei oder Kantilene, in der jede Zahl einen Lehrsatz oder ein religiöses Ereignis des Schiismus symbolisiert:

Gott ist Einer.
Gott ist nicht zwei.
Sechs, die Ecken des Grabes
von Imam Husain.
Elf, die Söhne Alis.
Zwölf, die Vollkommenheit des
verborgenen zwölften Imams.
Sechsundvierzig, die Märtyrer
in der Ebene von Kerbela.

Die vollständige Übung mit dem Schild besteht mal aus 114 Hebungen – so viele, wie der Koran Suren hat –, mal aus 117 – entsprechend der Zahl der Getreuen, die sich für Ali geopfert haben. Sind sie absolviert, feiern der Murschid und alle Anwesenden die Leistung des Athleten mit einer Reihe von Stoßgebeten.

Ein Trommelwirbel zeigt die nächste Phase der Zeremonie an, unter ihren Anhängern bekannt als *mil gereftan*. Die Mil sind dicke, längliche Holzkeulen mit einer kurzen Griffpartie am unteren Ende, deren Gewicht zwischen zehn und vierzig, meist aber zwanzig bis dreißig Kilogramm beträgt. Die Athleten nehmen jeder ein Paar von ihnen aus dem Ständer am Rand der Arena und legen sie sich über die Schultern. Nachdem sie höflich die Aufforderung des Miandar, das Spiel zu leiten, abgelehnt haben, umrunden sie einige Male den Goud und warten auf das Signal des Meisters. Plötzlich schwingen alle gleichzeitig die Keulen in die Höhe und beschreiben mit ihnen einen vollständigen Kreis um Schulterblatt und Brustkorb, mit einem Gleichmaß und einer Präzision, die ihresgleichen sucht. Nach und nach steigert die Trommel ihren Rhythmus, und der imposante Anblick der Athleten erinnert an die Figuren eines Kartenspiels: Könige mit ihren Keulen, mit schwellenden Muskeln und mächtiger Brust, wundersame Wesen, urplötzlich einer heraldischen Traumwelt entsprungen und in Schönheit fleischgeworden.

Eine andere Form des Mil, weniger schwer und mit längerem Griff, dient dem Miandar oder einem der Athleten bei der Vorführung seiner Jonglierkünste: Er wirft sie in die Luft und fängt sie im Flug, nachdem er den Beistand von Ali, dem *Löwen der Wüste von Nedschef*, angerufen hat. »Die Meisterschaft der Jongleure ist so groß«, sagt ein Schüler des Zurkhaneh, »daß man den Eindruck hat, die Keulen würden nicht geworfen, sondern stiegen von einer übernatürlichen Kraft getragen in die Höhe.«

Nach dem wuchtigen Ballett der Keulen ruhen sich die Athleten kurz aus. Anschließend bittet der jüngste und gelenkigste aus der Gruppe den Meister, den Wirbeltanz eröffnen zu dürfen. Dieser sogenannte *tscharkhidan* besteht darin, sich mit ausgebreiteten Armen zu den Taktschlägen des Sarb um die eigene Achse zu drehen. Erneut wird hier der Einfluß der Derwischkultur auf das Zurkhaneh deutlich. Der Jüngling dreht sich immer schneller, genau wie die Mewlewis von Konya, stützt sich dabei aber nur auf den rechten Fuß, während er mit dem linken Schwung holt. Seine grazile, gertenschlanke Gestalt findet zu allerhöchster Vollendung, seine kreuzförmige Silhouette zerfließt, verschwimmt, ein Kreisel oder Ventilatorblatt. Nach Beendigung der Vorstellung überläßt der Wirbeltänzer seinen Platz dem nächsten Athleten. Der Tscharkhidan ist eine ideale Übung für erfahrene Novizen, doch auch etliche Veteranen praktizieren sie trotz ihres Alters und ihres Gewichts mit bemerkenswerter Gewandtheit. Andere begnügen sich mit drei Drehungen und einem Luftsprung zu den unablässig treibenden Trommelschlägen des Murschids. Die Reihenfolge des

Auftritts richtet sich nicht nach der Hierarchie unter den Athleten und bietet Gelegenheit zum Austausch von Höflichkeiten nach alter Tradition.

Nach Beendigung des rituellen Wirbeltanzes nehmen die Athleten ihre Plätze am Rand der Arena wieder ein und warten auf das Zeichen des Meisters. Das »Schütteln« – wie es auch die türkischen Ringer bei ihrem Training kennen – besteht aus verschiedenen Bewegungen der Arme und Beine, mit denen die Muskulatur gelockert und für die nächste Übung vorbereitet werden soll. Dieses Ausschütteln wirkt elegant und leicht, wie eine Mischung aus Tanz und Körpersprache: Die Athleten scheinen von Kopf bis Fuß zu erzittern, wie Sträucher, in dic der Wind fährt, oder eine flimmernde Wasserfläche, über die eine sanfte Brise streicht. Wenn sie die Arme heben, schwanken ihre Körper wie zarte, züngelnde Flammen: glühende Geschöpfe in einem magischen Rund. Ein frischer Hauch mildert die strenge Ordnung des Rituals und gibt den Sportlern Gelegenheit, auf das fruchtbare Gebiet des Spiels und der Improvisation überzugehen.

Beim *kabadeh* handelte es sich ursprünglich um einen Bogen für den Krieg, mit dem man Steine auf den Gegner schleuderte. Im heutigen Zurkhaneh besteht er aus einem langen Eisen mit einem Griff, und die Sehne wurde durch eine massive Gliederkette ersetzt, an der Schellen angebracht sind, die bei jeder Bewegung geräuschvoll aneinanderschlagen. Der Athlet küßt den Bogen zum Zeichen seines Respekts, hebt ihn – eine Hand am Griff, die andere an der Kette – ansatzlos über den Kopf, schwenkt ihn erst nach links und rechts und schüttelt ihn dann virtuos und kämpferisch in alle Richtungen. Der Kabadeh kann bis zu fünfzig Kilogramm wiegen, und seine Handhabung durch die waghalsigen Athleten wird vom Murschid mit Glockenschlägen und epischen Hemistichien gefeiert. Die meisterliche Beherrschung des Bogens ist der Beweis für die Reife und Erfahrung eines Pahlewan. Ihm widmet der Meister die Glanzstücke seines Repertoires und rezitiert vor einem begeisterten Publikum rhythmisierte Episoden aus dem Leben des ersten Imams:

Eines Tages auf der Straße wurde Ali gefragt:
»Warum gehst du einher in zerlumptem Gewand?
Wo du der Fürst bist, der König, der Herr
Und das Blütenmehl des Adelsstands;
O du, unser weiser und kluger Emir,
Kleide dich gemäß deiner Herrlichkeit!«
Da antwortete Ali: »Sieh nicht auf das Kleid,
Sieh auf den Menschen, der in ihm steckt.«

Zum Ritual des Zurkhaneh gehört auch eine kurze Sequenz des traditionellen persischen Ringkampfs, *koschtih* genannt. Anders als im türkischen Ringkampf gibt es hier weder Sieger noch Besiegte. Die Athleten begnügen sich mit einem feurigen Kräftemessen, das die Körper in knotigen Verschlingungen paart, wo jeder die Muskeln des anderen umklammert und der Umarmung des Gegners mit Schnelligkeit und Gewandtheit zu entschlüpfen sucht. Häufig beginnt das Ringen mit einem Rezitativ oder »Kampfgesang«, in dem beide Kontrahenten die Kraft und Stärke des jeweils anderen rühmen:

Zart wie die Ketten der Liebe
ist der Kampf mit Würfen und Griffen.
Den Gegner nach den Regeln der Kunst
zu fassen, ist die reine Lust.

Auf ein Zeichen des Meisters hin trennen sich sodann die

Kämpfer und küssen einander auf die Wangen, bevor sie den Goud verlassen und nach der vom Zeremoniell vorgeschriebenen Ordnung in den Kreis der übrigen Athleten zurücktreten.

Wer in den Bann der Arena gerät, in der sich das Ritual entspinnt, teilt mit den Athleten die Leidenschaft, das plötzliche Höherschlagen der Herzen, die Bewegungen und Sprünge der geschmeidigen Körper, die fromme Inbrunst, ihre Seligkeit und Begeisterung. Das ganze Zurkhaneh ist ein Tempel, in dessen Gewölbe die Stimme des Murschids widerhallt:

Gehörst du, o Ali, zum Geschlechte der Menschen
in einer von Plagen und Lastern geschlagenen Welt?
Prediger und Asketen trinken von deiner Liebe.
Mögen all unsere Leben deine Rettung sein!

Trauertage in Teheran

> Denk daran, die Menschen, die den weltlichen Dingen zugetan, sind bellende Hunde und reißende Bestien. Unablässig bekämpfen sie einander. Ihre hochmögenden Herren töten die Armen und Schwachen, tyrannisieren und berauben, die sich nicht wehren können. Sie führen sich auf wie unbändige, verwilderte Tiere, die ihresgleichen zerfetzen und vernichten und alles zerstören, was sie umgibt.
>
> *Brief von Ali, Schwiegersohn des Propheten, an seinen Sohn Husain*

Jedes Jahr, wenn der heilige Monat Muharram näherrückt, erfaßt eine ungewöhnliche Aufregung die iranischen Städte und Dörfer, ihr Erscheinungsbild wandelt sich. Schwarze Fahnen und Transparente bedecken Balkone und Fassaden, die Gläubigen strömen in *husainiyyas* und Moscheen zusammen, um Prozessionen und Trauerfeierlichkeiten vorzubereiten oder einzustudieren, in aller Eile werden an öffentlichen Orten und in religiösen Einrichtungen Kanzeln und Podien aufgestellt. Die Kleiderordnung wird noch restriktiver gehandhabt als sonst, und die Männer lassen sich einen Bart stehen. Man begeht die nationale Gedenkfeier des schiitischen Schmerzes, des ewigen Martyriums des Imams Husain.

In Trauerkleidung bekunden einen Monat lang Kinder, Jugendliche, Erwachsene und alte Leute aus allen Schichten der Gesellschaft ihre kollektive Verzweiflung. Von Gefühlen übermannt und in der Trostlosigkeit vereint, weinen und klagen sie, geißeln sich und schlagen sich an die Brust. In der Erinnerung an die Tragödie von Kerbela verschmelzen religiöse Inbrunst, die Liebe zu einer schwer erkämpften Unabhängigkeit und der Haß gegen Unterdrückung: Bekräftigung des Glaubens an einige tiefverwurzelte Werte angesichts der Despotie und Gewalt der *Anmaßenden*.

Keine doktrinäre Mobilisierung oder ideologische Konvention treibt die Gläubigen in die frommen Gruppen, die Zunftbruderschaften und Nachbarschaftsvereine: im Muharram regiert die schöpferische Spontaneität, drückt sich der sehnliche Wunsch der Menschen aus, die Qualen zu teilen, die den Nachkommen des Propheten zugefügt wurden, und sich mit blutigen Kasteiungen der eigenen Leiden und Nöte zu entschlagen. Von einem moralischen und physischen Bedürfnis getrieben, beteiligen sich Millionen von Menschen an einer beeindruckenden, kollektiven Darbietung, nicht als Zuschauer, sondern als Mitwirkende, Protagonisten und Komparsen. Wie ein Psychodrama befreit der Muharram Frauen und Männer von ihren alltäglichen Frustrationen, ihre Identifikation mit den Märtyrern von Kerbela ist zugleich Zeugnis ihres Mitgefühls und ein Akt nahezu metaphysischer Auflehnung. In der Hoffnung auf das Kommen einer Welt der Wahrheit und Gerechtigkeit, für die die Rückkehr des Verborgenen Imams steht, mischt sich die Eschatologie des Unsichtbaren mit einer turbulenten und dramatischen Feier der jahrhundertelang grausam verfolgten Traditionen und Werte des iranischen Volkes.

Nach dem Tod des Propheten im Jahr 632 unserer Zeit kam es anläßlich der Wahl seines Nachfolgers zur Spaltung der muslimischen Gemeinschaft. Obwohl Mohammed, einem berühmten Hadith zufolge, auf seiner letzten Reise nach Mekka zu den Gläubigen gesagt hatte, »Wer mir gefolgt ist, der wird auch Ali folgen«, und obwohl er seinem Vetter und Schwiegersohn, seiner Tochter Fatima und seinen männlichen Enkeln zum Zeichen der Legitimierung seinen Mantel übergeworfen hatte, wählte die

Aristokratie des Stammes Koraisch, dem der Prophet angehörte, nicht Ali, sondern Mohammeds Schwiegervater Abu Bakr zum Nachfolger – zweifellos war man beunruhigt über die Sittenstrenge und Gerechtigkeitsliebe des Mannes, der später den Beinamen *Imam der Armen* erhielt. Auf Abu Bakr folgten nach dessen Tod mit Omar und Othman zwei weitere der Familie nahestehende Stammesführer der Koraischiten. Beide wurden im Verlauf der internen Kämpfe, die man in der Geschichtsforschung als *fitna* oder Große Zwietracht bezeichnet, getötet. Eine kritische Analyse jener turbulenten Zeit liefert Hichem Djaït in einer meisterlichen Studie zu diesem Thema. Im Jahre 656 endlich ging das Kalifat auf Ali über. Doch die Rechtschaffenheit dieses ersten Imams der Schiiten – seine drei Vorgänger galten in ihren Augen später als bloße *ghussab*, Usurpatoren – bedrohte die Privilegien und angehäuften Reichtümer der arabischen Stammesfürsten, deren religiöse und politische Macht sich mittlerweile über Ägypten, Syrien, Iran und Mesopotamien erstreckte. Seine Geduld und Besonnenheit, sich der Wahl von Abu Bakr, Omar und Othman zu beugen, obwohl seine Ansprüche moralisch gerechtfertigter waren, ließen den Machthunger und die Prunksucht seiner Rivalen erst recht offenkundig werden. Bezeichnenderweise greift Al-Kharraz, ein bekannter sunnitischer Mystiker des 9. Jahrhunderts, die Legende auf, derzufolge »Ali sich, als er zur Herrschaft gelangte, einen Gürtel für vier und ein Hemd für fünf Dirham kaufte; da die Ärmel zu lang waren, bat er einen Schuster um seinen Kneif und schnitt sich das Stück Stoff ab, das ihm bis zu den Fingerspitzen reichte«. Sein Kalifat währte nicht lange: Im Jahr 661 wurde er in der Moschee von Kufa von dem Mitglied einer Partei, die weder die Legitimität der Familie des Propheten noch die Ansprüche der Koraischiten anerkannte, erstochen. Daraufhin bemächtigte sich Alis erbitterter Feind Moawiya dieses Amtes. Er verlegte die Hauptstadt des mittlerweile ausgedehnten arabischen Reiches von Mekka nach Damaskus und brach mit dem Prinzip der Kalifenwahl, indem er seinen Sohn Yazid zum Erben erklärte. Aufgrund ihrer prekären Situation mußten Alis Nachkommen die Schandtaten und Ungerechtigkeiten der neuen Dynastie ohnmächtig mit ansehen. Sein erstgeborener Sohn Hasan - später bekannt unter dem Namen Mukhtaba, der Erwählte - lebte zurückgezogen in Medina und wurde nach schiitischer Überlieferung im Jahr 670 auf Befehl des Kalifen vergiftet. Husain, sein Bruder, hatte sich geweigert, Yazid die Treue zu schwören, dessen willkürliche und korrupte Herrschaft die Schia, die Partei der Anhänger Alis, empörte. Diese behielten jedoch ihren Einfluß in der Stadt Kufa und hatten dank der legendären Gestalt Salmans des Reinen, des ersten zum Islam konvertierten Iraners und treuen Gefährten Alis, ihre Lehre in Persien verbreitet. Husain, der wegen seiner Gegnerschaft zu den Omaijaden nach Mekka flüchten mußte, erhielt im Jahre 680 eine Nachricht der Einwohner von Kufa mit der Bitte, sich an die Spitze des von ihnen geplanten Aufstands gegen den Despoten zu stellen. Um sich ein Bild von der Situation zu machen, entsandte der dritte schiitische Imam seinen Vetter Muslem mit der geheimen Mission, Kontakt zu den Aufständischen aufzunehmen, Freiwillige anzuwerben und ihre Kräfte zu bündeln.

Es ist ein tollkühnes Unterfangen, denn Yazid, der davon erfahren hat, schickt das Gros seiner Truppen in die Region; doch obwohl seine Anverwandten zur Besonnenheit raten, läßt sich Husain nicht in seinem Vorhaben beirren, zumal eine Botschaft von Muslem ihn darin bestärkt. »Was Gott beschlossen hat, wird sich erfüllen«, gibt er zur Antwort, »Er wird entscheiden, was das beste ist.« Der Statthalter von Kufa, Ubaidullah Ibn Ziad, hat keine Mühe, den Aufstand im Keim zu ersticken und die Waffen der Verschwörer an sich zu bringen. Muslem wird gefaßt und hingerichtet, zahlreiche Anhänger Alis laufen zu Yazid über.

Da der Weg nach Kufa abgeschnitten ist, weichen Husain und sein rund zweihundertköpfiges Gefolge, darunter viele Frauen und Kinder, in die Wüstenebene von Kerbela aus, wo sie von dem mächtigen Heer des Kalifen umzingelt werden. Khemir, der Anführer, fordert sie auf, sich zu ergeben, und versperrt ihnen den Zugang zu den Wassern des Euphrat. Widerstand ist unmöglich, doch in dem Konflikt, sich entweder Yazid zu unterwerfen oder bis zum Letzten zu kämpfen, entscheidet Husain sich für den Kampf. Er weiß, daß jede weltliche Macht dazu verurteilt ist, zugrunde zu gehen und aus dem Gedächtnis der Menschen gelöscht zu werden, daß nur seine Unbeugsamkeit bis in den Tod den Glanz des prophetischen Erbes, das Licht der Offenbarung bewahren wird. Acht Tage lang leiden der Imam, seine Familie und ein letztes, zweiundsiebzig Mann starkes Aufgebot von Getreuen unter quälendem Durst und sengender Hitze. Es sind die »Zeltleute« der schiitischen Überlieferung, deren bloße Erwähnung die Iraner in Tränen ausbrechen läßt. Alle Versuche, sich mit Wasser zu versorgen, werden von den Belagerern vereitelt. Husains Stiefbruder Abbas stirbt, nachdem man ihm beide Arme abgeschnitten hat, Hasans Sohn Qasem erleidet das gleiche Martyrium. Am Aschura endlich, dem zehnten Tag des Muharram, treten die erschöpften Getreuen des Imams dem Feind entgegen. Viele der Belagerer zögern, ihre Waffen gegen die Nachkommen des Propheten zu erheben, doch Khemir befiehlt, alle zu erschlagen: Husain wird enthauptet und sein Kopf als stolze Trophäe in Damaskus zur Schau gestellt. Rücksichtslos nehmen Yazids Truppen die Frauen der Familie und den kranken Sohn des Imams gefangen und führen sie in Ketten nach Syrien. Die auf Piken und Lanzen gespießten Köpfe der Märtyrer von Kerbela macht Khemir seinem Herrn und Gebieter, dem Kalifen, zum Geschenk.

Yazids haßerfüllte Grausamkeit gegen den Enkel des Propheten löste bei vielen arabischen Geschichtsschreibern Entsetzen aus. »Ihm und seiner Familie wurde angetan«, schrieb Al-Biruni drei Jahrhunderte später, »was noch kein Volk je Menschen angetan hat, nicht einmal den größten Verbrechern. Sie marterten sie mit Durst und Schwert, verbrannten sie, schnitten ihnen die Köpfe ab und ließen ihre Körper von Pferden zertrampeln. An diesem Tag war die Freude unter den Omaijaden groß, und sie veranstalteten Feste. Jene aber, die das Andenken Alis in Ehren hielten, traten still beiseite.«

Um die tiefe Verwurzelung des schiitischen Glaubens im Iran und die glühende Verehrung des Volkes für Husain zu verstehen, muß man daran erinnern, daß der Sieg Kalif Omars über die sassanidische Dynastie und die sich anschließende Islamisierung des Landes mit einer gewaltsamen Entwurzelung der alten persischen Hochkultur einhergingen. Die von einigen als bloße Legende abgetane eheliche Verbindung zwischen Husain und Umm Laila, der Tochter des letzten iranischen Königs, die in der Königsgruft im Süden Teherans begraben liegt und heute als »Schutzherrin der Stadt« verehrt wird, hatte die nationale Verehrung für die Familie des Propheten noch verstärkt und den von den Kalifen in Damaskus und Bagdad grausam unterdrückten Schiismus sogar zum Sinnbild des unterjochten Vaterlandes und verfolgten Glaubens werden lassen. Noch im 9. Jahrhundert gab der Abbasidenkalif Mutawakkil den Befehl, das Grab Husains in Kerbela zu zerstören, und die nur zeitweilig durch Phasen größerer Milde und Toleranz unterbrochene Verfolgung der Schiiten dauerte an, bis ihre Lehre unter der Herrschaft der Safawiden endlich offiziell anerkannt wurde.

Zahlreiche Berichte und Zeugnisse von Reisenden belegen, daß die Volkstrauer zum Gedenken an das Drama von Kerbela bis in die Frühphase der Islamisierung des Landes zurückreicht. Doch ob Verklärung des Schmerzes und Übertragung des Ideals irdischer Gerechtigkeit auf die leicht esoterische Vorstellung von der Mahdi-Gestalt oder Manifestation des Aufbegehrens und Symbol der Hoffnung, wie Sobhi Nadschafabadi in seinem Buch *Das ewige Martyrium* unter Verweis auf Intellektuelle wie Ali Schariati und Ayatollah Montaseri annimmt: die alljährliche Feier des Muharram ist in jedem Falle eine ergreifende und höchst erstaunliche Zeremonie, deren messianischer und märtyrerhafter Charakter verblüffende Parallelen zur Aufführung der Leidensgeschichte Jesu bei den andalusischen Karfreitagsprozessionen aufweist.

Vom ersten Tag des heiligen Monats an sind die Moscheen und Räume religiöser Vereinigungen oder Zünfte in den verschiedenen Vierteln der Hauptstadt Treffpunkt für eine große Zahl von Ordensbrüdern und einfachen Gläubigen. Fast alle sind in schwarze Hemden und graue oder armeegrüne Hosen gekleidet. Einige tragen den Namen ihrer Bruderschaft am Ärmel und haben Peitschen mit Metallkettchen dabei, mit denen sie sich während der Prozession geißeln. Die meisten Büßer haben das Gelübde getan, ihr Blut dafür zu vergießen, daß sie Husain in Kerbela nicht beigestanden und den Märtyrertod nicht mit ihm geteilt haben. Andere kommen mit großen

Trommeln und Pauken, deren unermüdliche Schläge und Wirbel bei den Umzügen von Lautsprecherwagen übertragen werden.

Sobald es Abend wird und die Sonne nicht länger auf die Stadt niederbrennt, veranstalten die Jungen aus den volkstümlichen Vierteln um den Teheraner Basar Prozessionen mit Zimbeln und Trommeln und rüsten sich für den *dasteh*, den Umzug des Aschura. In den baumbestandenen, nur spärlich beleuchteten Straßen präsentieren die von grünem oder rötlichem Neonlicht umrahmten Restaurants, Konditoreien und Obstläden ihr verwirrend buntes und opulentes Warenangebot, wie eingehüllt in die phosphoreszierende Aureole eines irrealen Aquariums. Hin und wieder erinnert ein mit bunten Glühbirnen, »den vierzig Lichtern«, behangenes kegelförmiges Gerüst die Vorbeigehenden an einen Märtyrer oder an einen kürzlich Verstorbenen, einschließlich Name und Fotografie wie auf den in sizilianischen oder türkischen Straßen angeschlagenen Todesanzeigen. In den Höfen und unter den Marktarkaden offerieren unzählige Stände ein reichhaltiges Angebot an Kettenpeitschen unterschiedlicher Größe und Federbüsche, wie sie ähnlich die Artisten im Lido oder im Molino von Barcelona tragen, sowie sämtliche Requisiten für die Umzüge und szenischen Aufführungen: Fahnen, Gebetsschnüre, Tschinellen, Trommeln, grüne Tuniken, Kalifenschilde und die Hand von Abbas als Bronzefigur.

Die Husainiyyas oder frommen Gemeinschaften zum Gedenken an den Aschura können öffentlich oder privat sein, von den Anwohnern einer Straße, reichen Familien oder Kaufleuten organisiert werden. Einige formieren sich auch nach ethnischer Zugehörigkeit; während meines Aufenthalts in Teheran habe ich kurdische und aserbaidschanische Bruderschaften besucht, häufig auch eine mit Namen Karbaliyya, deren Mitglieder Araber sind, mehrheitlich Iraker, die vor der grausamen Unterdrükkung Saddams fliehen mußten. Diese Husainiyya verfügt über ein großes, den Boulevard überspannendes *khema* und bietet zudem einige Besonderheiten: An allen vier Ecken der Kreuzung Omar Khayyam und Abu Said stehen schwarze, mit Fahnen, Wimpeln, Koranversen und Anrufungen des Märtyrerimams geschmückte Sonnensegel, wo an den Tagen des Aschura kostenlos Limonade und Rosenwasser ausgeschenkt wird. Unter einem von ihnen, wie eine Jahrmarktsbude in das schimmernde Licht unzähliger Lampions getaucht, hat man eine Art Krippe aufgebaut: die grünen Zelte von Husain und den Seinen, umzingelt von den roten Zelten und der Kavallerie des Kalifenheeres. Die Atmosphäre im Innern der Karbaliyya, in der sich ein Mausoleum mit Reliquien des Imams befindet sowie eine Wand mit dichten Reihen tulpenförmiger, wie glühende Kohlen leuchtender Lampen – im Iran Sinnbild des Martyriums, des unschuldig vergossenen Blutes –, steht in starkem Kontrast zu der andächtigen Stille christlicher Kirchen. Die Anwesenden sitzen auf Teppichen, verrichten ihre Gebete und *rakas*, unterhalten sich, rauchen, antworten im Chor den Anrufungen des Vorbeters, während die Bediensteten der Husainiyya Tee verteilen, ein Wasserträger den Inhalt seines Schlauches in Metallbecher gießt und Dutzende spielender Jungen und Mädchen zu Füßen des Mullahs, der in der Hocke auf seiner Kanzel sitzt, umhertollen.

Die einzelnen Husainiyyas unterscheiden sich je nach Art ihrer kegelförmigen, grünen und roten Zelte und der schwarzen Sonnensegel, wie man sie ähnlich aus Kairo kennt, wenn die Angehörigen eines Verstorbenen die vierzig Tage der Trauer begehen. Einige wirken majestätisch und prunken mit Reihen von Fahnen, Wimpeln und länglichen Standarten mit der Hand von Abbas. Andere sind schlichte, manchmal winzig kleine Zelte, in denen sich einzelne Familien oder die Kinder der Nachbarschaft versammeln. Das zentrale Element jedoch ist zweifellos das *alam*: ein mehrere Meter langes Gestell, aus dem etliche Schwerter und geißelbestückte, bewegliche Grabstelen wie pflanzliche Triebe hervortreten, die zur Mitte hin höher werden und in einem Fächer aus bunten Federn enden. Zwischen den einzelnen Geißeln stecken Figuren von Königspfauen, Hirschen, Löwen und kleineren Vögeln. Diese Gestelle werden bei den Prozessionen reihum von den kräftigsten jungen Männern der Husainiyya getragen, die hierzu mit einem breiten Gewichthebergürtel, kreuzförmig über den Körper laufenden Gurten und geflochtenen Geschirren ausgestattet sind. Häufig drehen sich die »Alamträger« mit ihrer schweren Last im Kreis und stürmen gegen eine rivalisierende Husainiyya an, wie man es von einigen Bruderschaften der Semana Santa kennt. Von ferne betrachtet, tanzen die vielspitzigen Silhouetten und Federbüsche der Alams wie Flammen in der lauen Nachtluft, ein Schauspiel von bizarrer, kaum vorstellbarer Intensität.

Die Husainiyyas bereiten die Gläubigen auf die Feier des Aschura vor. Von klein auf lernen die Iraner, sich mit den Opfern von Kerbela zu identifizieren, und eignen sich so die Grundlagen ihres späteren Sozialverhaltens an. Die *rouzekhan*, professionelle Redner, ersetzen oder ergänzen dabei die Rolle der Mullahs. Von den Mitgliedern einer kleinen Bruderschaft in der Molawi-Straße werde ich eingeladen, der Erzählung eines älteren Mannes vor rund dreißig Kindern beizuwohnen. Mit bedächtiger Stimme und ohne jede Effekthascherei spricht er vom Imam und von Laila, erwähnt Qasem, Zainab und

Ali Akbar. Ich schließe die Augen und glaube mich auf wundersame Weise in eine der von Kindern besuchten *halqas* auf dem Djemaa el-Fna in Marrakesch versetzt.

Der Redner der aserbaidschanischen Husainiyya im gleichen Stadtviertel zieht dagegen alle rhetorischen Register, um seine Zuhörer mitzureißen: Er rezitiert mit melodiöser Stimme von einem Blatt, das er in der linken Hand hält, singt, erhebt die Stimme, bricht in wohlkalkuliertes Schluchzen aus und bringt die Gefühle der Versammelten in Wallung. Die meisten Erwachsenen um mich herum weinen. Bei der Schilderung des Todes von Ali Akbar sinken die Gläubigen auf die Knie und schlagen sich an die Brust. Als sein Vortrag in Schreien übergeht, nehmen die Kasteiungen an Heftigkeit zu. Die Gläubigen winden sich in ihrem Schmerz, beugen sich zur Erde und strafen sich mit neu entflammter Wut. Bei einem jungen Mann mit offenem Hemd, der mir gegenüber sitzt, ist die Brust über dem Herzen gerötet. Wenn der Rouzekhan die Stimme senkt, verlangsamt sich der Rhythmus der Schläge; hebt er sie, schwillt das synkopische Echo, der wogende Taumel der Selbstbestrafung wieder an.

Stunden später, in der Husainiyya Karbaliyya, schildert der Rouzekhan in freier Rede, wie Abbas die Arme abgeschnitten wurden. Den Oberkörper entblößt, schlagen sich die Gläubigen heftig mit der flachen Hand auf die nackte Brust. Das Schauspiel der vielen stark behaarten Männer in schwarzen Pumphosen, die sich alle im gleichen Takt züchtigen, raubt dem Fremden den Atem. Kinder und Jugendliche tun es ihnen nach, und mein Blick verweilt bei einem sehr hellhäutigen Jungen, auf dessen Brust sich deutlich der violette Abdruck der Hand abzeichnet. Noch eindrucksvoller sind jedoch die Bußrituale in einer der Husainiyyas der Yaser-Straße. Dort kasteien sich die Ordensbrüder im Dunkeln, und ihre Schläge folgen dem Rhythmus der Schreie und Klagen des Rouzekhan. Die Ausrufe *ya Husain, ya schahid* (O Husain, o Märtyrer!) hallen in der Finsternis wider wie angstvolles Keuchen: kollektive Sühne für die Ohnmacht des Volkes angesichts der Ungerechtigkeit der Mächtigen, der modernen Nacheiferer eines Khemir oder Yazid.

Trotz allem erreicht auch der sprachgewaltigste Rouzekhan nicht die emotionale Kraft des Muharram-Theaters der Husainiyyas. Die Stücke der *tasiah*, der Trauer, tragen keinen Autornamen: sie sind eine kollektive Schöpfung. Die ursprünglichen Texte wurden im Laufe der Jahrhunderte von Spielleitern und Schauspielern immer wieder dem Geschmack der Öffentlichkeit entsprechend umgearbeitet. Auf Werktreue oder dramaturgische Konventionen wird im religiösen Theater des Irans keine Rücksicht genommen. Die Darsteller können ihre Rollen ausweiten oder kürzen, vor den Augen des Publikums ihre Kostüme wechseln oder, nachdem sie gerade tot umgesunken sind, sofort wieder aufstehen. Der Spielleiter bewegt sich seelenruhig inmitten der Darsteller, dirigiert und gruppiert sie auf der Bühne, teilt Kostüme aus, wenn sie sich umziehen müssen, und flüstert ihnen ins Ohr, was sie zu sagen haben. Ähnlich wie bei den griechischen Tragödien kann eine Aufführung mehrere Stunden dauern, und während die Darsteller Yazids und seiner Anhänger bloß deklamieren, tragen die der *Gerechten* ihren Text singend vor.

Die Bühne, *sekkuh*, die unter freiem Himmel auf Plätzen und in Höfen von Moscheen oder Husainiyyas steht, ist von allen vier Seiten einsehbar und besitzt daher weder feste Kulissen noch Vorhänge, Soffitten oder einen Souffleurkasten. Die Frauenrollen werden ohne jedes weibische Getue von Männern oder Jungen gespielt. Wie

Rezvani in seinem Standardwerk über Kunst und Musik im Iran schreibt, sind die Regeln der Tasiah denen des europäischen Naturalismus diametral entgegengesetzt: »Mit Truhen und Töpfen beladene Pferde oder Dromedare, die um die Bühne herumlaufen, versinnbildlichen die Ankunft Husains und der Seinen in der Ebene von Kerbela. Eine Umrundung symbolisiert eine große Reise. Ein Eimer Wasser auf der Szene, an dem das Heer des Kalifen Wachen aufstellt, um den Belagerten den Zugang zu verwehren, ist der Euphrat. Nach dem Martyrium Husains drehen die von Khemirs Soldaten gefesselten und ausgepeitschten Frauen und Kinder eine erneute Runde um den Sekkuh, womit sie die Verschleppung der Gefangenen nach Syrien andeuten.«

Während der Aufführung bleiben Husain und die Seinen in einem Kreis oder angedeuteten Zelt eingeschlossen und kommen nur hervor, um zu kämpfen und zu sterben. Ein Haufen gehäckseltes Stroh dient als Wüstensand, und in den tragischsten Momenten reiben sich die Darsteller damit Kopf und Gesicht. Die Schauspieler – Hauptberufliche ebenso wie Laien – haben die Handlung so sehr verinnerlicht, daß sie immer wieder in Schluchzen ausbrechen und ihren Gefühlen freien Lauf lassen. Die Rührung ergreift aber auch jene, die die Bösen verkörpern. Yazid, Ibn Ziad und der finstere Khemir bedrohen, beleidigen, mißhandeln und enthaupten den Imam und seine Familie, ohne ihre Tränen zurückhalten zu können. »Die Zuschauer sind davon keineswegs überrascht oder schockiert«, schreibt Gobineau. »Im Gegenteil, wenn sie ihren Schmerz bemerken, schlagen sie sich an die Brust, stöhnen noch lauter und flehen mit zum Himmel erhobenen Händen zu Gott.«

Die Handlung ist allen Zuschauern bekannt und wird von ihnen als wesentlicher Bestandteil ihres Lebens empfunden. Eine unwiderstehliche Kraft zieht das Publikum zur Tasiah, und Frauen wie Männer identifizieren sich mit dem Schmerz der Opfer, mit Husain und seinem Erstgeborenen, mit dem zukünftigen vierten Imam, der ermattet ist und krank, mit seiner Schwester Zainab, deren Heldenmut die Zuschauer elektrisiert, mit Umm Laila, Tochter des letzten sassanidischen Herrschers und Gattin des Imams, mit Abbas, Husains Stiefbruder, der vor den Augen der Seinen gefoltert und ermordet wird, mit Qasem, Hasans Sohn... Es gibt keinerlei künstliche Trennung zwischen Bühne und Publikum. Wenn der Spielleiter oder irgendein Schauspieler der Menge beschwörend zuruft »*ya muslimin*«, schwillt das wilde Wehklagen zu einem ohrenbetäubenden Lärm an. Niemand käme auf die Idee, nach einer besonders rührenden Szene zu klatschen: das iranische Volk besucht die Tasiah, um zu leiden und zu weinen.

Bei einer Aufführung an der Kreuzung Imam Chomeini und Wali Ye Asr, die ich mehrmals besuche, ist der mit Sonnensegeln überspannte Theaterraum in zwei Hälften geteilt. In der einen drängen sich die Frauen, die mein Erscheinen neugierig macht (ich trage keine Trauer und rasiere mich täglich), in der anderen machen es sich die Männer bequem, warten und rauchen. Die Kinder tollen herum und klettern auf den Sekkuh. Ein kleines Orchester mit Trompete, Pauke und Becken untermalt die dramatischen Passagen. Angeführt von einem drahtigen und schneidigen Khemir, fordern die Soldaten des Kalifen die Belagerten unter Drohungen auf, sich zu ergeben. Die Frauen von Husains Familie sind schnauzbärtige Schauspieler in einfachen schwarzen Schleiern und Überkleidern. Zainab, die Schwester des Imams, gibt sich kaum Mühe, ihre kräftigen Muskeln oder den dichten Schnurrbart zu verbergen, und wischt sich hin und wieder mit einem Taschentuch den Schweiß von der Stirn. Im Verlauf des stilisierten Gefechts flieht der Besiegte vom Podium, woraufhin der Souffleur mit einer in weißes Leinen gewickelten Kugel erscheint, die den abgeschlagenen Kopf symbolisiert. Der Leichnam von Ali Akbar wird auf einer Bahre mehrmals um die Bühne getragen, dahinter ein Gefolge von Jünglingen mit Opfergaben und leuchtend bunten Blumen. Plötzlich wirft jemand Zuckermandeln und Rosenblätter in die Gruppe der Frauen und löst ein Handgemenge aus, so daß sich die Ordnungskräfte zum Eingreifen gezwungen sehen. Die Darsteller des Imams und seines Erzfeindes nutzen das Durcheinander, um einander zu umarmen. Dann fleht Hasans verwaister Sohn Qasem seinen Onkel an, er möge es ihm trotz seiner jungen Jahre erlauben, zu den Waffen zu greifen. Husain gibt seinem Drängen schließlich nach, bekleidet ihn mit dem Märtyrermantel, und die meisten meiner Nachbarn schluchzen. Die Tasiah ist das Reich der theatralischen Unwahrscheinlichkeit und schöpferischen Spontaneität: die Vermischung von Publikum und Schauspielern hebt jede Distanz auf und verwandelt die Zuschauer in Protagonisten eines Dramas, welches letztlich das ihres eigenen Lebens ist.

Wie die Mutter eines Märtyrers, zitternd und bebend und von Krämpfen geschüttelt, erlebt das trauernde Teheran in diesen Tagen Hunderte, vielleicht Tausende von Umzügen, die sich inmitten von ohrenbetäubendem Trommellärm, aus Lautsprechern tönenden Gebeten und theatralischen Kanzelreden der Rouzekhan in Bewegung setzen. Menschenmassen drängen sich in den Hauptstraßen, wiederholen bis zur Heiserkeit ihre Stoßgebete, verfolgen gerührt oder neugierig die Schläge und Peitschenhiebe der Flagellanten. Ein Meer von Wimpeln und Standarten mit Anrufungen des Märtyrerimams, schwarze

Fahnen an drei bis vier Meter langen Stangen und Lautsprecherwagen kündigen den Beginn der Prozession an. Phantasievolle Alams in Form eines aufgefalteten Fächers oder vielarmigen Leuchters präsentieren ihre bunten Federbüsche und künstliche, an überdimensionale Sonnenblumen erinnernde Pflanzen mit riesigen grünen, violetten, blauen und gelben Blütenblättern. Mobile oder festinstallierte Podien dienen den Tasiah-Schauspielern später als Bühne für die Aufführung ihrer Tragödien.

Eine reiche Sammlung europäischer Berichte über Reisen ins Persische Reich – von Olearius, Kotoff und Chardin über Tavernier und Gobineau bis hin zu Bromberger und Yann Richard – bezeugt weitgehend übereinstimmend den kollektiven Überschwang beim Dasteh. In früheren Zeiten färbten sich die Büßenden Gesicht und Brust schwarz oder beschmierten sie mit ihrem eigenen Blut, um Husains brennenden Durst und seine Qualen zu versinnbildlichen. Heute ist das Tragen von Hemden Pflicht, und niemand zeigt sich mit blutendem Oberkörper, doch die Leidenschaft, mit der das Ritual vollzogen wird, ist unverändert. Die Schreie »Husain, Hasan« brechen aus Millionen Kehlen. Tag und Nacht zieht ein Heer von Gläubigen mit Wahrzeichen und Transparenten durch die Stadt. Gesänge, Reden und Beschwörungen der Tragödie verschmelzen zu einem frenetischen Rhythmus. Die Gefühle der Bevölkerung durchlaufen ein Crescendo des Schmerzes, das am Aschura, dem zehnten Tag des Muharram, seinen Höhepunkt erreicht.

Die Flagellanten schwingen ihre Peitschen mit rhythmischen Bewegungen und lassen sie synchron auf Schultern und Rücken niedergehen. Trommeln und Zimbeln – oder das Megaphon – geben den Takt der Schläge vor, welche die Zandschirzan mit schweißbedecktem Gesicht, durchnäßtem Hemd, aber ohne mit der Wimper zu zucken, ertragen. Andere Ordensbrüder schlagen sich im gleichen Rhythmus mit der linken oder rechten Hand an den Kopf und bilden, von ferne betrachtet, ein dichtes Geflecht aus abgewinkelten Unterarmen, das die Menge wogend überspannt. Wieder andere schlagen zwei Steine erst lautstark aneinander und dann gegen den eigenen Schädel. Oft begleiten die Büßer ihre Selbstkasteiungen mit einer Art Schreittanz, bei dem sie sich vor- und zurückbewegen und den Oberkörper nach hinten werfen.

Die Zine-zan-Bruderschaften marschieren in parallelen Reihen und machen in den Höfen religiöser Einrichtungen oder vor den Rednerkanzeln und Tasiah-Bühnen Halt, wo sie einander gegenüber Aufstellung nehmen. Gobineau hat uns davon eine Beschreibung gegeben, die auch noch mit den Prozessionen unserer Tage übereinstimmt: »Sie formen die rechte Hand zu einer Muschel, schlagen sich mit ihr im Gleichtakt unter die linke Achsel und erzeugen so einen dumpfen Laut, der, wenn er von vielen Händen hervorgebracht wird, weithin hörbar ist und einen überwältigenden Eindruck hinterläßt.« Es kommt vor, daß die Büßenden in ihrer Erregung und durch die Gebete aus dem Megaphon so außer sich geraten, daß sie mit geschlossenen Augen und einem Ausdruck höchster Verzückung beidhändig in synkopischen Rhythmen auf ihre Brust einschlagen.

Die Einführung moderner Elemente wie Lautsprecher oder grellbunter Neonlichter in Pyramidenform mag feinsinnigere Gemüter stören und dem guten Geschmack zuwiderlaufen, aber im Taumel des Aschura bilden sie integrale Bestandteile, deren kumulative Wirkungen sich zu einer Ganzheit fügen wie die überbordende Fülle von Ornamenten, Votivbildern und Putten an einem barokken Altar: Das Dasteh ist eine volkstümliche und spontane Variante des spanischen Fronleichnamsspiels.

Zwischen den einzelnen Gruppen ziehen farbenprächtige, wunderlich geschmückte Wagen durch die dichte Menschenmenge. Ein paar kräftige Burschen mit riesigen, schweren Standarten, deren mächtigen Schaft sie vor dem Schritt in einer Halterung am Gürtel abstützen, vollführen einen waghalsigen Tanz und begleiten ihre derb männliche Schaustellung mit Tränen der Rührung und an den Märtyrerimam gerichteten Gebeten. Einige Jugendliche tragen behutsam eine Art weißer Sänfte: das kleine Zelt von Husains sechs Monate altem Sohn, der ebenfalls bei dem Massaker ums Leben kam. Die Mitglieder der Husainiyyas schüren die Glut der Holzkohlefeuer und schlachten Opfertiere am Rande der allgegenwärtigen Abflußrinnen. Während manche Gläubigen erschöpft nach Hause gehen, ziehen andere in einem Zustand schlafloser und festlicher Erregung bis zum Morgengrauen weiter. Die Straße gehört den Frauen und Kindern, die ziellos umherstreifen und Erfrischungen oder Süßigkeiten zu sich nehmen, gehüllt in einen Hauch von Weihrauch oder andere wohlriechende Düfte.

Die Atmosphäre auf den Teheraner Straßen während des drei Tage dauernden Aschura-Festes ist unvergeßlich. Man meint, die Stadt sei von ihren eigenen Bewohnern gestürmt worden: alle nehmen teil an der großen Trauerkundgebung. Der Gebrauch von Messern und blutige Kasteiungen, wie sie in den Klöstern von Qom und Mashhad üblich waren, wurden von den schiitischen Führern wenige Tage vor dem brutalen Anschlag auf das Grabmal des Imams Resa als »irrational und unvereinbar mit den Vorschriften des Islams« untersagt und sind mittlerweile aus dem Umkreis der Hauptstadt verschwunden. Anstatt sich Wunden zuzufügen, schmieren sich einige Büßer zum Zeichen ihrer Bereitschaft, den Märtyrertod zu erleiden, nun Lehm auf Kopf und Schultern.

Wie einst die griechische Tragödie des Aischylos vermag das iranische Nationaldrama die Menschen zu erschüttern, Fernes zu vergegenwärtigen und Vereinzeltes zu verschmelzen. Kein Fremder kann ihm beiwohnen, ohne sich anrühren zu lassen oder wenigstens für ein paar Stunden die vom Muharram entflammten Gefühle der Schiiten zu teilen.

Islamische Friedhöfe

Die Vorstellung von einer täglichen Koexistenz mit dem Tod weckt in der modernen westlichen Gesellschaft ein Gefühl von Abwehr und Beklemmung. Unsere Totenriten beschränken sich auf ein bloßes Simulakrum: Unfähig, die Kluft zwischen objektiver Gewißheit über die eigene Sterblichkeit und innerster Sehnsucht nach einer Form des Weiterlebens zu überwinden, kann sich unser betrübter Sinn heute nicht mehr der assimilierenden Kraft von Glaube und Zeremonie versichern, wie dies in vermeintlich rückständigen Gemeinschaften noch der Fall ist. Statt den Tod als einen wesentlichen, kulturellen wie religiösen Bestandteil unseres Daseins zu akzeptieren, tun wir alles, damit er heimlich geschieht, hinter dem Rücken des Verstorbenen und unbemerkt von seinem sozialen Umfeld. In Metropolen wie New York oder Paris kann man jahrelang leben, ohne sein lästiges Eindringen zu bemerken. Eine effiziente Verbergungsstrategie hat ihn unseren Blicken entzogen und aus unserer Sprache verbannt. Schlimmer noch, der Mensch ist seines Rechtes beraubt worden, ihn als das natürliche Ende einer biologischen Veränderung zu erleben. Der Preis, den jeder einzelne für diese verschämte Verschleierung des Todes bezahlt, läßt sich an seiner inneren Hilflosigkeit und einer regelrechten Vogel-Strauß-Taktik gegenüber der brutalen Unausweichlichkeit des eigenen Sterbens ablesen. Wie in anderen Bereichen auch, kontaminiert die Wiederkehr des Ausgestoßenen den Kern unserer Existenz.

Anders als in der christlichen Welt ist im Islam das Verhältnis zum Tod ein einfaches und natürliches. In zahlreichen islamischen Städten sind die Friedhöfe ein Ort der Begegnung und Erholung. An den Freitagen und bei religiösen Festen versammeln sich die Familien hier mit ihren Verstorbenen, essen zu Mittag, machen Picknick oder spielen neben dem Grab. Die räumliche Nähe und die Schicksalsbande zwischen der dichtgedrängten Gemeinschaft der Schatten und ihren flüchtigen Gästen festigen eine Verbundenheit, die beiden guttut. Der Tod verliert seinen atavistischen Schrecken, und das Leben findet, gestärkt und besänftigt durch dieses fruchtbare Zusammensein, Anschluß an eine Welt, der es zwangsläufig einmal angehören wird. Keine Einsamkeit, kein eisiges Verlassenwerden: die Verstorbenen bleiben bei ihren Familien, bei ihren Nachkommen und Freunden, statt, wie bei uns, gleich Schreckgespenstern auf städtischen Gottesäckern versteckt zu werden, im Bann von Bebauungsplänen, die zu den Toten so gnadenlos und grausam sind wie zu den Lebenden.

In den meisten muslimischen Ländern ist das System von befristeter Pacht und industrieller Todeswirtschaft dem Gläubigen unbekannt. Jeder Verstorbene, ob arm oder reich, ruht in seinem Grab bis zum *Qiyamat al-Qiyama*, dem Tag der im Koran verkündeten Auferstehung. Vor nicht einmal hundert Jahren konnten sich die Friedhöfe mit ihrem lautlosen, gelassenen, niemals den Wohnort wechselnden Volk noch ungehindert ausbreiten. In Städten wie Istanbul oder Kairo führte diese Ausdehnung bereits zu erheblichen Raumproblemen, was fremde Besucher tief beeindruckte. Schon immer hat der osmanische *mezarlik* oder *kabristan* die neugierigen Blicke der Abendländer auf sich gezogen. Größe und Zahl sowie sein Charakter eines Ortes der Muße und Zerstreuung mußten natürlich mit den europäischen Gewohnheiten und Erfahrungen kollidieren: »Dieser Ackerboden kann, ist er erst für diese Nutzung ausersehen, nicht mehr dem Landbau zurückgegeben, noch mit Häusern bebaut werden«, notiert einer von ihnen. »Seine Fläche wächst immerzu und nagt die angrenzenden Felder fort; so sehr achten die Türken diese Orte, daß der geringste Hinweis, dort befinde sich ein Grab, sie davon abhält, an dieser Stelle zu pflügen.« Aus besagtem Grund fürchten manche sogar, die Osmanen würden um der Toten Ehre willen ihre eigene Zukunft aufs Spiel setzen; wenn nicht die Natur eingriffe, die alles wieder richte, heißt es, »wäre das türkische Reich ein einziger, großer Friedhof, von dem die Toten die Lebenden vertrieben.« Die Verfasser dieser Zeilen konnten natürlich nicht ahnen, daß die Entstehung eines Bürgertums, für das Geld keinen Ruch hat, und die Spekulation mit städtischem Baugrund eines Tages den berühmten, von den Romantikern so oft beschriebenen Friedhof von Tepebaşı hinwegfegen und den wunderschönen Friedhof von Eyüp mit seinem Blick über das Goldene Horn in seine Grenzen verweisen würden. Auch wenn das moderne Istanbul noch von solchen *makabros* durchsetzt ist, deren Grabmäler wie Pilze um die großen Moscheen und alten Klöster stehen, hat die demographische Realität den traditionellen Respekt vor Frieden und Seligkeit der Toten verdrängt.

Osmanische Gräber zeichnen sich zugleich durch Nüchternheit und Eleganz aus. Während die bedeutenden Familien, ähnlich wie in Kairos Totenstadt, in Mausoleen mit einem Gewölbe ruhen, in dem rings um das Grab einer Persönlichkeit mit turbangekröntem Zippus die Gräber der Ehefrauen mit ihren marmornen Stelen in Form von Blättern oder Blüten sowie kleine, ebenfalls mit winzigen orientalischen Kopfbedeckungen verzierte

Kindergrabmäler stehen, erheben sich die gewöhnlichen Kenotaphe mit ihrem *schahid*, der das Geschlecht anzeigt, in dichten Reihen und immer zur Kibla hin inmitten von Gebüsch und wilden Pflanzen. Form und Größe des Turbans bezeichnen den Rang des Verstorbenen; einige Bruderschaften, so der Mewlewi-Orden, ersetzen ihn durch die zylindrische Mütze, wie sie die Derwische bei ihrer Zeremonie des *sama* aufsetzen. Die Zeit hat zahlreiche Stelen gebeugt und gebrochen, manche wurden vom Volk in einem Akt postumer Rache an den Agas und Offizieren der aufgelösten Janitscharen einfach geköpft.

Historische Genrebilder zeigen uns Szenen des Straßenlebens inmitten von Mausoleen, Zippen und mit goldenen Blumen geschmückten Gräbern; andere lassen den abendlichen Blick von den Hügeln des Friedhofs von Eyüp aus weit über Kasımpaşa, Galata, Istanbul und das Goldene Horn schweifen, wenn die Dämmerung die leuchtende Farbe der Gräber verwischt und alles mit einem Nimbus von Milde und Heiterkeit umgibt. Wie Lamartine über die Friedhöfe von Istanbul schrieb: »Glückliche Türken! Für alle Zeiten ruhen sie an dem Ort, der ihnen teuer war, im Schatten des Strauches, den sie liebten, am Ufer des Baches, dessen Murmeln sie lockte, besucht von den Tauben, die sie zu Lebzeiten fütterten, umweht vom Duft der Blumen, die sie pflanzten. Wenn sie das Land im Leben nicht besitzen, so besitzen sie es im Tode. Sie verbannen ihre Lieben nicht auf diese Schindanger, wo der Schrecken den Kult und die barmherzige Erinnerung verscheucht.«

Noch heute bewahren einige Nekropolen von Istanbul ihren fröhlichen und unbeschwerten Charakter. Wenn die Zeit es erlaubt, versammeln sich Angehörige und Nachbarn der dort bestatteten Toten mit ihren Kindern in trauter Runde unter den Bäumen. Andere Friedhöfe sind von der wuchernden Stadt umzingelt und überdauern wie melancholische Inseln des Friedens inmitten des Lärms und Chaos der Straßen.

Das abendliche Schauspiel auf manchen orientalischen Makabros beeindruckt durch seine Farben und die Kraft der Kontraste. Hinter der rotglühenden Silhouette von Minaretten und Kuppeln scheint die Sonne zu verbluten, kraftlos, leer. Die Luft ist erfüllt von einem seltsamen Leuchten. Die Erde dreht erneut ihre Runde, mit ihr eine gleichermaßen rotierende Bevölkerung: die Aufhebung des Unterschieds zwischen Lebenden und Toten, die in den Mausoleen parallel übereinanderliegen und allmählich mit den Schatten verschmelzen, ist nur eine Frage von Zeit, von einem Hauch.

Das Zeremoniell des muslimischen Begräbnisses hat sich kaum verändert, seit es im 19. Jahrhundert von Lane beschrieben wurde. Sorgfältig mit Wasser und Seife gewaschen, wird der Leichnam des Verstorbenen, in ein grünes oder weißes *kefen* oder Leichentuch gehüllt, an seinen gewöhnlich mit einem Leinen bedeckten Ruheplatz gebracht. Sobald der Trauerzug das Haus verläßt und sich in Bewegung setzt, folgen Freunde und Angehörige des Toten dem Sarg und tragen ihn abwechselnd, eine *hasana* oder gute Tat, die höchst verdienstvoll ist. Alle, selbst Passanten, sind eifrig bemüht, sich dieses geistige Verdienst zu erwerben.

In den Ländern des Maghreb sprechen im Augenblick des Todes die Angehörigen das Glaubensbekenntnis. Dem Sterbenden werden Schmuck, Ringe, Amulette und sonstige weltliche Gegenstände abgenommen, um ihm den Übergang ins Reich der Schatten zu erleichtern. Da ihn der betrübte Blick seiner Verwandten ans Leben bindet, bedeckt man sein Gesicht mit einem Schleier. Nach dem Volksglauben irrt die Seele, sobald der Verstorbene seinen letzten Seufzer getan hat, drei Tage um das Haus und weitere siebenunddreißig um das Grab, bevor sie zum *barzakh* fliegt, jenem unbestimmten, unermeßlichen Raum, in dem sie bis zum Tage des Gerichts umherschweifen wird.

Wie einige der größten Dichter in der Welt des Christentums haben die muslimischen Mystiker auf wunderbare Weise das tägliche Sichverzehren der gottsuchenden Seele ausgedrückt. Das »Ich sterbe, weil ich nicht sterbe« der Theresia von Avila, genauso wie des Johannes vom Kreuz »Welcher Tod käme gleich meinem jammervollen Leben, denn je mehr ich lebe, desto mehr ich sterbe?« finden wir bereits einige Jahrhunderte zuvor bei den Sufis und Erleuchteten von Basra, Bagdad und Kairo. Die von Liebe entflammten Gedichte Nuris und der Rabi'a al-Adawiyya zeigen uns eine Beziehung zum Tod von glühender Schönheit und Intensität. Voll Ungeduld erwarten die Mystiker des Islams ihren Hingang und die große Verheißung, sie lehnen sich auf gegen die Zeit, die ihnen die selige Anschauung Gottes verwehrt:

Tötet mich, o meine Freunde!
Denn im Tod nur ist mein Leben.
Ja, im Leben ist mir Tod nur,
Und im Sterben liegt mein Leben!
Wahrlich, höchste Gnade ist es,
Selbst verlöschend zu entschweben.
Und als Schlechtestes erkenn ich,
Fest an diesem Leib zu kleben[1]

1 Übersetzung Annemarie Schimmel, in: *Al-Halladsch – »O Leute, rettet mich vor Gott«, Texte islamischer Mystik*, Freiburg im Breisgau 1985.

schreibt Husain ibn Mansur al-Halladsch. »Die Seele erträgt die Qualen«, tröstet sich der große Märtyrer, »denn der Henker wird sie eines Tages heilen.«

Versunken in der göttlichen Unendlichkeit, erlebt der muslimische Gläubige eine immerwährende Theophanie:

Dein Bild ist in meinem Auge,
in meinem Mund ist Dein Name,
in meinem Herzen Deine Bleibe.
Doch wo verbirgst Du Dich?

Dhu'n-Nun, ein ägyptischer Sufi des 9. Jahrhunderts und wie Rabi'a al-Adawiyya ein Liebender der Reinen Liebe, schrieb ein berühmtes Gedicht an die zagen Seelen in der Ewigkeit der göttlichen Strafe:

Sie alle dienen gottergeben,
denn das Höllenfeuer fürchten sie,
glauben, frei zu sein von dieser Pein
brächt ihnen unermeßlich Wohl.
Ich jedoch will meine Blicke nicht
in die Gehenna werfen, noch ins Paradies,
will für meine Liebe zu dem Gotte
keinen Dank noch irgendwelchen Lohn.

Daher bittet Al-Halladsch, seine sterblichen Überreste aus der Luft, dem Feuer und dem klaren Quell zu sammeln und auf einem Brachland auszustreuen. Rauschende Bächlein werden sie später symbolisch bewässern, und *nach sieben Tagen wird sich draus ein edler Strauch erheben.*

Die Hinnahme des Todes als etwas Natürliches, die Schlichtheit der Begräbniszeremonie und die geradezu pantheistische Gemeinschaft von Körper und Materie verleihen den islamischen Friedhöfen ein besonderes Gepräge von Sanftheit und Ruhe. In den Städten fügen sie sich oft ohne Mauern oder Grenzen in den urbanen Raum ein, in ländlichen Gebieten scheinen sie mit der Landschaft selbst zu verschmelzen, kaum sichtbar inmitten von Weizenfeldern, die jahraus, jahrein der Wind zaust. Der Blumenschmuck stammt nicht von Verwandten, sondern von der Natur. Eingebettet in das gelb- und rotgetüpfelte Wogen der Ähren, verbergen sich die Gräber unter Moosflechten und dienen Schildkröten und Murmeltieren als Unterschlupf. Manche Grabsteine versinken im Boden, als hätten sie dort Wurzeln geschlagen, andere sind fast völlig verwittert, und nur der neugierige Blick des Fremden vermag ihre ursprüngliche Bestimmung zu erahnen. In vielen Gegenden des Maghreb sind es einfache Reihen größerer Steine, die nach Mekka zeigen, allenfalls dienen zwei unbehauene Stelen ohne jede Inschrift als »Zeugen«. In den meisten Fällen handelt es sich nicht um eine Nachlässigkeit der Lebenden, vielmehr überläßt man das Grab bewußt dem Wechsel der Jahreszeiten, so wie es Gott in seiner unendlichen Barmherzigkeit gefällt.

Wie die Bücher der anderen monotheistischen Religionen verurteilt auch der Koran die Ungläubigen und Sünder zu den ewigen Flammen der Hölle. Ibn Arabi jedoch, für den »die Liebe Glaube war und Religion«, verfocht gegenüber den Rechtsgelehrten die Ansicht, daß am Tage des Gerichts die Unendlichkeit der göttlichen Liebe ihre Qualen in dauerhafte Glückseligkeit verwandeln werde. Als Feuerwesen – schließlich gebe es auch empyreische und aquatische Geschöpfe – würden die Verdammten nicht nur glücklich in ihrem Element leben, sie würden sogar leiden, wenn sie es verlassen müßten, da das Feuer ihr natürlicher Zustand sei. Rigoristen haben diese Lehre zwar immer bekämpft, doch findet sie Widerhall in den Gefühlen des Volkes, das weniger Gottes Zorn fürchtet als auf die Unendlichkeit seiner Milde und Barmherzigkeit vertraut. Der Tod ist kein Quell von Angst und Betrübnis. Auf den marokkanischen Dörfern geben die Menschen dem Sterbenden Nachrichten für die Seelen ihrer Verstorbenen mit, die er im Jenseits antreffen wird.

Dennoch, an bestimmten Tagen des islamischen Kalenders – am 27. Tag des Ramadans, während des Aid es Seghir, und am Aschura – begeben sich die frommen Familien zu ihren Gräbern, um sie zu gießen und zu säubern. Sollten Grabstätten aus dem einen oder anderen Grund nicht gepflegt worden sein, richten hilfreiche Hände sie entsprechend her, um den seligen Verstorbenen den Schmerz zu ersparen, ihr Andenken in der armseligen Welt der Lebenden vergehen zu sehen.

Friedhof am Meer, der frischen Brise hingegeben, dem zarten Streicheln seiner flackernden, salzigen Böen: im Zickzack zwischen anonymen Gräbern, Tafeln und Stelen mit ihren Mosaiken hindurch: hinter Jungen, Mädchen, Trauben von Familien, beladen mit Körben und Bündeln, gerüstet für eine fröhliche Landpartie, freitäglicher Ruhetag, Ausflug an den Strand: tote Stadt, vom Hauch des Lebens durchzogen, Eros und Thanatos in einem.

In das weite Panorama des Ozeans spähen, galoppierende Schaumrösser immer wieder, an Steilküste zerschellte Seekavallerie: gepeinigtes Relief: Felsen, Klippen, Buchten, Zacken aus Stein und Beton, blankes Kap mit Leuchtturm: ummauerter Bereich des Friedhofs, symmetrische Ausrichtung Tausender Gräber am Hang entlang: auf das brache Feld zu, wo die Kinder lässig Fußball spielen, über erloschenen Gräbern, zwischen Resten von morschen Skeletten: im Schatten der Stadtmauer dem Zug der Wanderer folgen, Fahnen und Standarten einer wallfahrenden Bruderschaft, die von den Badenden benutzte Abkürzung links liegenlassen, abbiegen zur kargen Gefängnisfestung: flüchtige Visionen, ungreifbare Bilder, stumpf von Sonne und Dunst: Gischt über Steilküste, zerfallene Kuppeln alter Marbuts, Banner im Wind, Palmengefieder, winzige Frauen, zwischen Gräbern verstreut wie ein Schwarm aufgescheuchter Tauben.

Zwischen parallelen Gräbern umherstreifen, über verschlungene Pfade und überwucherte Seitenwege, Gebete einer Frau, als Schleier ein einfaches Tuch, erfrischende und anregende Luft, leichter, salziger Dunst, unscharfe, verschwommene Lebendigkeit: den Blick über den weiten und intimen Makabro schweifen lassen: unwirklicher Aufmarsch von Fahnen und Wimpeln, Gefolge von Pilgern und Trauernden, die sich in der Ferne verlieren.[1]

Der morgendliche Hauch der Brise bringt breit gestreute Stimmen und Botschaften herüber: Grüße, Schreie, Musikfetzen, Geräusche und Echos von Handwerkern, simultane Evokationen der Muezzins, die die Gläubigen zum Gebet rufen. Auseinanderstieben und Mobilität der Vögel, ihr unruhiges Hin und Her scheint geheimen, nicht entzifferbaren Losungen zu gehorchen: die Tauben, die auf dem Minarett der benachbarten Moschee saßen, verlassen es mit plötzlicher Entschlossenheit und fliegen in einer weißen Welle zu den verfallenen Stadtmauern.[2]

1 Beschreibung des heute geteilten Friedhofs von Rabat. Juan Goytisolo, *Engel und Paria*, Frankfurt am Main 1995, übersetzt von Thomas Brovot.

2 Juan Goytisolo, *Die Häutung der Schlange*, München 1995, übersetzt von Eugen Helmlé.

Raum in Bewegung

In keinem Reiseführer über die Türkei findet man erwähnt, daß es ganz besonders geeignete Orte gibt, will man die verschiedenen Schichten der komplexen und vielgeteilten türkischen Gesellschaft kennenlernen: die Busbahnhöfe in großen und selbst kleineren Städten, deren stimulierendes Brodeln wie in einem Mikrokosmos die unendlich sich überlagernden Bewegungen und Gesten eines so energischen wie geduldigen Volkes zeigt, das von einem feinverzweigten Transportsystem zugleich herbeigerufen und zerstreut wird, einem System von Venen und Arterien, die ihre Fracht durch einen gewaltigen Körper zu den Vorhöfen und Kammern des Herzens leiten, welche seinen steten, geschäftigen Rhythmus regulieren. Hektik, Aufgeregtheit, scheinbare Unordnung sind überwölbt von einem Vielklang aus Hupen, Rufen und Gebrüll, begleitet vom unablässigen Wirbeln jener, die im Umkreis dieser Bewegungszentren leben und arbeiten, beseelt von Familienbildern, Umarmungen, Begegnungen, bemerkenswert eindrücklichen Abschieden. Die Reisenden mischen sich mit Eckenstehern, Gelegenheitsarbeitern, Losverkäufern und mobilen Karrenbesitzern vor ihrem bunten Warenangebot, mit Gepäckträgern, Laufburschen und Angestellten der verschiedenen Transportunternehmen auf der Jagd nach Kundschaft. Ein paar Stunden in einem *otogar* zu verbringen heißt, sein Fassungsvermögen, das ganze Spektrum seiner Möglichkeiten spielerisch zu erkunden. Der Trubel in den Gängen, an den Schaltern und Perrons, wenn die Busse eintreffen oder abfahren, das Gehaste und die Lautsprecherstimmen, die eine baldige Abfahrt verkünden, es ist die fast schon überspitzte Darstellung von Energie und Kreativität der Stadtkerne: die Verwandlung von Raum in Bewegung.

Kaskaden von Ansagen mit den Namen sämtlicher türkischer Städte, Gänge, die von Familien mit Koffern und Bündeln überquellen, gehetzte, stoppelbärtige, entschlossene Gesichter, die im Pulk vorandrängen, als hätten sie mit den Entgegenkommenden eine Rechnung zu begleichen, Bauern und Hirten aus Anatolien, leicht erkennbar an ihrer rauhen Schönheit, der aufgezogenen Mütze und dem imposanten Schnurrbart, Frauen mit farbigen Kleidern, langen Hosen und bunten Tüchern um den Kopf, Beamte in dunklen Anzügen mit Krawatte, an ihrer Seite die blondierte und dezent geschminkte Ehefrau, Großfamilien, die aus ihren Dörfern herabsteigen, oder Jugendliche, die in engsitzenden Jeans und T-Shirts mit dem Prestige elitärer Marken oder eher zweifelhafter Studienaufenthalte an irgendeiner berühmten nordamerikanischen Universität in die Berge zurückkehren, nimmersatte Schlemmer, die sich an Sandwichs und gerösteten Maiskolben gütlich tun, Jungen und Mädchen, die eine riesige Flasche Limonade umklammern: all das folgt in so raschem Tempo aufeinander, daß der neugierige Beobachter sich unmöglich einzelne Bilder einprägen kann.

Ein gemächlicher Rundgang durch das Innere des Otogar von Ankara oder Izmir oder über das weitläufigere und chaotischere (mittlerweile geschlossene) Gelände von Topkapı in Istanbul verschafft dem Fremden dennoch eine hervorragende Röntgenaufnahme von Struktur und Aufbau des Landes. Die ungeheure Energie seiner Menschen, ihr tief entschlossenes, unbeugsames Wesen drückt sich in den Gesichtern all jener Frauen und

Männer aus, die um die Busstation gravitieren: bei dem schmucken Losverkäufer der *Milli piyango*, den Taxifahrern, die beim Tavlaspiel auf die Ankunft der Fahrgäste warten, dem Burschen an seinem Karren mit *macun* und Pastetchen, dem Jungen, der in Windeseile seinen Vorrat an Gurken in Scheiben schneidet und zubereitet, den Bengeln, die lautstark Feigbohnen oder gesalzene Erdnüsse anpreisen, dem ehrwürdigen bärtigen Patriarchen mit seiner schmutzigen kleinen Matte, auf der er seinen kärglichen Schatz an Plastikgürteln- oder sandalen ausbreitet, dem Trödler und seinen trübseligen Secondhandkunden. Begleitet wird der Fremde auf seinem Weg von einem permanenten Potpourri, der aus Kassettenrecordern und allgegenwärtigen Radiogeräten tönt: Flöten, Trommeln, Geigen, Sufitänze, anatolische Balladen, schwermütige kurdische Barden, herzzerreißende Lamentos von Liedermachern, die auf Schritt und Tritt LP-Hüllen, Plakate, Postkarten zieren, das Hemd stolz geöffnet, mit Goldkettchen über der Brust und prachtvollem Bewuchs.

Die Welt der Busbahnhöfe neigt dazu, immer mehr anzuschwellen und sich mit ihrer ganzen Palette an Dienstleistungen, Waren und Tand um das Zentrum auszudehnen wie eine natürliche Wucherung. Ganze Ladenreihen stürzen ihre Produkte auf den Gehsteig, stoßen auf die Fahrbahn vor, verwischen bis zur Unkenntlichkeit die Grenze, die Geschäfte und Kaufhäuser vom öffentlichen Raum trennt, bedrängen den Besucher mit einem Sammelsurium von Angeboten, verwickeln ihn nach und nach in ihr dichtes Gewirr: Slips, Zigaretten, Blusen, Zahnbürsten, Leuchtzifferuhren, riesige Wecker, als gelte es, Gehörlose zu erschrecken, Fotos von Che Guevara, Postkarten mit Verliebten, ein unvorstellbarer Plunder, der das Auge erfreut und an Erfindungskraft und Farbigkeit die aufgeregte Welt unserer Straßen- und Flohmärkte weit übertrifft.

Unser Blick fällt auf eine der zahlreichen Garküchen, wo ein Koch mit weißer Mütze und der Majestät eines Bocuse oder sonstigen dreifach Michelin-bestirnten *chef de cuisine* zu seinem Schlachtermesser greift und die aufgespießte Dönermasse schneidet. Fürs Publikum hinter einer Vitrinenscheibe sichtbar, reihen sich an der Theke die einfachen, meist aber sehr schmackhaften Spezialitäten der türkischen Küche aneinander, so daß Ausländer, die der Sprache nicht mächtig sind, mit dem Finger zeigen können, worauf sie Appetit haben. Wie in fast allen Restaurants der Türkei sind die Kellner wieselflink, und manchmal muß sich der Gast an seinen Teller klammern, wenn ihm dieser nicht weggeschnappt und durch den nächsten ersetzt werden soll, noch bevor der erste leergegessen ist. Niemand kommt hierher, um sich zu unterhalten oder nach Tisch zu plaudern. In Spitzenzeiten rotieren die Gäste im Rhythmus einer Stoppuhr: Während die einen an den gerade freigewordenen Tischen Platz nehmen, waschen sich die anderen auf der Toilette die Hände und spülen den Mund aus, bevor sie die Rechnung bezahlen und vom Kellner mit ein paar Tropfen Kölnischwasser verabschiedet werden.

Nebenan versammelt ein kleiner, von Kundschaft überlaufener Friseursalon in seinen vier Wänden ein buntes Panoptikum ländlichen und städtischen Volks: Bergbewohner mit Mütze, dichten Brauen und buschigem Schnurrbart, moderne junge Männer, die sich, während der Figaro sie frisiert, unaufhörlich im Spiegel betrachten und noch nach dem Aufstehen lange Zeit ihrem Bild gegenüberstehen, als wollten sie sich ihrer unfehlbaren Wirkung versichern, bevor sie ein letztes Mal den Kamm zücken und im Strudel der Straße verschwinden.

Die Barbiere bilden eine der größten und fähigsten Zünfte des Landes, und Geschwindigkeit und Fingerfertigkeit mindern das einzigartige Raffinement ihrer Manieren nicht, das sie beim Waschen und Massieren an den Tag legen oder beim obligaten Täßchen Tee, das sie mit einem garnierenden Lächeln spendieren.

Die *çayhaneler* oder Teestuben sind oft dunkle Löcher, beherrscht vom omnipräsenten Foto Atatürks. Einige haben Schwarzweiß- oder Farbfernseher, andere begnügen sich damit, den Gast mit dem Singsang ihrer Lieblingskassette einzulullen. Reisende, Gepäckträger, Anreißer und Angestellte der Autobusgesellschaften plaudern miteinander, überfliegen die riesigen Schlagzeilen der Presse und die Fotos blonder Misses im Badeanzug, spielen Karten, schlürfen das Nationalgetränk mit einem Stück Zucker zwischen den Zähnen, statt es im Glas aufzulösen. Die rauchgeschwängerte Atmosphäre und die äußere Erscheinung der Versammelten rufen die wunderschönen Schilderungen von Schriftstellern wie Lamartine oder Gautier in Erinnerung, als Fuhrleute, Kahnführer, Matrosen und Angehörige gesellschaftlich weniger angesehener Berufsgruppen in den Spelunken von Galata oder dem Goldenen Horn beisammensaßen und die Europäer mit der magnetischen Kraft ihrer Gesichtszüge und einer Kameradschaft von rauher Zärtlichkeit faszinierten.

Wie zu osmanischen Zeiten besitzen die Frauen keine eigenen Räume. In den Busbahnhöfen warten sie an den Perrons oder auf den Gehsteigen, umringt von Kindern, Bündeln und Koffern. Andere drängen sich in den immer grauen und tristen Wartesälen, während ihre Männer oder Söhne an den Schaltern der Busgesellschaften ihr Glück versuchen oder Essen und Getränke besorgen. Nur die Frauen aus der städtischen Mittel- oder Oberschicht bewegen sich einigermaßen ungezwungen durch die vornehmlich männliche Menge, gekleidet und geschminkt wie in Europa, mit offenem Haar und einer Zigarette zwischen den Lippen, um ihre kostbare Unabhängigkeit zu betonen. Die islamistische Einheitstracht – Kopftuch, plumper Popelinemantel in dunklen Tönen, knöchellang – hat in den letzten Jahren eine wachsende Zahl von Anhängerinnen gefunden. Die frommen Türkinnen tragen sie nicht mit der Koketterie vieler Iranerinnen, denen der Tschador aufgezwungen wird; die Kleidung verunziert sie, ohne daß dies den Ehemann mit seiner klassischen Bartkrause allzusehr kümmerte, der sie empfängt, verabschiedet oder durch das Innere und die Umgebung des Otogar begleitet.

Die Welt der Busbahnhöfe überrascht und bannt den Besucher stets aufs neue mit ihrer Lebendigkeit und Härte, ihrer Dynamik und ihren Kontrasten: dem zuweilen abrupten Clair-obscur einer Bevölkerung im Strudel unbeherrschter kapitalistischer Entwicklung mit all ihren Folgeerscheinungen wie Arbeitslosigkeit, Inflation, Landflucht und städtischer Raumnot. Das Grelle mancher Eindrücke wird jedoch gemildert, sobald sich trautere, von tiefer Gelassenheit erfüllte Bilder dazwischenschieben: ein Mann, der einen gelähmten Greis in einem Wägelchen zieht, eine bäuerliche Familie, die sich um ihre verschreckten Schafe drängt, ein Stapel wackliger Möbel auf dem vollbeladenen Dach eines Busses. Dann verweilt der Blick bei einer Gruppe weißuniformierter junger Männer, Schüler der Seefahrtsschule, oder bei einer Frau mittleren Alters mit Wimperntusche und Lippenstift, deren bitteres Lächeln der letzten Fernsehschnulze entliehen scheint.

Inmitten des Lärmens und Treibens fangen die Agenten der Transportgesellschaften die Kunden ab, wenn sie aus dem Taxi steigen, und lotsen sie durch die Menge zum Schalter ihrer Wahl. Während die großen Gesellschaften mit ihren Routen fast die gesamte Türkei abdecken, bedienen andere lediglich regionale Strecken oder beschränken sich auf bestimmte Zonen. Alle jedoch verfügen in der Regel über eine komfortabel ausgestattete Reisebusflotte, deren Leistungsfähigkeit und Pünktlichkeit etwaige Befürchtungen der Touristen im Nu zerstreuen. Die Konkurrenz zwischen den Gesellschaften, die Ankara, Izmir und Istanbul verbinden, zwingt sie, ihre Kundschaft mit immer neuen Aufmerksamkeiten zu umgarnen. Der Junge, der die Fahrscheine kontrolliert, überreicht den Reisenden nicht nur eine Flasche Coca-Cola oder Mineralwasser, sondern netzt ihre Hände nach jedem Halt mit einem duftenden Spritzer Kölnischwasser. Zudem wird der Kunde während der Fahrt über die musikalischen Vorlieben des Fahrers sowie die Liste seiner bevorzugten Sänger informiert. Einige Gesellschaften zeigen sogar synchronisierte amerikanische Filme, um die Langstreckenpassagiere zu unterhalten, auf die Gefahr hin, in einer scharfen Kurve oder bei einem Überholmanöver auch den Fahrer abzulenken. Doch Gott übt Barmherzigkeit mit den Türken, und Unfälle sind äußerst selten. Das auf die Windschutzscheibe gemalte *maşallah* tut als Talisman seine Wirkung.

Das wimmelnde Universum der Busbahnhöfe pflanzt sich gleichsam im kleinen in den Motels und Tankstellen fort, die sich an den größeren Ausfallstraßen aneinanderreihen. Zum Gratisangebot mancher Gesellschaften gehört auch ein Essensbon, meist jedoch zahlen die Reisenden ihre Mahlzeit aus eigener Tasche. Lastwagenfahrer und Fahrgäste der Sammeltaxis mischen sich dann mit den soeben gelandeten Reisenden. Der Duft von geröstetem Fleisch lockt die einen wie die anderen zu den Grillstuben und Kantinen. Kleine Souvenirläden verkaufen alle möglichen Gegenstände und Erzeugnisse des örtlichen Kunsthandwerks, Schuhputzer und Barbiere offerieren dem Fremden ihre Dienste vor Ort.

Durch die Türkei zu reisen ist ein Fest für jeden, der sich einer solchen Fahrt würdig zu zeigen weiß. Die tiefe Kraft eines Otogar offenbart sich dem Neuankömmling nicht ohne weiteres, genausowenig wie die der Bewohner dieses rauhen und gastfreundlichen Landes: er selbst muß ihr auf den Grund gehen, muß lernen, ihre verborgenen Schätze mit diskreter Beharrlichkeit freizulegen. Es gibt einfach nichts Besseres, als sich ein paar Stunden lang dieser unbeständigen Atmosphäre hinzugeben, um in die Seele einer Gesellschaft zu schauen, in der das Reisen nicht bloß Notwendigkeit ist, sondern ein Fenster zu den Mitmenschen und eine Bereicherung des Lebens.

Janitscharen und Bektaschis

Auf dem Programm einiger Reiseveranstalter, die Stadtrundfahrten durch Istanbul anbieten, steht auch ein Besuch im Militärmuseum an der Valikonağı Caddesi, die vom Taksim Meydanı ins Nobelviertel der Stadt führt. Auf der großen Freitreppe, am Eingang dieses riesigen seelenlosen Gebäudes, reckt eine Gruppe Musiker unterschiedlichen Alters in grauen, roten und maulbeerfarbenen Mänteln und hohen weißen oder turbanartigen Mützen stolz ihre gezwirbelten Schnurrbärte in die Luft und wartet in statuenhafter Reglosigkeit auf das Signal des Reiseleiters, um mit ihrer marschmusikalischen Vorstellung zu beginnen. Sie sind eine genaue Kopie der *mehter*, der Militärkapelle des 1826 aufgelösten Korps der Janitscharen, das jahrhundertelang von ihr in die Schlacht begleitet und mit epischen Gedichten und Gesängen angefeuert wurde. Mit ihren imposanten Standarten, Fahnen und Instrumenten treten sie täglich vor der Istanbuler Öffentlichkeit auf, hin und wieder auch in einer passenderen Umgebung: in den wunderschönen, terrassenförmig angelegten Gärten des Murad-Kastells auf der europäischen Seite des Bosporus oder vor den nahegelegenen Stadtmauern am Edirne-Tor, durch das sie unter dem Befehl Mehmets II. bei ihrem Sturm auf Byzanz 1453 in die Stadt eingefallen waren.

Das berühmte Janitscharenkorps wird von Historikern oft mit der Prätorianergarde verglichen, unterscheidet sich jedoch von der römischen Elitetruppe in einem wesentlichen Punkt. Diese setzte sich ursprünglich aus latinischen Bürgern zusammen, ihr Niedergang begann mit der Aufnahme von Soldaten aus den vom Imperium unterworfenen Provinzen. Murad I. hingegen verfolgte von Anfang an die Idee, mit den Janitscharen eine Streitmacht aufzubauen, die ihm persönlich ergeben war und ausschließlich aus Fremden bestand: aus jungen Christen, die aus den gerade eroberten Gebieten stammten, freiwillig oder gezwungenermaßen zum Islam übergetreten waren und aufgrund ihrer Entwurzelung und Isolierung gänzlich von seinem Wohlwollen abhingen. Über drei Jahrhunderte hinweg rekrutierten die Osmanen jährlich Tausende von Kindern und Jugendlichen, wobei sie sich die hübschesten und kräftigsten auszuwählen pflegten. Als stehendes Heer organisiert in einer Zeit, da überall in Europa noch das feudale Gefolgschaftsprinzip vorherrschte, waren sie die erste Berufsarmee der Moderne, eine Armee, die durch ihre Disziplin und Schlagkraft den Gegner im Feld das Fürchten lehrte. Ihre harte körperliche Ausbildung, ihre Geschicklichkeit, wenn es darum ging, dem Feind mit einem Hieb den Kopf abzuschlagen oder mit dem Säbel in der Faust, den Enden ihres roten Umhangs zwischen den Zähnen und unter lautem *la ilaha illa Allah* zum Angriff überzugehen, trug ihnen vor Einführung und Perfektionierung der Feuerwaffen wiederholte Male den Sieg auf dem Schlachtfeld ein. Ihre handlichen Krummsäbel und leichte Bekleidung begünstigten sie im Nahkampf mit den europäischen Rittern, die mit großen Schwertern bewaffnet waren und von ihren schweren Rüstungen behindert wurden. In Friedenszeiten, wenn sie nicht mit dem Sultan oder seinen Wesiren in die Schlacht zogen, belegten die in Istanbul stationierten Janitscharen vier eigens für sie reservierte Kasernen. Neben ihrer Funktion als Leibgarde des Sultans hatten sie in den verschiedenen Stadtvierteln für Ruhe und Ordnung zu sorgen oder wurden zum Wachdienst vor Regierungsgebäuden und ausländischen Gesandtschaften abkommandiert. Um Zusammenstößen mit der Zivilbevölkerung vorzubeugen, trugen die Janitscharen nur Schlagstöcke und Messer, wenn sie in der Stadt ihre Runde machten oder Posten standen. Die Schätzungen bezüglich ihrer Truppenstärke in der Hauptstadt variieren je nach historischer Quelle und Zeitraum zwischen viertausend und fünfundzwanzigtausend Mann; eine Zahl von zehn- bis fünfzehntausend scheint der Wahrheit am nächsten zu kommen. Das Janitscharenkorps in seiner Gesamtheit wuchs von zwanzigtausend Mann unter der Herrschaft Süleymans des Prächtigen auf hundertvierzigtausend zum Zeitpunkt ihrer Auflösung und blutigen Vernichtung durch Mahmud II.

In der Epoche der großen Sultane aus dem osmanischen Herrscherhaus ist ihre Disziplin beispielhaft. Die Regeln und Vorschriften des Korps gehen auf das Gründungsstatut Murads I. (1359-1389) zurück, das nicht nur unbedingten Gehorsam gegenüber den Befehlen der Anführer und Offiziere verlangt, sondern auch vollkommene Eintracht unter allen Korpsmitgliedern, freudige Bereitschaft zu einem einfachen und rauhen, körperlicher Ertüchtigung und militärischem Drill gewidmeten Leben sowie die Beachtung der Gebote des religiösen Bektaschi-Ordens hinsichtlich der frommen Werke und Pflichten eines Muslims. Darüber hinaus dürfen Janitscharen nicht heiraten, keinen Bart tragen, nicht außerhalb der Kaserne leben, keinen Beruf ausüben und weder Wein trinken noch sich an Glücksspielen beteiligen. Die herrscherlichen Titel und Urkunden, die ihre Korpszugehörigkeit bestätigen, zeugen, wie sich den von Ahmet Cevat Bey zitierten Formulierungen entnehmen läßt, von einem glühenden Mystizismus: »Wir sind Gläubige

(...), diesem Glauben widmen wir unser Leben (...), in uns brennt das Feuer der allumfassenden Ewigkeit (...), wir sind Schmetterlinge im göttlichen Licht (...), bilden in dieser Welt eine Legion in ständiger Verzückung angesichts der Herrlichkeit Gottes.«

Wie Nahum Weissmann in seiner materialreichen Studie über die Janitscharen schreibt, staunten die Botschafter der europäischen Mächte bei der Hohen Pforte nicht allein über die Ordnung und Disziplin innerhalb des Korps, sondern auch über die Sauberkeit der Kasernen im Vergleich zu dem Durcheinander und nachlässigen Erscheinungsbild der christlichen Soldaten. In seinem Buch *Voyage du Levant* berichtet Philippe du Fresne-Canaye von einem Besuch im Palast des Sultans: »Mit großem Vergnügen und noch größerer Bewunderung betrachteten wir die eindrucksvolle Menge der Janitscharen, die an den Mauern des Innenhofes aufgereiht standen, die Hände wie Mönche gefaltet und so still, daß sie eher an Statuen als an Menschen erinnerten.« Der anonyme spanische Verfasser des *Viaje de Turquía* schildert nach einer umständlichen Beschreibung ihrer Uniformen und Unterkünfte insbesondere die spartanische Ausbildung dieses Heeres – »Widersacher und Erzfeind des Heeres Seiner Katholischen Majestät«:

»Wo schlafen sie?«

»Auf dem Boden, wie Sklaven. Gleich ob Krieg herrscht oder Frieden, besteht ihr Bett nur aus einem Teppich und einer Decke, in die sie sich einwickeln, ohne sich jemals zu entkleiden, selbst dann nicht, wenn sie krank sind.«

»Sie dürfen nicht heiraten?«

»Nicht, solange sie Janitscharen sind. Gewöhnlich aber steigen sie zum Hauptmann, Spahi oder einer anderweitigen Würdenstellung auf und verlassen die Klostergemeinschaft. In keinem Heer gibt es Männer, die im Umgang mit Schwert, Bogen, Gewehr und Partisane geschickter wären, allerdings glaube ich, daß sie sich weniger auf ihr Geschick als auf ihr untertäniges und unbestechliches Betragen zugute halten.«

Die Erziehung der im Rahmen der Knabenlese, *devşirme*, rekrutierten Novizen richtet sich nach ihrer Zugehörigkeit zu einer von zwei Gruppen. Während die *acemoğlanları* eine vorwiegend körperlich-militärische Ausbildung erhalten, die sie auf den Dienst in Heer oder Marine vorbereitet, sind die *içoğlanları* für die höchsten Posten in der Verwaltung oder im unmittelbaren Umfeld des Sultans bestimmt. Letztere inspirieren im 16. und 17. Jahrhundert eine umfangreiche Literatur, die wie alles, was den »Despoten« und sein Serail betrifft – Alain Grosrichard weist darauf hin –, zwischen zwei gegensätzlichen Wahrnehmungsweisen schwankt.

Europäische Reisende wie etwa Tournefort betonen, wenn sie auf die Fasten- und Bußübungen der Içoğlanları zu sprechen kommen, daß sie »in ihrem Noviziat größere Demut und größeren Eifer an den Tag legen als Kapuziner und andere Ordensleute«. Sie werden zu Bescheidenheit, Höflichkeit und Ehrerbietigkeit erzogen, lernen lesen, schreiben und die Vorschriften des Korans befolgen und müssen Türkisch, Arabisch und Farsi beherrschen. Nach dem Aufstehen ordnen sie ihr Nachtlager, vollziehen ihre Waschungen an marmornen Becken, gehen in die Moschee, frühstücken und widmen sich ihren täglichen Studien im Wechsel mit Übungen im Freien, Bogenschießen, Schwertkampf, Lanzenwerfen und Musketenschießen. Die Geschicktesten und Intelligentesten werden als Pagen zum Sultan geschickt, wo sich ihnen häufig der Aufstieg in höchste Regierungsämter eröffnet.

Die Schilderung der vorbildlichen Tugendhaftigkeit

der jungen Içoğlanları und erwachsenen Janitscharen kontrastiert in der Darstellung der »Serailologen«, wie wir sie nennen könnten, mit der Beschreibung ihrer Quartiere und Kasernen als Höhlen verbotener Liebschaften und abscheulicher Laster, ohne daß ihnen der damit implizierte Widerspruch allzu großes Kopfzerbrechen bereitete.

Ihren glühenden Eifer demonstrieren sowohl Novizen wie Soldaten der Janitscharen zuweilen dadurch, daß sie sich mit ihren Dolchen Wunden beibringen, in die sie flüssigen Schwefel gießen. Als einmal die Gattin des englischen Botschafters in Konstantinopel, Lady Montagu, dem Aufmarsch der Freiwilligen beiwohnt, die vom Sultan die Ehre erbitten, für ihn sterben zu dürfen, muß sie sich krank in ihre Gemächer zurückziehen, so sehr erfüllt sie das Schauspiel mit Entsetzen: Wilde Kerle mit nackten Oberkörpern, in deren Armen Pfeile wie Spicknadeln stecken, ritzen sich mit Messern die Brust, um sich blutend ihren Geliebten zu zeigen, die sie von den Balkonen herab durch ihre Schleier hindurch verzückt betrachten.

Die Felduniform der Janitscharen ist unzählige Male beschrieben worden: die sonderbare Form ihrer Mütze – der Verfasser des *Viaje de Turquía* bezeichnet sie als Haube – unterschied sie von allen übrigen osmanischen Soldaten, die einen Fes oder Turban trugen. Die einfachen Soldaten besaßen einen Mantel aus rotem Tuch, Schuhe in der gleichen Farbe und blaue Pluderhosen; rot waren auch die Stiefel der Offiziere, ausgenommen die des Generalstabs. Ihre hohe, in einem langen Filzzipfel endende Mütze bildete nach vorn eine Art Horn, an dem ein hölzerner Löffel hing, dessen symbolische Bedeutung die Feinde irritierte und in der Tat einer Erklärung bedarf. Die Türken, ursprünglich ein Volk von Nomaden aus den Steppen Zentralasiens, pflegten sich abends, nachdem sie den ganzen Tag über das Vieh geweidet hatten oder umhergezogen waren, um einen großen Topf zu versammeln, in dem ihre Fleischsuppe kochte; diese Töpfe – Weissmann erinnert daran – bildeten gewissermaßen das Palladium der Gemeinschaft, und noch als sie seßhaft geworden waren, behielten die späteren Osmanen – wörtlich: »die Leute aus dem Hause Osmans« – das Ritual ihrer Vorfahren bei. Bei ihren Aufmärschen in der Hauptstadt trugen die Janitscharen ihre gewaltigen Kessel und Löffel zur Schau, und wer Zuflucht bei dem Topf-Fetisch des Korps suchte, genoß die gleiche Immunität, als hätte er sich an einen heiligen Ort geflüchtet. Regelmäßig wohnten die Sultane der Suppenverteilung bei, und wenn die Janitscharen einmal das Essen verweigerten, war dies das untrügliche Anzeichen einer Unzufriedenheit, die ihrer politischen Autorität gefährlich werden konnte.

Die Zeiten änderten sich, und so auch die Janitscharen. Mit dem Niedergang des Osmanischen Reichs im 17. Jahrhundert verlieren seine Gardesoldaten ihre anfänglichen Tugenden der Genügsamkeit und des Gehorsams, sie werden zu einem Element des Aufruhrs und der Instabilität. Nach dem Tod Murads IV. im Jahre 1640 beteiligen sie sich maßgeblich an einer Reihe blutiger Aufstände, die mit der Ermordung von Wesiren und Sultanen enden. Die allmähliche Öffnung des Korps für Osmanen, die Abschaffung der Knabenlese, das Recht zu heiraten, das zunächst nur den Veteranen, später allen Janitscharen zuteil wird, sowie die Erlaubnis, für den Unterhalt ihrer Familien einen zusätzlichen Beruf auszuüben, untergraben langsam, aber unaufhaltsam ihre Disziplin und Kampfbereitschaft, bis sie nurmehr ein Heer von Schmarotzern sind, das sich allen Neuerungen, die ihre Privilegien gefährden, widersetzt. »Aus einem Verband gut ausgebildeter, mönchisch streng organisierter und dem Sultan blind ergebener Kämpfer«, schreibt Weissmann, »war ein ungeordneter Haufen von Einzelpersonen geworden, die sich als Handwerker, Kaufleute und in allen erdenklichen Berufen betätigten und sich häufig von Angehörigen oder Freunden im aktiven Dienst vertreten ließen, nicht ohne auch weiterhin den Titel eines Janitscharen und die damit verbundenen Vorteile in Anspruch zu nehmen.« Als fliegende Händler oder dubiose Mittelsmänner verlangen sie Schutzgelder von den Kaufleuten und Handwerkern und verbringen mehr Zeit in den Kneipen von Galata als in ihren militärischen Ausbildungsstätten. Nichts erinnert mehr an ihre einstige Loyalität, und seit dem achtzehnten Jahrhundert sind sie zu einer Prätorianergarde verkommen, die den Kampf scheut und ihre Stärke gegen das eigene Volk einsetzt.

Wenn sie die Töpfe umstoßen und sie aus den Kasernen auf den zentralen Platz von At Meydanı schleifen, ist dies das Zeichen zum Aufstand mit anschließenden Plünderungen und Brandstiftungen. 1648, 1651, 1655 und 1687 meutern die Janitscharen und schrecken dabei vor keiner Grausamkeit zurück. Ihre Revolten zur Erlangung eines Bakschischs oder einer höheren Besoldung sind der Alptraum der Sultane und das Haupthindernis für eine Modernisierung des Heeres. Als Mahmut II. nach den osmanischen Niederlagen gegen Serben und Griechen sie 1826 auflösen und ein neues Militärkorps aufbauen will, widersetzen sie sich sogar einer Fetwa, die diese Reform unterstützt: Von der Armee und der Bevölkerung in ihren Kasernen eingekesselt, kommen mehr als achttausend Janitscharen bei der Erstürmung ums Leben oder werden anschließend ermordet. Ein *ferman* oder Dekret des Sultans verfügt ihre Auflösung, und für lange Zeit gilt der bloße Name der Janitscharen als unaussprechlich.

Der äußerst populäre Bektaschi-Orden ist, was Herkunft, soziale Zusammensetzung und religiöse Praktiken betrifft, das genaue Gegenteil des Mewlewi-Ordens. Die legendäre Gründergestalt, der heilige Hadschi Baktasch Veli, bleibt liebevoll verhüllt vom Schleier einer Hagiographie, deren Wunderberichte und fromme Anekdoten von heutigen Historikern zurückgewiesen werden. So soll Hadschi Baktasch die Schaffung des Janitscharenkorps angeregt und die Mütze erfunden haben, die sie von den übrigen Soldaten unterschied. Sicher ist, daß die Bruderschaft nicht vor dem 16. Jahrhundert in den Chroniken Erwähnung findet, dann allerdings in Zusammenhang mit dem damals noch disziplinierten und gefürchteten Heer der sogenannten »Söhne des Sultans«.

»Der ganz in Weiß gekleidete Bektaschi trug eine speziell geformte Mütze – die *taç* oder Krone –, eine zweischneidige Axt, einen langen Stab und seine jeweiligen Rangabzeichen«, schreibt Weissmann. »Offizielle Vertreter des Ordens wohnten in den Kasernen der Janitscharen: auf dieser engen Verbindung mit den Soldaten beruhte ihre politische Bedeutung. Als Militärgeistliche begleiteten sie das Korps in die Schlacht, wobei sie Hymnen zu seinem Ruhm anstimmten. Auch waren sie an zahlreichen Meutereien beteiligt. Der Scheich der Bektaschis war gleichzeitig Kommandant eines Janitscharenregiments.«

Die Bektaschis vertreten eine in vieler Hinsicht heterodoxe Konzeption der muslimischen Religion. Nicht nur bewahrt der Orden Elemente vorislamischer türkischer Traditionen, er assimiliert auch schiitische und christliche Glaubensvorstellungen und Riten. Schockierend für Gläubige beiderlei Geschlechts ist ihre Unbotmäßigkeit gegenüber den »fünf Säulen« des Islams: Nach Ansicht der Bektaschis sind Almosensteuer und Pilgerfahrten nach Mekka etwas für Reiche, Fasten und Gebete etwas für Frömmler; wie die Sufis lassen sie nur das Glaubensbekenntnis gelten und halten die rituellen Praktiken für erbärmlich und daher verachtenswert. Unter der Anleitung eines Führers müssen die Novizen des Ordens vier Tore oder Stadien durchschreiten, um die Trunkenheit der göttlichen Liebe zu erreichen; bleibt sie aus, nehmen die Anwärter mit der fröhlichen Kameradschaft der niederen Stufen vorlieb, mit der Kasernenhofkameradschaft, wie ihre Gegner sagen werden, die sich auf turbulente Gelage gründet, bei denen der Wein in Strömen fließt. Strenggläubige behaupten, die Bektaschis würden Frauen zu ihren Zusammenkünften laden und die Kerzen löschen, um den Raum in ein Dunkel zu tauchen, das ihren zügellosen Ausschweifungen zupaß kommt. Diese Laxheit der Sitten und die Verquickung religiöser Traditionen erklären, warum sich die Konvertiten christlicher Herkunft in ihren Reihen wohlfühlen sollten: Der Bektaschismus ist die den neuen Muslimen aus den eroberten Provinzen gemäße Glaubenslehre.

Viele der für ihr rebellisches Wesen und ihr wildes Leben bekannten anatolischen Barden waren Angehörige des Ordens. Unter ihnen blieb der Geist einer türkischen Volkskultur lebendig, die der schulmäßigen, von arabischen und persischen Elementen durchsetzten Sprache der Dichter am osmanischen Hof völlig fremd war.

In Istanbul bildeten Robert Mantran zufolge die Bektaschis eine Art religiöser Bewegung mit ausgeprägt sozialem Charakter, wie er jenen großstädtischen Schichten entsprach, die sich aus Vertretern der untersten Berufsgruppen zusammensetzten und zum Aufruhr neigten. Wegen ihrer Verbindung mit den Janitscharen und anderen für ihre Wildheit berüchtigten Zünften wie den Schiffern, Dienstleuten, Gerbern etc. spielten sie eine maßgebliche Rolle bei den Revolten und Feuersbrünsten, die im Verlauf des 17. und 18. Jahrhunderts regelmäßig die Hauptstadt verwüsteten. Auch der Unzufriedenheit der türkischen Bauern und Hirten liehen die Dichter der Sekte ihre Stimme. Der beißende Humor der Bektaschis und ihr mangelnder Respekt vor den Gesetzen waren sprichwörtlich. Kaum unternimmt die Armee zum Zweck des Rekrutierens und Steuereintreibens eine ihrer üblichen Strafexpeditionen gegen Saumselige und Halsstarrige, singt Dadaloğlu schon herausfordernd:

Das ferman *des Sultans erklärt uns den Krieg;*
Herr des Dekretes ist er, Herren der Berge sind wir.

Die Vernichtung des Janitscharenkorps im Juni 1826 markiert auch den Einflußverlust des Bektaschismus in der osmanischen Gesellschaft. Einen Monat nach dem Massaker wird der Orden mit dem Plazet des Großmuftis und der Ulemas von Mahmut II. verboten, der alle seine Klöster in der Hauptstadt zu zerstören befiehlt, drei seiner Führer hinrichten läßt und die übrigen verbannt. Der Orden, der sich in den Untergrund zurückziehen muß, erlebt in den letzten Jahren des osmanischen Reichs eine kurzzeitige Renaissance, als er sich nach Kräften für die Reformen und Verfassungsbewegungen einsetzt. Obwohl er Atatürk unterstützt, erfährt der von dem Mystiker Hadschi Baktasch gegründete Orden das gleiche Schicksal wie alle anderen osmanischen Bruderschaften; ihre kameradschaftliche und synkretistische, fröhlich ungenierte Geisteshaltung jedoch lebt fort in einigen urbanen, mit den Arbeiterbünden in Verbindung stehenden Volksschichten der Türkei sowie in bestimmten Gruppen der schiitischen Aleviten.

Aus der republikanischen Türkei vertrieben, haben

sich die Bektaschis ihre Riten und Glaubensvorstellungen in mehreren der ehemaligen osmanischen Provinzen auf der Balkanhalbinsel bis heute mühsam bewahrt. Während sie kurz nach der Unabhängigkeit Bulgariens von dort verschwanden und nach dem Griechisch-Türkischen Krieg in Griechenland offenbar allmählich ausstarben, erlebten sie zwischen den Weltkriegen in Albanien und Jugoslawien eine überaus eindrucksvolle Blütezeit. In Albanien wurden in den zwanziger und dreißiger Jahren mehrere Bektaschi-Kongresse veranstaltet, und die Überführung des Großen Dede aus Istanbul nach Tirana machte das Land zum Weltzentrum des Ordens. Obgleich die Bektaschis in herausragender Weise am Widerstand gegen die italienisch-deutsche Besatzung beteiligt waren, erließ die Regierung der Volksrepublik Albanien, die ihre Aktivitäten nach der formalen Unterwerfung unter die marxistisch-leninistische Ideologie zunächst toleriert hatte, im Jahr 1967 ein Dekret zum Verbot des Ordens, um »religiösen Aberglauben« und »rückständige Sitten« zu bekämpfen. Seit der Liberalisierung des Regimes 1991 sind die Bektaschis wieder aus ihren Katakomben aufgetaucht, und wie von verschiedenen Seiten zu hören ist, haben sie neuerlich Kontakt zu den kleinen Gemeinschaften ihrer Ordensbrüder in Makedonien und zu der albanischen Flüchtlingskolonie in Detroit aufgenommen.

Die Situation der Muslime in Jugoslawien war insgesamt weniger hart als in den Nachbarländern. Titos Bruch mit dem Stalinismus und seine Führungsrolle bei der Gründung der Bewegung blockfreier Staaten nötigten ihn, einen Modus vivendi zu finden, um die freundschaftlichen Beziehungen zu den islamischen Staaten voranzutreiben. Frucht dieser Strategie war die Bildung einer Obersten Islambehörde, die die Interessen von etwas mehr als drei Millionen Gläubigen zu vertreten hatte. Trotz des Vorwurfs der Zusammenarbeit mit einem offiziell atheistischen System gelang es dieser Behörde um den Preis von Zweideutigkeiten und erzwungenen Zugeständnissen, eine theologische Hochschule und drei Medresen sowie eine dreisprachige islamische Presse am Leben zu erhalten. Die meisten Orden, darunter auch die Bektaschis, akzeptierten ihre Integration in die offizielle Islambehörde, doch die strenge Kontrolle durch die titoistischen Behörden und der fehlende freie Austausch der Gemeinden untereinander bewirkten, wie Alexander Popović sehr schön zeigt, einen allmählichen Niedergang der *tarikat* oder Ordensgemeinschaften, deren Akkulturationsprozeß oft an den der Morisken im Spanien der zweiten Hälfte des 16. Jahrhunderts erinnert. Die soziopolitische Reglementierung durch das jugoslawische Regime – das genaue Gegenteil der osmanischen Liberalität – entzog dem Bektaschi-Orden jeden Freiraum, erstickte das Gemeinschaftsleben und erzwang die Säkularisierung seiner Scheichs und Derwische. Das große *tekkeh* oder Kloster von Tetovo mußte seine Tore schließen. Im makedonischen Dakovica jedoch bewahrten die Mitglieder des Ordens allen Widrigkeiten zum Trotz die Normen und Ideale von Hadschi Baktasch Veli und zelebrierten ungeachtet ihrer dramatischen Isolierung und des von Intoleranz und Feindseligkeit geprägten Umfelds weiterhin ihre Feste, Gebete und Initiationsriten.

Im Herzen der Türkei

Es ist schon paradox, daß die vielleicht typischste Stadt der Türkei ihren Namen, Erzurum, vom arabischen *Aard-er-Rum* ableitet, Land der Römer, wie früher die Christen im Raum des Islams genannt wurden. Ob in physischer, kultureller oder menschlicher Hinsicht: tatsächlich bringt keine andere Landschaft Anatoliens besser als Erzurum das Charakteristische dieses Nomadenvolkes zum Ausdruck, das vor bald tausend Jahren in das Gebiet der heutigen Türkei eindrang und dort siedelte. Die Stadt war das östliche Zentrum der Byzantiner, und jahrhundertelang machten die Karawanen, die von Europa aus nach Persien, China und Indien zogen, zwangsläufig hier Station. Die strenge und eindrucksvolle Architektur ihrer Moscheen, Minarette und Medresen stammt aus dem 12. und 13. Jahrhundert und verdankt sich den mongolischen und seldschukischen Monarchen. Ibn Battuta, der Reisende aus Tanger, beschreibt sie im 14. Jahrhundert in einem Zustand der Zerstörung und des Verfalls, doch wie ein Phönix erstand sie aus der Asche und fand zu neuer Blüte.

Schon der äußere Anblick ihrer bedeutendsten Monumente und einiger glücklicherweise erhaltener Gebäude und Gassen erinnert uns daran, daß wir weit weg von Istanbul mit seinem osmanischen Raffinement sind. Die mosaikverkleideten Minarette, die Kegeldächer und Portale mit Stalaktitengewölben belegen die häufigen Kontakte der Besiedler Anatoliens mit dem Iran und dem Kaukasus und verweisen auf ihre ethnischen und kulturellen Verbindungen mit den zentralasiatischen Turkmenen und Usbeken. Die Karawanserei von Erzurum beherbergt in ihren Säulengängen, ähnlich den Chans des Vorderen Orients, kleine Läden und Werkstätten, und in ihren Passagen kann der Fremde die besten *tesbih* der Türkei erwerben, islamische Rosenkränze, die traditionell von den Handwerkern der Stadt hergestellt werden. Beim obligatorischen Spaziergang zur Çifte-Minare-Medrese wird man Reste der alten Holzhäuser mit ihren verglasten Galerien und Balkonen oder die orangefarbenen seldschukischen Grabtürben bewundern. Mit ihren in türkisblauer Fayence kannelierten Zwillingsminaretten bietet die Medrese ein prachtvolles Bild, betont noch durch ihre Bänder und Mosaike von beispielloser Schlichtheit. Vier Liwane umschließen ihren zurückgezogenen, abweisenden Innenhof; die Koranschüler waren früher auf den seitlichen Galerien untergebracht, und gegenüber dem Eingang erhebt sich ein Torbogen von großartigen Proportionen, der dem Neugierigen den Weg zum Bethaus mit seinem angegliederten Mausoleum zeigt.

Die Yakutiye-Medrese im Zentrum von Erzurum besitzt nur ein einziges, stumpfes Minarett, verziert mit fein verschlungenen Mustern nach orientalischer Tradition. In den angrenzenden Gärten mit ihren Sommerterrassen, auf denen Besucher den ganzen Tag friedlich im Schatten plaudern, offenbart sich an einem osmanischen Grabmal die ganze stilistische Vielfalt und Symbiose, die energetische Kraft der Osmose. Doch Erzurum kann nicht nur mit großen Moscheen, Koranschulen und Verwaltungsgebäuden von bedrohlicher Gravität aufwarten, die Stadt ist auch ein Ort für bescheidene Cirit-Clubs, in denen Spieler und alte Kämpen mit runzliger Haut und gezwirbeltem Schnurrbart zusammenkommen, um künftige oder vergangene Wettkämpfe zu besprechen, unzählige

Gläschen Tee zu trinken, Zeitung zu lesen oder wie ihre Landsleute in Istanbul stundenlang vor dem Tavlabrett zu hocken.

Die Liebe der Türken zu Reiterspielen geht auf die Anfänge ihrer Geschichte zurück. Als Hirtenvolk aus den Steppen Mittelasiens erreichten sie im Laufe mehrerer Wanderungsbewegungen und in ständigem Krieg mit ihren persischen, mongolischen, armenischen und byzantinischem Nachbarn das heutige Anatolien auf dem Rücken ihrer Pferde; was erklärt, daß das Pferd noch Jahrhunderte später, in Friedenszeiten wie im Krieg, zum häuslichen Bereich gehörte, ein Miteinander, von dem zahlreiche Sprichwörter, Legenden, Balladen und Gedichte zeugen. Türkische Chroniken erwähnen Wettkämpfe schon in der Regierungszeit Orhan Ghasis. Der Eroberer von Bursa und Sohn des Begründers der Dynastie der Osmanen organisierte bereits 1326 Reitturniere, und seit den Zeiten Süleymans des Prächtigen geben uns osmanische Historiker und »fränkische« Reisende Kunde vom Lanzenspiel oder *cirit*, veranstaltet in den wichtigsten Städten des Reiches und selbst in kleinen Dörfern, wo es ein zahlreiches und leidenschaftliches Publikum herbeilockte, das darauf brannte, sich an dem Schauspiel der Rösser, dem Schneid und Geschick der Reiter zu ergötzen. Manche Orte verfügten über mehrere Kampfstätten, und in der Hauptstadt strömten freitags und an Feiertagen die Würdenträger und das einfache Volk in Scharen zu den Wiesen der Süßen Wasser von Europa am Ende des Goldenen Horns.

»Eine Gruppe von Burschen auf Araberpferden«, schreibt der französische Reisende Castellan Anfang des 19. Jahrhunderts, »fliegt mit solcher Geschwindigkeit über das Feld, daß ihnen das Auge kaum folgen kann. Den *cirit* in der Hand, vornübergebeugt in den Steigbügeln stehend, jagen sie einander, greifen den Gegner an oder weichen ihm aus, beschreiben große Kreise und gewundene Bahnen (...). Andere junge Männer, die sich in zwei Parteien in einer Entfernung von etwa hundert Schritt gegenüberstehen, schleudern ihre Lanzen, erwarten unbeweglich die des Gegners, parieren sie mit ihrer eigenen, fangen sie sogar mit großer Geschicklichkeit im Fluge auf und werfen sie blitzschnell dem fliehenden Reiter hinterher.« Nach dem Zusammenbruch des Osmanischen Reichs erlebten auch die Reiterkämpfe einen Niedergang, und seit den fünfziger Jahren findet der Cirit nur noch im Zentrum und im Osten der Türkei statt, wenn der Sommer das harte Klima mildert und die unwirtliche Hochebene ergrünen läßt. Aus ihrem Winterschlaf erwachend, versammeln sich die jungen Spieler auf den Wiesen von Pasinler, Horasan und Dereboğazı, um ihre Geschmeidigkeit wiederzuerlangen und die Reflexe ihrer Pferde zu erproben. Die Anhänger dieses uralten türkischen Sports haben sich heute in Clubs zusammengeschlossen, mit Regeln und Statuten, die vom Landesverband in Ankara überwacht werden. Die bedeutendsten Turniere werden während der jährlichen Stadtfeste in kleinen, eigens für die Kämpfe erbauten Stadien ausgerichtet. Nach den gültigen Regeln findet das Spiel zwischen zwei Mannschaften statt, die eine in Rot, die andere in Weiß. Es sind mindestens acht Spieler pro Seite (in diesem Fall *gurup* genannt) und höchstens zehn (*alay*). Das Turniergelände mißt 160 Meter in der Länge und 40 Meter in der Breite, der Untergrund soll weder zu hart noch zu weich sein und ist vorzugsweise grasbedeckt. Jeder Reiter darf über zwei Ersatzpferde verfügen. Im Falle von Prellungen oder Verletzungen können auf Entscheidung des Clubchefs bis zu zwei Reiter und Rösser während des Wettkampfs ausgewechselt werden. Bei vielen

Kämpfen tragen die Reiter ihre traditionelle Tracht: langärmliges weißes oder blaues Hemd, graue oder schwarze Pluderhose mit Weste, um die Taille eine schmucke Schärpe in leuchtenden Farben. Einige Spieler tragen Schaftstiefel, andere reiten barfuß in ihren Pumphosen. Das Tier kann mit Reitzeug aus gepunztem Leder geschmückt sein, und es empfiehlt sich, ihm einen speziellen Maulschutz aus Gummi anzulegen, um bei einem Zusammenprall mit dem Gegner Verletzungen zu vermeiden. Sollten aufgrund des Fehlens eines solchen Gummischutzes die Lippen des Pferdes nach einem Zusammenstoß bluten, erhält der Reiter Strafpunkte. Die Lanze, der *cirit*, ist aus Holz. Alten Chroniken zufolge wurde sie aus den Stielen von Palmblättern gefertigt, die aus dem Norden Afrikas stammten, wo dieser Baum bei einigen Arabern als *bilad al-djirid* bekannt war. Heute werden sie in der Regel aus altem Steineichenholz hergestellt und wiegen 300 bis 400 Gramm bei einem Durchmesser von 3,5 und einer Länge von 115 Zentimetern. Die Spieler können, wie Castellan notiert, einen etwa 125 Zentimeter langen Stab mit einer Drahtschlaufe benutzen, um die Lanze aufzunehmen, falls sie einmal zu Boden fällt. Der Schiedsrichter hat drei Assistenten und interveniert mit Pfeife oder Klingel. Ein anhaltendes Signal bedeutet für den Reiter, der einen schweren Verstoß begangen hat, daß er das Spielfeld verlassen muß.

Allerdings sind manche dieser Treffen, Vorspiel zu den offiziellen, während der Festtage ausgetragenen Kämpfen, weit weniger sehenswert und aufregend als die Trainingstage einiger Clubs in ihren Bergdörfern. In Dereboğazı zum Beispiel ist das Gelände, das die Jungen und Männer des Ortes hierfür ausgewählt haben, die flache, gerodete Kuppe eines Hügels, von dem aus man eine weite Landschaft mit Pappelwäldchen, Bienenstöcken,

Weizenfeldern, Herden und Gebirgsmassiven mit schmalen, von ewigem Schnee bedeckten Bergrücken überblickt. Die Aussicht ist grandios, und das Spiel der Reiter knüpft erkennbar an die turkmenische oder mongolische Tradition der Wettkämpfe auf freiem Feld an, von denen uns die Chronisten berichten.

Mit ihrem Spielführer an der Spitze, einem der erfahrensten Cirit-Kämpfer der Türkei, kommen die Mitglieder der Mannschaft von Dereboğazı im lockeren Trab vom Dorf heraufgeritten, mit prachtvollem Putz und ihren Fahnen. Aufgeteilt in zwei Gruppen, ziehen die Spieler gleichzeitig auf das offene Feld und nehmen in einem Abstand von etwa hundert Metern Aufstellung. Das Training besteht wie das Turnier aus zwei Teilen. Im ersten beweisen die Reiter ihre Geschicklichkeit und ihr Können, geben forsch die Sporen, drehen sich mit atemberaubender Schnelligkeit im Kreis, vornübergebeugt und dabei den Hals ihrer Rösser fast umklammernd. Der zweite Teil, das eigentliche Spiel, besteht aus dem Mannschaftskampf. Er dauert etwa zwei Stunden und wird nur von einer kurzen Halbzeitpause unterbrochen. Kommt es zu einem Unentschieden, spielt man eine halbstündige Verlängerung, zwei Halbzeiten zu je fünfzehn Minuten. Ist das Ergebnis nach wie vor unentschieden, gewinnt die Seite, die den ersten Punkt macht, beziehungsweise es verliert diejenige, die als erste vom Schiedsrichter bestraft wird.

Sobald der Pfiff ertönt, gibt ein Spieler die Sporen, galoppiert bis zur gegnerischen Verteidigungslinie, schleudert die Lanze entweder direkt auf den Gegenspieler oder nachdem er eine oder zwei Drehungen vollführt hat und kehrt rasch zu seinem Lager zurück. Ein Reiter der anderen Mannschaft stürmt nun auf den Angreifer zu und schleudert, ebenfalls ohne in dessen Raum einzudringen, den Cirit. Wenn keiner der beiden seinen Rivalen trifft, erhält auch keine Mannschaft einen Punkt. Trifft ein Spieler den gegnerischen Reiter, erhält er zwei Punkte für sich und seine Seite, fängt er die Lanze des Gegners im Fluge, erhält er drei. Kommt ein Reiter nah an seinen Gegenspieler heran, kann er sich entscheiden, den Cirit nicht auf ihn zu werfen, sondern lediglich eine Wurfbewegung anzudeuten, wofür es einen Punkt gibt, so als hätte er den Wurf ausgeführt. Lanzen, die ein Pferd treffen, zählen nicht, und sollte ein Schiedsrichter der Meinung sein, daß ein Spieler absichtlich auf das Tier zielt, verweist er ihn auf der Stelle des Platzes.

Während des Wettkampfs folgen Angriff und Gegenangriff in rasantem Tempo aufeinander: »Das plötzliche Lospreschen, Schwenken, Stehenbleiben«, schreibt Feyzi Halici, »ist der ästhetischste Teil des Spiels. Am Auftritt der Pferde zeigt sich ihr langjähriges und gründliches Training. Beträchtliches Geschick erfordert es auch, die Lanze im Fluge zu fangen, ihr mit einer Drehung rasch auszuweichen und sie geschwind vom Boden aufzunehmen. Alle Elemente und Regeln des Cirit haben ihren Sinn. Die Achtung vor dem Tier und das bloße Antäuschen mit der wurfbereiten Lanze spiegeln eine Eigenschaft wider, die allen Türken gemeinsam ist: ihre Neigung, Großmut zu zeigen.«

Erzurums herbe Schönheit scheint im Laufe der Jahrhunderte auf Körper und Geist seiner Bewohner abgefärbt zu haben. In den kleineren Ortschaften im Umkreis der Stadt halten sie stolz an ihren traditionellen Lebensformen fest: Ackerbau, Weidewirtschaft, Jagd, unbedingte Solidarität des Clans. Die strengen, langen Winter werden durch heitere Sommertage von diffuser Helligkeit vergolten. Mitte Juli nach Dereboğazı zu reisen heißt, Meere von Weideland zu durchqueren, zwischen

Herden dahinzusegeln wie zwischen winzigen Archipelen. Die Ruhe, die die Luft erfüllt, ist voller Versprechen, die Rufe von Maultiertreibern und Hirten scheinen Lockung oder Einladung. Erstaunt hält der Besucher inne, benommen von einer fast himmlischen Glückseligkeit: Grasland, Duft von Kuhmist, Buchenwäldchen, gurgelnde Bäche überall, Wiesenblumen, Bienen, sanfte sommerliche Betriebsamkeit, gütiges Sonnenlicht, leichter Wind, zartes Wellenspiel der Hügel, fruchtbares Ackerland, bimmelnde Viehglocken, synkopierte Stimmen, fernes Gebell, mildes Grün von Pappelhainen und Uferlaub. Während die gewandtesten Burschen des Ortes ihre Fähigkeiten beim Cirit trainieren, messen andere, nicht minder stattliche Jünglinge und Erwachsene ihre Kraft und Tagesform auf den benachbarten Wiesen bei einer Art ländlichem Ringkampf, der seit Jahrhunderten *karakucak* genannt wird, »schwarze Umarmung«. Dieser Sport, dessen Regeln sich von denen des *yağli güreş* unterscheiden, stammt aus dem Gebiet zwischen Erzurum und Amasya, und kurioserweise erinnert seine Grifftechnik an den alten, nur wenig bekannten Kanarischen Ringkampf.

Inmitten von Ochsen- und Hammelherden, die in der Nähe weiden, trainieren die Kämpfer auf einer großen Wiese, sobald die Sonne zu sinken beginnt und ihre rotglühende Scheibe die eleganten Würfe und verbissenen Umarmungen mit der flammenden Aureole eines Löwenhaupts umgibt. Die Kämpfer tragen den *pırpıt*, eine an der Taille und den Kniekehlen festgebundene Hose aus grobem Leinen. Im Unterschied zu den *pehlivan* beim Yağlı tragen sie keine leuchtend schwarzen Lederhosen und ölen auch nicht ihre Körper ein, um dem Gegner das Greifen zu erschweren. Bei den offiziellen Wettkämpfen werden die Teilnehmer ausgelost. Sie tragen ein rotes oder blaues Band am rechten Fuß und müssen innerhalb ihrer Klasse das gleiche oder annähernd gleiche Gewicht haben, auch das ein Unterschied zu den Pehlivan. Bei der Schwarzen Umarmung gelten dieselben Verbote wie beim Yağlı: nicht mit dem Ellenbogen auf die Wirbelsäule des am Boden liegenden Gegners drücken, weder Hand noch Fuß verdrehen, nicht mit dem Finger in Auge, Mund oder Ohr stechen, keine Tritte, Schläge oder Kopfstöße, kein beleidigendes Wort. Und anders als beim Yağlı darf dem Gegner auch nicht die Hose heruntergezogen werden. Sieger ist, wer den Gegner auf den Rücken wirft oder vom Schiedsrichter die meisten Punkte erhält.

Wenn das Kirschfest von Tokat, der Jahrmarkt von Amasya oder die Kämpfe von Sivas anstehen, rüsten sich die jungen Burschen von Erzurum zum Training. Nachdem sie ihre Kleider abgelegt und in ihren zerschlissenen Beuteln verstaut haben, warten sie mit abgemessenen Bewegungen, regungslos fast, daß der Rivale Aufstellung nimmt, um dann mit einem harten und schweißtreibenden Ringen zu beginnen, fest ineinander verschlungene Ranken, die das Auge erfreuen und die Seele heiter stimmen: kernige, kompakte Körper, wie Felsblöcke, opak, von reiner und genugsamer Majestät. Die Ringkämpfer – Kopf, Hände und Füße auf den Boden gestützt – bilden mit dem einladenden Schild ihrer gewölbten Brust eine Brücke oder halten die Masse des Gegners nieder, lähmen ihn mit ihren Griffen. Knaben, Hünen, zupackende Kerle mit wildem Schnurrbart und wuchtig geschnitzten Gesichtszügen zeigen ein Bild von ungewöhnlicher und leuchtender Schönheit. Inmitten brüllender Ochsenherden und bellender Hirtenhunde geben sie sich ihren mannhaften Spielen hin, halten der angespannten, gewundenen Umarmung stand, reißen den Gegner in die

Höhe oder entschlüpfen mit schlangengleicher Geschmeidigkeit, ziehen ihre Muskeln um ihn zusammen, scheinen zu kopulieren und einander zu verschlingen: knorrige Arme, blanke Sehnen von augenfälliger Härte, flink wechselnde Griffe, rüde verkoppelte Umarmung, kräftige Rücken, glänzende, geschwungene Schulterblätter, prächtiges Gefüge verschränkter Gliedmaßen, langsame, wechselseitige Erschöpfung. Die diffuse Ruhe des Ortes verwandelt sich in Glück: das Licht des Abends verschwimmt, scheint zu schweben und die Bühne der Landschaft ein letztes Mal auszuleuchten, die Luft saugt sich voll mit Sonnenstaub. Zurück in Erzurum, beschließen die Ringer in freundschaftlicher Runde den Tag auf einer einfachen, gemütlichen Terrasse im Schatten der Akazien. Wer dort mit ihnen ein paar Gläschen Tee trinkt, fühlt sich wahrlich im tiefsten Herzen der Türkei.

Die Nataschas kommen

Vor sechs Jahren fuhr ich mit einem türkischen Freund in sein Heimatdorf im Hochgebirge, im Wilajet Kars, einen halben Kilometer Luftlinie entfernt von der Grenze zur früheren UdSSR. Das Dorf lag – ob immer noch, weiß ich nicht – in militärischem Sperrgebiet, einem Streifen Niemandsland, das zu betreten Besuchern untersagt war. In einer Gruppe von einheimischen Bergbewohnern und getarnt mit der auf dem Land immer noch vorherrschenden Atatürk-Mütze schmuggelte ich mich auf einem Lastwagen ein. Umgeben von Wiesen, Bächen, Viehherden, Hirten, Reitern und herzlichen, gastfreundlichen Dorfbewohnern verlebte ich dort drei unvergeßliche Tage in einem gleichsam zeitlosen und rustikalen Garten Eden. Auf der anderen Seite des tief eingeschnittenen Gebirgsbachs, der eine abrupte Grenze zwischen beiden Staaten zieht, erstreckte sich ein riesiges, unbewohntes, mit Drahtzäunen und Wachtürmen gesichertes Gebiet – weit und breit kein menschliches Wesen, außer den sowjetischen Militärangehörigen, die uns durch ihre Ferngläser beobachteten und von Zeit zu Zeit in Geländewagen den gegenüberliegenden Rand des Steilhangs abfuhren. Die hermetische Abschottung der beiden über eine idyllische Landschaft hinweg sich stumm belauernden Streitkräfte währte bereits mehr als sechzig Jahre. Trotz des Wasserreichtums und der herrlichen Wiesen fühlte ich mich gleichsam in eine Szene des Films *Die Tatarenwüste* versetzt.

Obwohl mir Komplikationen ins Haus standen – die Wohnung, in der ich untergebracht war, wurde unversehens von einem Militärkommando gestürmt, das seine

Maschinenpistolen auf mich richtete –, fand der Zwischenfall ein gutes Ende. Mit meinem bescheidenen Türkisch erklärte ich, daß ich ein spanischer Tourist sei und kein »Terrorist« der PKK. Alles endete in Gelächter und Umarmungen, nur mußte ich meinen Aufenthalt in dem Dorf abkürzen und mich am folgenden Tag im Nachbarort Çildir bei der Militärdienststelle melden, um meine Papiere vorzulegen.

Während ich auf den Stempel des Kommandanten wartete, betrat ich mit meinem Freund eine Art Café oder *Video Klüp*. In gespannter Stille, wie in einer Raubtierhöhle, verfolgten dichtgedrängt zwei Dutzend Männer mit Mützen und buschigen Augenbrauen die Vorführung eines in Deutschland gedrehten Pornofilms: einfarbige und zweifarbige Paare, Dreier und Vierer, wechselnde Tändeleien von vorne und hinten, fleißige Techtelmechtel am laufenden Band. Dazu hatte der Regisseur dieses originellen Streifens auf der Tonspur das wollüstige Stöhnen der blonden Schönen mit dem Heulen einer Lokomotive, dem Stampfen rotierender Kolben und den Pfiffen von Stationsvorstehern abgemischt.

Meine Aufmerksamkeit aber konzentrierte sich auf das Publikum: einfache Bauern mit glänzenden Augen und erloschenen Zigaretten im Mundwinkel. Niemand sagte etwas oder kommentierte die penetranten Rhythmen und Stellungswechsel, die dem avanciertesten Taylorismus Ehre machten, so als hätte die unerhörte Handlung ihnen Urteilskraft und Sprache verschlagen. War das alles echt, konnte das wirklich wahr sein? Wie brachten die Zuschauer die Existenz von soviel blonder, forscher Schönheit mit ihrer monotonen Alltagserfahrung in Einklang? Das waren Frauen, nicht die, die sie zu Hause hatten! »Wenn sie die Grenzen öffnen, leert sich das Land«, war der Kommentar meines Freundes.

Nachdem das Problem meines Aufenthalts im militärischen Sperrgebiet gelöst war, nahm ich den Bus nach Kars. Die Träume der Männer aus Çildir schienen damals ebenso verstiegen wie unerreichbar. Niemand konnte ahnen, daß wenig später – o Wunder! – die blonden Filmschönen Gestalt annehmen und greifbare, atemberaubende Wirklichkeit werden würden.

Zunächst tauchten sie in der Nähe des Großen Basars, auf dem riesigen Vorplatz der Istanbuler Universität und in ihren Seitenstraßen auf. Sie kamen aus Polen, Jugoslawien und Rumänien, hatten blondgefärbte Haare und trugen einheitlich weiße Jogginganzüge. Sie wollten kaufen und verkaufen. Ihre Waren verblüfften durch ihr Alter und ihre Armseligkeit: vorsintflutliche Computer, klobige und unbrauchbare Fotoapparate, Telefone von fragwürdigem Kommunikationswert, ausgemustertes Militärspielzeug, abscheuliche Uhren jeglicher Form und Größe, zweifelhafter Ost-Whiskey, Lampen von geradezu perverser Häßlichkeit. Aber die Einheimischen umringten sie, lächelten ihnen zu, feilschten um Preise, trafen Verabredungen per Zeichensprache. Die Sachen waren nicht leicht loszuschlagen, doch dank eines intimeren und diskreteren Schleichhandels brachten die sportlich gekleideten Blondinen ihre Ware an den Mann und verwendeten den Erlös auf den Kauf von Haushaltsgeräten und Kleidung aller Art. Am Ende ihres Arbeitsaufenthalts verstauten sie ihre Schätze auf den Dachgepäckträgern altersschwacher Autos und kehrten glücklich dahin zurück, wo sie hergekommen waren.

Sie waren die ersten Schwalben eines kurzen Sommers der Emigration und gehörten bald zum gewohnten Straßenbild von Kumkapı, Beyazıt und Aksaray. Die Kunden, denen sie ihre Schätze anboten, gaben ihnen den Namen *Nataschas*. Ihr Ruf eilte ihnen voraus, und obwohl der Sieg der muslimischen Refah-Partei bei den Kommunalwahlen ihre Aktivitäten einschränkte, konnte er dem Phänomen nicht Einhalt gebieten. Wie im Osmanischen Reich einst die Armenierinnen oder Walachinnen versinnbildlichen sie die sexuellen Phantasien von Millionen von Türken.

Die ersten blondgefärbten Nataschas waren meist weder aus Rußland noch mädchenhaft unerfahren. Sie widmeten sich abwechselnd dem täglichen Verkauf von Ramschartikeln – deprimierende Gegenstände aus Porzellan, Bündel grober, verschossener Krawatten sowie allerlei unverkennbar nutzlose Gerätschaften – und der nächtlichen Schinderei und Schule der Gerissenheit. So begriffen sie bald, daß der Trödel eher hinderlich war, und reisten fortan mit dem, was sie am Leib trugen: Jogginganzug, Turnschuhe und Schminktäschchen.

Die Damen in den *genelevler*, den Bordellen auf der Anhöhe von Galata, sahen mit Sorge ihre Stammkundschaft dahinschwinden, die mit einer jahrhundertealten Tradition brach, das Goldene Horn überquerte und ihrer Liebesglut in Istanbul und nicht länger im alten Pera Erleichterung verschaffte.

Später tauchten einzeln oder in kleinen Scharen die Russinnen, Weißrussinnen, Ukrainerinnen und Moldawierinnen auf: junge, sehr viel jüngere Frauen mit leeren Händen und reichlich Flausen im Kopf. Sie waren entschlossen, ihr Glück zu machen, mußten aber ihrer Unerfahrenheit und mangelnden Professionalität Tribut zollen. Damals fiel mir bei den Ringkampfmeisterschaften von Edirne eine sehr hübsche Natascha auf, die einem der Teilnehmer wie ein Schatten folgte; angeblich hatte sich der *pehlivan* ihre Dienste für einen Monat zum günstigen Preis von 200 Dollar gekauft und ihr den Paß abgenommen, um die Einhaltung des Vertrages sicherzustellen. Wie dem süßen, naiven Geschöpf klarmachen, daß sie in jedem x-beliebigen westlichen Land dieses Geld für weniger als eine halbe Stunde bekommen würde? Ganz auf sich allein gestellt, war sie im Hafen von Samsun an Land gegangen, wo die Ankunft des russischen Linienschiffes eine Unzahl Geschäftemacher und Neugierige anlockte. Der erste, der einen Vertrag schloß und sich ihrer bemächtigte, war der Ringer. Er verlor zwar bei den Wettkämpfen, aber sein Trostpreis war es wert; voll Stolz und Überheblichkeit präsentierte er seine Trophäe im Kreis der neidisch schweigenden Kollegen. Das gleiche wie in Samsun und in der Grenzstadt Edirne wiederholte sich in allen Häfen am Schwarzen Meer.

In Trabzon tauchte urplötzlich ein ganzer Schwarm Nataschas auf. Die konservativeren Gemeinden und Provinzen Anatoliens schlugen Alarm und wappneten sich gegen die Gefahr. Städte wie Erzurum und Konya verwehrten ihnen den Zutritt: für viele Gläubige und Ultranationalisten waren sie Sendboten des Teufels, die fünfte Kolonne des Feindes. Diejenigen Frauen, die so unklug waren, in Verbotszonen oder Kampfgebiete der kurdischen Guerrilla weiterzureisen, mußten ihre Ahnungslosigkeit und Waghalsigkeit zum Teil teuer bezahlen. Ein Hotel in Van, in dem sie sich – Massenandrang und Aufruhr nach sich ziehend – einquartiert hatten, ging in Flammen auf. Mehr als zwanzig »Ausländerinnen« kamen bei dem Brand ums Leben, ihre Namen wurden von der Presse verschwiegen. Auch gab es keinerlei Nachforschungen seitens der Botschaften der ehemaligen UdSSR, in deren rechtliche Zuständigkeit die Opfer fielen. Der Kollektivmord an den Nataschas blieb ungesühnt und für immer im dunkeln.

Die Blondinen ließen sich das eine Lehre sein und konzentrieren sich heute auf Istanbul und die Hafenstädte am Schwarzen Meer. Kürzlich verbrachte ich drei Tage in Trabzon, dem einstigen Trapezunt der pontischen Griechen und byzantinischen Herrscherhäuser. Die Stadt – seit Schließung der Grenzen zur ehemaligen UdSSR, später auch zum Iran, von der Welt weitgehend isoliert – wird erst seit zehn Jahren wieder von einigen Touristen besucht, die sich für Xenophon und Mithridates oder einen Rundgang durch die Klöster, die Konvente und die kleine Hagia Sophia interessieren.

1993 gingen hier Scharen von Nataschas an Land und richteten sich in den Hotels, Pensionen und Herbergen des Hafenviertels ein. Frei von jeglichem Bildungsbedürfnis, trafen sie sich lieber mit ihren Landsfrauen und Kunden in der Markthalle am Sahil Yolu, heute Russischer Markt genannt, wo ich mich unter sie mischte und mich nach Herzenslust umschaute. Trabzon ist ein Mikrokosmos der neuen Weltordnung und ihrer Migrationsströme, die Nataschas sind eine Folgeerscheinung des Mauerfalls und des Blutbads am Golf. Sie fliehen indes nicht wie die Zigeuner, Bosnier und Tschetschenen vor ethnischen Säuberungen, sondern sind Opfer des Rubelverfalls und der Demogangsterisierung unter Jelzin.

Abends geben sie sich ein elegantes Äußeres, das ihre langen Beine und goldblonden Haare zur Geltung bringt. Ihre derzeitige Kleidung deutet auf eine rasche Entwicklung der Geschmäcker hin, was die Marxisten einen qualitativen Sprung nennen würden: recht offenherzige Blusen, Shorts oder geschlitzte Röcke, die für Sekundenbruchteile ihre festen, weiß schimmernden Waden aufblitzen lassen. Die Einheimischen machen ihnen im Vorbeigehen Komplimente und laden sie zu einem Besuch in ihre Geschäfte ein. Einige Nataschas sind kühn genug, unter den argwöhnischen Blicken türkischer Familien auf den Caféterrassen im Park Platz zu nehmen.

Ihr Erscheinen hatte damals einen regelrechten Aufruhr ausgelöst. Mehrere Dutzend Frauen liefen zum Rathaus, um gegen ihre Anwesenheit zu protestieren und ihre Ausweisung zu fordern. Ihre Ehemänner, sagten sie, kehrten der Familie den Rücken und entehrten mit ihnen ihre Zimmer. Einige Bauern und Hirten zogen mit ihren Herden in die Stadt und boten sie zum Verkauf an, um in den süßen Genuß der Nataschas zu gelangen. Alles stand kopf, und eine rasche und wirksame Entscheidung war vonnöten.

Wie in Istanbul kam es zu einer Razzia gegen die »Schuldigen«. Viele landeten in den Mannschaftswagen der Polizei, doch die meisten von ihnen hatten ihre Lektion in dialektischem Materialismus gelernt: sie schlugen die Argumente ihrer Bewacher in den Wind und setzten nach einem nächtlichen Spaziergang durch die Wälder ihr königliches Leben in der Stadt fort.

Mustafa K., bekannt unter dem Namen *Kid Corea*, weil er als Freiwilliger in dem türkischen Bataillon diente, das 1950 mit den USA in den Krieg gezogen war, hat sich wie viele Türken der Bergregion trotz seines Alters eine bemerkenswert rüstige und stattliche Erscheinung bewahrt. Ich hatte ihn auf einer früheren Reise in Çildir kennengelernt, inzwischen lebt er in Trabzon. Der Gegenstand meines Besuchs amüsiert ihn, und ein listiges Funkeln liegt in seinen Augen: »So geht es zu in der Welt«, sagt er mit einer Mischung aus Humor, Ernüchterung und Zynismus. »Dreißig Jahre wurden wir bei den Streitkräften darauf trainiert, uns gegen die sowjetischen Panzer zu verteidigen, und was kommt, ist eine Horde Blondinen, gegen die wir völlig machtlos sind. Wenn man sie aus Kars hinauswirft, werden sie nach Ardahan hereingelassen. Sie werden immer Mittel und Wege finden, im Land unterzukommen und sich durchzuschlagen.

Wir Türken sind nur allzu leicht am Schwanz zu pakken.«

Ich frage ihn, ob das Gerücht stimmt, daß die Nataschas mittlerweile von der russischen und ukrainischen Mafia eingeschleust werden.

»Die meisten schon. Man nimmt sie in Odessa oder Batumi unter Vertrag und läßt sie im Tausch gegen Fahrkarten und Schutz die Hälfte ihrer Einnahmen abliefern. Vor kurzem las ich in der Zeitung, daß einige den Vertrag kündigen wollten und bei ihrer Rückkehr nach Rußland ausgeraubt und ermordet wurden.«

Zurück in Istanbul, mache ich einen Streifzug in die Gegend um den Großen Basar und die Universität sowie durch das Kumkapı-Viertel. Aufgrund der strengen Bestimmungen der neuen Kommunalverwaltung ist vom Straßengeschäft der Nataschas nurmehr die Erinnerung geblieben. Heute beschränken sie sich darauf, im Rahmen ihrer finanziellen Möglichkeiten einkaufen zu gehen, angefangen bei billiger Konfektionsware bis hin zu Pelzjacken und -mänteln für den kommenden Winter. Manche haben einen eigenen Stand in einem russischen Basar eröffnet und feilschen mit ihren ärmeren Kolleginnen um den Preis ihrer Waren. Die schönsten und jüngsten unter ihnen imitieren die perfekte Aufmachung und Haltung der Models aus *Marie-Claire* und *Vogue*: sie nesteln an einer rebellischen Haarsträhne, schlendern mit einstudierter Ungezwungenheit auf und ab und schieben sich die Sonnenbrillen in die Stirn, als wollten sie den Glanz ihres reichen intellektuellen Reflektionsvermögens verdoppeln. Noch immer arbeiten sie in den einschlägigen Hotels, warten aber auf den erfolgreichen, gutaussehenden Manager, der sie von dort wegholt und ihnen eine Wohnung einrichtet. Vielleicht gehören sie eines Tages auch zu den Glücklichen, die an die Strände von Bodrum und Antalya oder auf eine Kreuzfahrt nach Capri oder Marbella mitgenommen werden. Die graue Eintönigkeit Rußlands ist weit weg und die Türkei das ideale Sprungbrett in eine bessere Zukunft: Istanbul ist für sie, was das ausschweifende Rom des 16. Jahrhunderts für Francisco Delicados *Schöne Andalusierin* war.

Mit Marx und Lenin verbindet sie nurmehr eine vage Erinnerung. Viele sind zum Glauben an Astrologie und Sternzeichen übergegangen. Ihre Kultur ist die der neuen globalen Zivilisation. Sie trällern die Melodien der Hitparaden und träumen von Dallas.

Im Land der acht Stockwerke

Genau wie ihre sechs-, sieben- oder gar achtgeschossigen Gebäude, deren Abbildungen Reiseführer und Architekturbände zieren, ist die heutige Republik Jemen eine ungewöhnliche Überlagerung von Ebenen, deren verwirrendes, vertikales Gefüge eine alle geschichtlichen Turbulenzen überdauernde kohäsive Kraft und Wandlungsfähigkeit symbolisiert.

Seit den Tagen des Königreichs Saba, dessen Herrscherin Bilkis – sowohl die Bibel wie der Koran erinnern an sie – König Salomon besuchte und die Chronisten mit ihrem Glanz, ihrer Großmut und Schönheit faszinierte, hat der Jemen zu allen Zeiten die Phantasie von Dichtern, Gelehrten und Reisenden beflügelt: Arabia felix, liebliche grüne Insel in einem Meer von Sand und Steinen, Ausgangspunkt der sagenhaften Weihrauchstraße zu den Märkten Assyriens und Ägyptens, unerläßliche Wegstation der Dromedarkarawanen, die in seinen Häfen mit den begehrten Gewürzen aus Indien beladen wurden. Seine unzugängliche, feindliche und wüste Umgebung mehrte noch das Wundersame und Furchteinflößende der Legende. »Es herrscht ein solcher Überfluß an aromatischen Pflanzen«, schreibt Strabo, »daß seine Bewohner Zimtrinde, Sennesblätter und andere kostbare Spezereien zum Feuermachen verwenden.« Das ist sicher übertrieben, wohl aber der Widerhall einer unbestreitbaren Wirklichkeit: Tausend Jahre vor Christi Geburt verwandelten Gewürzanbau und Gewürzhandel das Königreich Saba in eines der reichsten Länder der Welt. Einige meinen, der arabische Ursprung des Wortes Jemen sei in *al-yumn*, Glück, oder *al-yaman*, Wohlstand, zu suchen, womit man es gegen die karge Landschaft der Arabia petrea habe abgrenzen wollen. Anderen zufolge leitet es sich von *bilad al-yamin* her, »das Land rechter Hand«, weil es rechts des Tales liegt, in dem die göttliche Stimme aus dem brennenden Dornbusch zu Moses sprach. In einem berühmten Hadith heißt es bezeichnenderweise: »Der Glaube ist jemenitisch, und jemenitisch ist die Wissenschaft«; auch nimmt der Jemen einen zentralen Platz in der Sufi-Mystik und ihrem Traumatlas ein. Von einem Glanz umstrahlt, der seine Besucher wie Nachtfalter blendet, ist die kompositorische Vertikalität seines Lebensraums eine lichte Allegorie der einander überlagernden soziokulturellen Schichten, aus denen sich seine wunderbare, einzigartige und komplexe Identität zusammensetzt.

Einheit und Zersplitterung, Reichtum und Verfall, Phasen tiefer Ohnmacht und massiver Auswanderung, triumphaler Macht und Energie: wie Phönix entsteigt der Jemen seiner eigenen Asche. Trotz der beschwerlichen Zugangswege in die Region und des schroffen Bollwerks der Berge ließen Myrrhe, Zimt und andere Erzeugnisse, die in der Antike zu religiösen, kosmetischen und kulinarischen Zwecken genutzt wurden, Landwirtschaft und Handel zur Blüte gelangen. Als eines Tages ägyptische Schiffe auf dem Roten Meer kreuzen und die Karawanen gewinnbringend ersetzen, ist der Niedergang des Königreichs Saba unaufhaltsam. Die in bewundernswerter Arbeit urbar gemachten Hänge mit ihrer atemberaubenden Staffelung von Terrassen und Steinmauern, die den Anbau erlesenster Gewürze unter idealen Witterungsbedingungen ermöglichen, und die gesamte Ingenieurskunst, am augenfälligsten symbolisiert durch den Staudamm von Maariv, geraten in Verfall, mühsam angelegte Obstgärten verwandeln sich in ödes Stufenwerk aus Stein:

aberwitzige Spielerei von Titanen oder eine ästhetizistische Laune der Natur.

Jahrhunderte später wiederholt sich die Geschichte. Der aus Abessinien stammende und dort wild wachsende Kaffee wird von den Jemeniten in den eigenen Bergen angepflanzt und heimisch gemacht. Die portugiesischen Seefahrer in der Hafenstadt Mokka – ihr verdankt er seinen volkstümlichen Namen – entdecken schon bald seine stimulierende Wirkung und versuchen, den Kaffeehandel an sich zu reißen. Das Vordringen der Osmanen in den Jemen bedeutet für seine Einführung nach Europa einen Umweg über Istanbul und Wien, wo er als türkischer Kaffee bekannt wird. Mitte des 17. Jahrhunderts erreicht sein Siegeszug England, und für den Jemen brechen erneut glückliche Zeiten an. Engländer, Franzosen und Holländer beeilen sich, Proben des kostbaren Samens in die Hände zu bekommen, und säen ihn in ihren überseeischen Besitzungen, auf den westindischen Inseln und in Amerika. Schon nach wenigen Jahrzehnten produzieren die neuen Kaffeeplantagen der westlichen Handelskompanien mehr und billiger als die mühsam kultivierten Terrassen im Land der acht Stockwerke. Der Mokkahandel bricht zusammen, und Jemens Hafen verödet in weniger als einem Jahrhundert. Wie zur Zeit des Königreichs Saba und seiner Gewürze schwindet der durch den Kaffee erworbene Wohlstand dahin wie eine grausame Fata Morgana.

Die Fülle und größere Verläßlichkeit historischer Quellen seit römischer Zeit läßt uns einen recht guten Einblick in das Schichtengebilde des glücklichen Arabien gewinnen. Nach dem Untergang des Königreichs Saba ist ein allgemeiner Rückgang heidnischer zugunsten monotheistischer Religionen zu beobachten. Judentum und Christentum dringen nach und nach in den Jemen ein, das Land zerfällt in Kleinstaaten und weckt Begehrlichkeiten seitens der Byzantiner und der sassanidischen Perser. Die Ermordung von Christen durch den zum Judentum konvertierten König Dhu Nuwa veranlaßt Byzanz, sich zu rächen, indem es die abessinische Invasion unterstützt. Die neuen Herren errichten ein kurzlebiges christliches Reich, das bald von den Sassaniden abgelöst wird, die sich mit den jemenitischen Stämmen verbündet haben. Fünfzig Jahre später tritt der Jemen zum Islam über.

Daß die Legende von sofortiger Konversion spricht, deckt sich indes nicht mit den Tatsachen. Die *ridda* oder Apostasie etlicher Stämme und die Versuche einiger ihrer Führer, sich selbst zu Propheten zu erklären, zeugen von einer sehr viel langsameren Akkulturation der Mohammed geoffenbarten Religion. Abu Bakr und Omar wußten sich den kriegerischen Geist der Beduinen mit Erfolg zunutze zu machen, indem sie sie ihrem Heer einverleibten, einem Heer, das in weniger als 20 Jahren das riesige islamische Reich Gestalt werden ließ. Die Jemeniten beteiligen sich an dem Unternehmen samt ihren Frauen und Kindern, und das Land entvölkert sich. Als im Anschluß an die Ermordung Othmans und die Einsetzung Alis blutige Zwietracht unter den Muslimen ausbricht, bekommt der Jemen die Gewalt Moawiyas und der omaijadischen Kalifen zu spüren, weshalb die Gerechtigkeitslehre der Ibaditen hier, vor allem in Hadramaut, auf fruchtbaren Boden fällt. Das Land erhebt sich gegen die unterdrückerische Dynastie, und der ibaditische Imam bringt nicht nur die verschiedenen Stämme hinter sich, er ist tollkühn genug, den Krieg ins Herz von Arabien zu tragen. Der erste Versuch, einen unabhängigen, auf streng religiöse Prinzipien gegründeten Staat zu errichten, schlägt fehl. Erneut übernehmen die Abbasiden die

Herrschaft, bis zum Einfall der Karmaten, deren esoterische, ismailitisch inspirierte Lehre einen extremen, in scharfem Gegensatz zu dem hierarchischen Individualismus der Beduinenstämme stehenden Kollektivismus vertritt. Nachdem auch diese geschlagen sind, werden sie von den Anhängern Ibn Saids – eines Nachkommen Alis und Husains – abgelöst, die das saiditische Imamat begründen, das ungeachtet aller Höhen und Tiefen, wechselnden Dynastien und Fremdherrschaften (durch Ägypter und Osmanen) bis 1962 Bestand hat. So ist der heutige Jemen ein Mosaik nahezu aller religiösen Strömungen des Islams. Der auf Saaba und den Norden konzentrierte saiditische Schiismus koexistiert mit einer sunnitischen Mehrheit schafiitischer Ausrichtung, daneben aber hat der zunächst türkische, später wahhabitische Einfluß seinen Niederschlag in der Existenz hanefitischer und hanbalitischer Gruppen gefunden. Ismailiten, Juden, Christen und Hindus schließlich stellen kleine Minderheiten, deren Religionsfreiheit von der Verfassung des neuen laizistischen Staates garantiert wird.

Ein Wechselstrom zentrifugaler und zentripetaler Kräfte überträgt seinen Rhythmus auf die historische Entwicklung des Landes. Den unitaristischen Bestrebungen der Monarchen, denen es gelingt, die Macht an sich zu ziehen, stehen Stammesstrukturen entgegen, deren Ursprünge bis in die vorislamische Gesellschaft zurückreichen. Die Blutsbande, die den Clan zusammenhalten, vertragen sich in der Tat weder mit den Geboten des Islams noch mit einem Gleichheitssinn, wie er dem Leben in der Wüste eigen ist. Genau wie das Landvolk im Theater Lope de Vegas empfinden die Bauern der Arabia felix eine tiefe Verachtung für die plebejischen oder »unreinen« Berufe sowie für all jene, die vom Handel leben und sich durch ihn bereichern. Insofern erinnert die traditionelle jemenitische Hierarchie an die von Américo Castro beschriebene soziale Ordnung im Spanien des 16. und 17. Jahrhunderts. Zuoberst stehen die *sada*, die Nachkommen des Propheten, für die das ererbte Blut mehr zählt als Geld; darunter die *qudah*, die religiösen Rechtsgelehrten, die mit den Großgrundbesitzern und Führern der Nomadenstämme verbündet sind; deren Mitglieder, die *gabili*, Krieger oder Bauern, kommen an dritter Stelle. Ein Stockwerk tiefer finden wir die in der Kaste der *bay'a* oder »Verkäufer« organisierten Händler und Handwerker; noch weiter unten die Barbiere, Bader, Metzger, Hebammen und Beschneider, deren Gewerbe von den höheren Klassen als verachtenswert und würdelos angesehen wird. Die *akhdam*, Nachkommen abessinischer Sklaven, bilden die unterste Stufe der Pyramide, und bis zur Proklamation der Republik unterschied sich ihr sozialer Status nur unwesentlich von dem der Parias.

Der Ehrbegriff der Stammesgesellschaft weckt ebenfalls Erinnerungen an das Theater des spanischen Siglo de Oro. Ein schwerer Verstoß gegen die *scharaf* in der Öffentlichkeit fiel auf den gesamten Stamm desjenigen zurück, der ihn begangen hatte, und ein solcher Konflikt konnte nur nach dem Gesetz der Vergeltung oder durch eine von einem Schlichter festgesetzte finanzielle Entschädigung beigelegt werden. Auch verbot es die Ehre, eheliche Verbindungen mit Angehörigen niederer Kasten einzugehen. Seit unvordenklichen Zeiten ist die Heirat unter Vettern und Kusinen auf dem Land gängige Praxis, um so die Stärke und den Zusammenhalt des Stammes zu bewahren. Im städtischen Milieu gehen diese Bräuche mittlerweile immer mehr zurück, und Zwistigkeiten unter den Familien werden nach islamischem Gesetz durch die Vertreter der Justiz beigelegt.

Die Zersplitterung des Landes in Stammesgruppen

spiegelt sich in den Siedlungsformen auf dem Land wieder, insbesondere in denen der nördlichen Regionen. Die an die Hänge der Berge geschmiegten Höfe oder Dörfer ähneln regelrechten Festungen mit Schießscharten und Ausguck, bereit, jeden Überfall oder Angriff des feindlichen Nachbarn zurückzuschlagen. Einige Wachtürme, die in schwindelnder Höhe auf scheinbar unzugänglichen Bergspitzen oder über senkrecht abfallenden Felswänden erbaut wurden, krönen wie luftige Adlerhorste eine wunderschöne, rauhe Mondlandschaft. Das atemberaubende Werk stufenförmig terrassierter Hänge, die sich an den Bergen und Höhenzügen von ferne wie die geschwungenen Höhenlinien auf Landkarten oder Atlanten ausnehmen, findet seine Vollendung in der Errichtung kreisrunder Türme, die einst Tag und Nacht bewacht und von den Bauern zur Lagerung ihrer mageren Kat-, Sorghum- oder Hirseernten genutzt wurden. Die Häuser der nahegelegenen Siedlungen erheben sich mit ihren Mauern aus Stroh und Lehm auf einem steinernen Fundament. Um die Stabilität zu erhöhen, nimmt die Grundfläche der Stockwerke nach oben hin ab, wodurch eine überraschend winklige, verschachtelte und pyramidale Perspektive entsteht. Daß sie immer an zerklüfteten Bergrücken oder Hängen erbaut wurden, zeugt von der tiefverwurzelten Verteidigungsbereitschaft ihrer Bewohner gegen jede äußere Gefahr.

Bei allem erbitterten Individualismus existiert im Jemen dennoch ein Gefühl nationaler Identität, das im Laufe seiner Geschichte angesichts ausländischer Invasionen oder in Krisenzeiten immer wieder zum Ausdruck kam. Die osmanische Okkupation, die britische Kolonialherrschaft und die Übermacht der benachbarten saudischen Dynastie haben die versprengten Kräfte für ein nationales Projekt empfänglich gemacht, das sich auf die Modernisierung der alten sozio-ökonomischen Strukturen und eine größere soziale Gerechtigkeit gründet. Ungeachtet der künstlichen Spaltung des Landes und der Bürgerkriege hat der Jemen tiefgreifende Veränderungen erfahren. In regelmäßigen Abständen werden wir Zeugen des unerbittlichen Kampfes zwischen den unitaristischen Strömungen und den alten, auseinanderstrebenden Tendenzen der Clans und Stämme.

Die Isolierung, in der sich der Nord-Jemen seit seiner Unabhängigkeit vom Osmanischen Reich bis zum Sturz des Imamats im Jahr 1962 befand, hat in der übrigen Welt das Bild eines geheimnisvollen, für Fremde unzugänglichen Landes entstehen lassen, das der Wirklichkeit nicht entspricht. Seit Jahrhunderten haben Reisende wie Ibn Battuta und Ibn Dschubair seine Städte, Gebräuche und Landschaften in allen Einzelheiten beschrieben, und im 12. Jahrhundert wagte sich ein spanischer Jude, Benjamín de Tudela, bis nach Zabid vor, um mit der uralten hebräischen Kolonie in Kontakt zu treten. Im 18. Jahrhundert erforschte der Deutsche Carsten Niebuhr mit einem kleinen dänischen Forscherteam fast das gesamte Gebiet der Arabia felix und sammelte wertvolle Beobachtungen auf den Gebieten der Ethnologie, Archäologie und Botanik. Dem Franzosen Botta verdanken wir eine enthusiastische Beschreibung der Fenster von Sanaa, und er ist der erste Fremde, dessen Neugier sich auch auf die Architektur erstreckt, in der die ganze Größe und Raffinesse der jemenitischen Zivilisation zur Geltung kommt.

Der Wohnungsbau im Land der acht Stockwerke ist in dem Sinne ursprünglich zu nennen, als er keiner anderen Architektur der Welt, einschließlich der arabischen, verpflichtet ist. Während letztere keine räumliche Beschränkung kennt, da sie alles um einen zentralen Innenhof, das Herz des *dar*, gruppiert, der Fassade wenig Beachtung schenkt und keine Fenster, allenfalls Lichtluken und Gucklöcher in sie einläßt, gehorcht die jemenitische Architektur den besonderen topographischen Voraussetzungen, indem sie äußerst sparsam mit der verfügbaren Grundfläche umgeht, in die Höhe baut und die äußere Fensterfront in ein wahres Kunstwerk verwandelt. Die Anpassung an die Beschaffenheit des Terrains, die Verwendung vorfindlicher Materialien und die auf dem Land unerläßliche Selbstverteidigung haben einen alles andere als eintönigen, vielmehr außerordentlich erfindungsreichen Häuserbau hervorgebracht, der die vielfältigsten Formen und Konstruktionsweisen hat entstehen lassen. »Aufgrund der jahrhundertelangen Verwendung von Stein als Grundstoff«, sagt Marie José Bel, »haben die Baumeister die technische Fertigkeit erlangt, einen Stil von bemerkenswerter Kraft und Schönheit zu schaffen, der ein perfektes Beispiel ist für eine gleichermaßen traditionsbewußte, volkstümliche und spontane, ohne Architekt geplante Baukunst, die vor allem in völliger Harmonie mit ihrer Umgebung steht.« Vertikale Bauweise, funktionale Aufteilung der Wohnungen nach hierarchischen Kriterien, Abstimmung auf die Gegebenheiten des Untergrunds, Achtung vor der Schönheit der Landschaft, kreative Intuition: das jemenitische Wohnhaus fügt sich auf bewundernswerte Weise in die Landschaft ein und paßt sich chamäleonartig ihren Voraussetzungen an. Während es in Taiz, Thula, Wadi Dahr oder Manakha seine erstaunlichen Variationen auf den Hängen oder Spitzen der Berge moduliert, folgt es in Aden und in den Küstengebieten des Roten Meeres einem einfacheren Schema, ähnlich dem in den übrigen arabischen Ländern.

Beim Anblick der Hochhäuser von Sanaa mit ihrer überwältigenden Fülle an Fenstern, Balkonen, Rundbögen, Buntglasscheiben, weißgetünchten Backsteinen, einfachen oder abstrakten Ornamenten, verschlungenen Friesen, Giebelschmuck und Stuckverzierungen von beunruhigender Schönheit verschlägt es dem Fremden unweigerlich die Sprache. Wie läßt sich ein genaues Bild von den Prinzipien geben, die das Alltagsleben ihrer Bewohner bestimmen, ohne sich von den verwirrenden Perspektiven der massiven Häuserblöcke und verschachtelten Ebenen, den Farbenspielen und plötzlichen Sinnestäuschungen überwältigen zu lassen? Nachdem wir kurz innegehalten haben, um angesichts dieses wunderbaren Schauspiels tief Luft zu holen, treten wir in den Innenbezirk der alten Umfassungsmauer oder in das sandige Bett des Wadis As-Saila und betrachten eingehend die Fassade, das »Gesicht« des traditionellen jemenitischen Wohnhauses. Bei genauer Prüfung enthüllt sich uns bald eine subtile Hierarchie im vertikalen Gefüge: die Menge und Vielfalt der Verzierungen, Auskragungen und Bögen nimmt nach oben hin zu, die Fenster werden breiter und ihre Scheiben komplexer und prunkvoller.

Das Erdgeschoß aus behauenem Naturstein erreicht häufig eine Höhe von fünf Metern und besitzt nur einige ungeweißte Schlitze zur Belüftung. Ein großer Klopfer ziert die edle, massivhölzerne Eingangstür. Die gemauerte Türlaibung trägt einen manchmal von Schlitzen durchbrochenen Rundbogen; der häufige Einsatz von Gesimsen und Karniesen unterstreicht die fast sakrale Bedeutung des *bab el-bait*.

Die Fenster der unteren Stockwerke sind immer winzig und wie alle anderen zweiteilig: ein mit Flügeln verschlossenes Fenster unten und ein kreisrundes aus Gips und Glas in Form eines aufgespreizten Fächers aus bunten Scheiben darüber. Die Fenster der mittleren Stockwerke sind großzügiger geschnitten, ihre Verzierung mit getünchten Bögen zeigt eine reichere Vielfalt. Das obere Stockwerk oder *mafradsch* endlich folgt dem gleichen Schema, nur prachtvoller. Sein unteres Fenster, das aus drei etwa dreißig Zentimeter über dem Boden ansetzenden Flügeln besteht, bietet den auf Teppichen oder Kissen Ruhenden einen bequemen Blick nach draußen; das Schmuckfenster darüber glänzt mit vielfarbigen Glasscheiben wie die Rosetten in unseren Kirchen, läßt sich nicht öffnen und trägt an der Außenseite phantasievolle Verzierungen aus weißem Kalk, die an tanzende Hampelmänner oder von genialer Kinderhand gezeichnete menschliche Silhouetten erinnern. Die ungewöhnliche Dekoration der Fassaden weist gleichermaßen auf die funktionale Gliederung des Gebäudes wie auf die soziale Stellung seiner Bewohner hin. Häufig finden sich an den Häusern, über die verschiedenen Stockwerke verteilt, einige Erker, sogenannte *schubbak*, die mit ihrer durchbrochenen Stein- oder Ziegelkonstruktion an die osmanischen *muscharabis* erinnern. Wie diese gewähren sie den dort Verweilenden das Privileg, zu sehen, ohne gesehen zu werden, und fördern die Luftzirkulation in den Zimmern. Während die horizontalen Friese die Stockwerksebenen abgrenzen, dienen die vertikalen rein künstlerischen Absichten. Die jemenitischen Fassaden zeigen, vor allem in den oberen Etagen, eine Welt verschlungener Arabesken oder Pflanzenornamente, die das Auge des Betrachters erfreut und ihm ein irreales Gefühl vermittelt, wie es eine phantastische und dennoch glaubwürdige Vision ausgelöst haben könnte.

Das Innere der Häuser in der Medina von Sanaa ist perfekt an die häuslichen, wirtschaftlichen und kulturellen Normvorstellungen der traditionellen Gesellschaft angepaßt. In dem spärlich beleuchteten Erdgeschoß – ausgenommen in der Eingangshalle, von der aus die Treppe nach oben führt – wurden früher die Tiere und Futtervorräte untergebracht; heute dient es den Bewohnern als Vorratskammer für Getreide und Lebensmittel. Die steinerne Treppe windet sich in unregelmäßigen Stufen um den zentralen Stützpfeiler des Hauses in die Höhe, und je weiter man hinaufgelangt, desto mehr Licht fällt herein. Der erste Stock beherbergt in der Regel die Küchen, Räume für häusliche Gerätschaften und Zimmer für die Dienstboten. Der zweite und dritte Stock ist den Frauen vorbehalten. In ihren Gemächern stehen keine Möbel, dafür liegen Matten, Kissen und Teppiche sorgfältig angeordnet entlang der Zimmerwände. Die oberen Stockwerke sind das alleinige Reich der Männer. Dort befindet sich auch das Mafradsch, ein liebevoll und manchmal luxuriös ausgestatteter Aufenthaltsraum, dessen breite Fensterfront großartige Ausblicke auf die Stadt gewährt. Hier versammeln sich die männlichen Mitglieder der Familie und ihre Gäste, um zu speisen, auszuruhen oder die jemenitische Nationaldroge Kat zu kauen. Die Ausstattung des Mafradj ist bemerkenswert vielfältig und einfallsreich: hübsche Buntglasscheiben, bogenförmige Nischen und Vorsprünge mit allerfeinster Stuckverzierung, dazwischen Truhen mit Silber- und Elfenbeinintarsien, Pflanzenornamente mit Koraninschriften, Familienandenken, bequeme Diwane und alles, was für eine gute Kat-Runde unverzichtbar ist wie Waschkrüge, Tabletts, Wasserpfeifen, Spucknäpfe etc. Ein Großteil der traditionellen Häuser in Sanaa wird heute von mehreren, meist verwandten oder befreundeten Familien bewohnt. Wenn einerseits der Unabhängigkeitssinn der Bevölkerung in abwechslungsreichen und asymmetrischen Fassaden zum Ausdruck kommt, die das genaue Gegenteil der städtebaulichen Vorlieben eines Haussmann darstellen, manifestieren sich andererseits die nachbarschaftlichen, auf Freundschaft oder Verwandtschaft gegründeten Beziehungen in einer Reihe von Balkonen und sogar kleinen Hängebrücken und Stegen, über die etliche Häuser miteinander kommunizieren. Erneut verbindet sich ausgeprägter Individualismus mit Gemeinsinn und einem ratsam gutnachbarschaftlichen Verhältnis. Das alte, von Marokko bis Irak bekannte arabische Sprichwort »Bevor du nach dem Hause fragst, frag nach dem Nachbarn« findet im Jemen sein anschaulichstes Beispiel.

Der Fremde, der durch das Straßengewirr der Hauptstadt schlendert, über ihre Märkte zieht und durch ihre *samsara* oder Karawansereien streift, gewinnt einen zugleich neuen und vertrauten Eindruck. Das Menschengewimmel auf dem Markt von Bab as-Sabah oder am osmanischen Tor Bab al-Jemen mit seinen Seidenhändlern, Buden und Basaren weckt Erinnerungen an andere Orte der arabischen Welt. Die Minarette von Salah ad-Din oder der Großen Moschee, die Muscharabis an den Wohnhäusern des alten türkischen Viertels: all dies verrät deutlich Jemens Zugehörigkeit zur großen islamischen Familie. Aber die jemenitische Besonderheit, diese phantastische Fülle an Häusern von der Pracht venezianischer Paläste, führt dem Betrachter gleich wieder die radikale Originalität des Landes der acht Stockwerke vor Augen. Das nächtliche Leuchten seiner halbrunden Buntglasfenster, manchmal noch gekrönt von der Sichel des Neumonds, verleiht ihnen ein irreales, wie verzaubertes und märchenhaftes Aussehen, das selbst die abgestumpftesten und fühllosesten Gemüter in seinen Bann zu schlagen vermag.

Heute, da sich der Jemen erneut von Unterdrückung, Bürgerkrieg und Anarchie bedroht sieht, ist die Bewahrung der von der Unesco zum Weltkulturerbe erklärten Sanaaer Baudenkmäler ein dringliches Anliegen. Wer vor einer solchen Fassade stehenbleibt – mit all ihren Friesen, Ornamenten, getünchten Schießscharten, den Reihen von Fenstern, die einer Prozession weißgekleideter Nazarener gleichen, ihren Stuckverzierungen, Buntglasscheiben und den von Gucklöchern durchbrochenen Erkern –, der taucht ein in ein einzigartiges und großartiges Schauspiel. Und er wird sich schlagartig bewußt, daß er einer Zivilisation und Epoche angehört, deren unglaubliche wirtschaftliche Expansion einhergeht mit einer unwiderruflichen geistigen Verarmung und dem rührenden Unvermögen, Denkmäler oder Ruinen zu schaffen, die überdauern.

Rimbaud, jenseits von Aden

Die Filmsequenz zu Rimbauds Aufenthalt in Aden, deren Text eine Auswahl einzelner Stellen aus seinen Briefen bilden wird, ist als Collage gedacht: Bilder des Dichters – aus seiner Jugend, der Zeit in Aden, in Abessinien, – und zeitgenössische Fotografien der Stadt; Standbilder von alten jemenitischen Häusern, von anachronistischen englischen Kolonialbauten mit ihren Veranden und Satteldächern, intakten und verfallenen Befestigungsanlagen, kahlen Hügeln, nackten Bergen und felsigen Inselketten, die den Meereshorizont ummauern, wie um jeden Gedanken an Flucht zu ersticken. Die Sequenz soll monochrom sein: tabakfarben, gelblich, welk, wie eine Sammlung alter Postkarten aus dem letzten Jahrhundert. Text, Musik und Schnitt müssen die einzelnen Einstellungen auf harmonische Weise miteinander verknüpfen, so daß ein suggestiver, tiefmelancholischer Gesamteindruck entsteht.

Das Bild des ehemaligen Gebäudes der Firma Mazeran, Viannay et Bardey, für die Rimbaud damals arbeitete, mit den beiden Gedenktafeln in französischer und arabischer Sprache soll die Farbfilmsequenz einleiten.

Aden ist ein fürchterlicher Felsen, ohne einen einzigen Grashalm oder einen Tropfen genießbaren Wassers: man trinkt destilliertes Meerwasser. Die Hitze ist unerträglich, vor allem im Juni und September, den hiesigen Hundstagen. Die ständige Temperatur bei Tag und Nacht in einem frischen und gut ventilierten Büro beträgt 35 Grad. Alles ist sehr teuer und so weiter und so fort. Aber da ist nichts zu machen: ich sitze hier wie ein Gefangener und werde sicher noch drei Monate aushalten müssen, bevor ich ein wenig auf die Beine komme oder eine bessere Anstellung finde…

Wenn man mir nicht 200 Franc zuzüglich Spesen im Monat bezahlt, gehe ich. Lieber kündige ich, als daß ich mich ausbeuten lasse… Mehrere Handelshäuser werden sich an der abessinischen Küste niederlassen. Die Firma besitzt aber auch Karawanen in Afrika, und es ist durchaus möglich, daß ich dorthin gehe, wo ich einigen Gewinn machen und mich weniger langweilen würde als in Aden, das, wie jeder zugibt, der langweiligste Ort der Welt ist, den natürlich ausgenommen, den ihr bewohnt…

In einem Monat weiß ich, ob ich hierbleiben oder verschwinden muß, und wenn ihr diesen Brief erhaltet, werde ich wieder in Aden sein… Sollte ich diese Gegend verlassen, werde ich wahrscheinlich hinunter nach Sansibar gehen und vielleicht bei den Großen Seen eine Anstellung finden…

Ich bin immer noch bei derselben Firma beschäftigt und schufte wie ein Esel, dazu in einem Land, das mir ein unüberwindliches Grauen einflößt. Ich tue alles, was ich kann, um hier fortzukommen und eine besser bezahlte Anstellung zu finden. Ich hoffe sehr, daß dieses Dasein ein Ende hat, bevor ich Gelegenheit gefunden habe, vollkommen zu verblöden…

Ich hoffe sehr, noch eines Tages zur Ruhe zu kommen, bevor ich sterbe. Übrigens aber habe ich mich bereits an jegliche Form von Verdruß gewöhnt; und wenn ich mich beklage, ist das gewissermaßen eine Art zu singen…

Im Augenblick verdiene ich mir hier mein Brot, und zumal jeder Mensch Sklave dieses erbärmlichen Schicksals ist, was macht es da, ob in Aden oder anderswo; und besser noch in Aden als in einem Land, wo ich ein Unbe-

kannter bin, wo man mich vollständig vergessen hat und ich bei Null anfangen müßte... Und schließlich, wie die Mohammedaner sagen: Es steht geschrieben!...

In Aden werden wegen des sich abzeichnenden Krieges sämtliche Befestigungsanlagen erneuert. Es würde mir Vergnügen bereiten, diese Stadt in Schutt und Asche zu sehen – aber nicht, solange ich hier bin...

Ihr könnt euch diesen Ort überhaupt nicht vorstellen. Es gibt hier keinen einzigen, nicht einmal einen vertrockneten Baum, keinen kümmerlichen Grashalm, kein Stückchen Garten, keinen Tropfen Süßwasser. Aden ist der Krater eines erloschenen und bis zum Grund mit Meeressand gefüllten Vulkans. Man sieht und berührt nichts als Lava und Sand, die jeden Pflanzenwuchs ersticken. Die Umgebung der Stadt ist eine absolut unfruchtbare Wüste. In der Stadt selbst verhindern die Wände des Kraters auch noch, daß Luft hereinkommt, und wir schmoren am Boden dieses Lochs wie in einem Kalkofen. Man muß schon wirklich gezwungen sein, sich sein Brot zu verdienen, um in einer solchen Hölle zu arbeiten...

Ich habe meine Stellung in Aden gekündigt, nach einer heftigen Diskussion mit diesen niederträchtigen Flegeln, die mich für alle Zeiten zum Idioten machen wollten... Ich habe sie zum Teufel geschickt mit ihren Vergünstigungen, ihrem Handel, ihrer fürchterlichen Firma und ihrer abscheulichen Stadt...

Schreibt mir nur an folgende Adresse: Monsieur Arthur Rimbaud, Hôtel de L'Univers, Aden.[1]

Rimbauds Unglück sollte kein Ende nehmen. Der Mann, der als Waffenhändler Abessinien und die Hafenstädte des Roten Meeres bereist – Meteor der Pariser

1 Arthur Rimbaud, *Œuvres complètes*, Paris 1980 (Übersetzung Christian Hansen).

Literaturszene, auf der Flucht vor sich selbst[1] und einer begeisternden Sprachbegabung, die ihn schon in jungen Jahren erleuchtet hatte –, ist ein anderer, nurmehr der Schatten des Autors von *Das trunkene Schiff* und dem Sonett an die Vokale. Düster und abweisend, die Stirn von einem widrigen Geschick gezeichnet, verbreitet sein Erscheinen Unruhe und Argwohn. In einem Brief bittet der französische Konsul in Massaua seinen Kollegen in Aden um Informationen über den Betreffenden: »Ein gewisser Rimbaud, angeblich Kaufmann in Harar und Aden, ist mit dem allwöchentlichen Postschiff hier eingetroffen. Zwei Gendarmen haben diesen Franzosen zu mir gebracht. Er ist groß, hager, hat graue Augen und einen fast gelben, aber sehr kleinen Schnurrbart. Herr Rimbaud hat keinen Paß und konnte seine Identität nicht nachweisen. Ich wäre Ihnen dankbar, Herr Konsul, wenn Sie mir über diese Person Aufschluß geben könnten, die mir einen verdächtigen Eindruck macht.« Seine letzten Hoffnungen, zu Reichtum zu kommen, werden zunichte. Rheumatische Schmerzen, eine schlecht ausgeheilte Syphilis, Erschöpfung und geplatzte Handelsverträge zwingen ihn, umzukehren und sein Klagen fortzusetzen:

Ihr könnt mir also nach Aden schreiben unter folgender Adresse: Monsieur Arthur Rimbaud, postlagernd... Ich liege flach, das Bein verbunden, hochgebunden, festgekettet, so daß ich es nicht bewegen kann. Ich bin zum Skelett abgemagert: furchterregend. Vom Liegen habe ich einen offenen Rücken, und ich finde keine Minute Schlaf...

1 Vgl. das ihm von Luis Cernuda gewidmete Gedicht »Birds in the night« in *La realidad y el deseo*, Madrid 1936.

Er wird schließlich nach Frankreich gebracht, wo er sich das kranke Bein abnehmen lassen muß und im Hôpital de la Conception von Marseille einen monatelangen, grausamen Todeskampf durchmacht. In seiner letzten, am 9. November 1891 diktierten Nachricht bittet er den Direktor der Messageries Maritimes um Auskunft über das nächste Schiff, das ihn nach Aden bringen könnte. Sein letzter Wunsch, dort, am Ufer des Meeres, auf jenem *fürchterlichen Felsen* begraben zu werden, wird von der Familie nicht erfüllt.

Rimbaud kam über Aden nicht hinaus. Er bereiste die ungesunden Küsten des Jemen, drang aber nie ins glückliche Arabien vor, in das imposante Tal von Hadramaut, das, allen neugierigen Blicken entzogen, hinter den gewaltigen Tentakeln kahler Gebirgszüge verborgen liegt. Seine jugendliche Sehnsucht, zu reisen, fremde Räume zu bezwingen, neue Welten zu entdecken, hatte ihn indes nicht verlassen. »*Wenn ich die Mittel besäße, zu reisen, und nicht gezwungen wäre, seßhaft zu werden, um zu arbeiten und mein Brot zu verdienen*«, schrieb er seiner Familie, »*würde ich mich keine zwei Monate am selben Ort aufhalten. Die Welt ist groß und voll von herrlichen Gegenden, die zu besuchen tausend Menschenleben nicht ausreichen würden.*«

Hatte ihn die Feindlichkeit der Wüste abgeschreckt? Oder war die Nachricht von der nahen Existenz einer so einzigartigen wie scheuen und wundersamen Zivilisation nicht an sein Ohr gedrungen? Sollte Rimbaud, der Visionär, nicht den Glanz und die Schönheit von Hadramaut vorausgeahnt haben? Nahm unsere »bleiche Vernunft« ihm die Sicht auf »das Unendliche«?

Die Hafenstädte Makalla und Asch-Schihr, jenseits von Aden an den nordöstlicheren Gestaden des Indischen Ozeans gelegen, sind Ausgangspunkt einiger Routen, die sich durch steinige Landschaften bis hinauf in das unfruchtbare, rauhe Tafelland schlängeln, das dem Tal von Hadramaut Schutz bietet. Hier entlang zogen zur Zeit des Königreichs Saba die mit Gewürzen aus Indien beladenen Karawanen über die berühmte Weihrauchstraße. Es scheint, als hätte der Ort absichtlich alle Requisiten der Unwirtlichkeit und Wildheit versammelt, um den Reisenden zu entmutigen und von dem Geheimnis abzulenken, das sie verbergen. Dennoch könnte er von irgendeiner Wegbiegung oder Anhöhe aus die aufgewühlte, unwegsame Bergwelt mit ihren Verwerfungen und fernen Ausläufern überblicken: unermeßliche Weiten zerklüfteter, schuppiger Erde, die sich von weitem wie die Haut eines Reptils oder Sauriers, die abgeworfene Hülle einer gigantischen Schlange ausnimmt. Nichts deutet auf die Existenz des Tals hin, das vor einem Jahrhundert von einem englischen Ehepaar entdeckt wurde. Die trostlose Öde ließe sich mit einem Vers des Dichters beschreiben: »Gletscher, Silbersonnen, Perlmuttfluten, Gluthimmel.« Die häufig vorkommenden, prismatisch abgesonderten Basaltfelsen verweisen uns erneut auf Rimbauds Dichterwort: Geblendet vom Widerschein des Lichts, ist ihm, als erkennte er im Herzen der schwarzen Adern »Blumen, Steine fast«, »harte, fahle Ovarien«, »diamantenes Mandelgestein«. Der unwirtliche Anblick der ersten Talmündungen von Hadramaut wird durch kein Anzeichen von Grün gemildert: »Die angeschwemmten Felsbrokken, Söhne der Sintflut«, visioniert der Dichter, »liegen wie verstreute Brotlaibe in den gräulichen Tälern.« Wenn sich plötzlich zu Füßen des Besuchers der Schlund auftut – ein Einschnitt von 300 Metern Tiefe und zwei Kilometern Breite –, verschlägt der Anblick ihm den Atem. Als handelte es sich um eine Sinnestäuschung, locken vom Grund des Wadis dichte Palmenhaine und Obstgärten.

Wer das Tal von Hadramaut in seiner ganzen Herrlichkeit erfassen will, muß einen Tag lang, vom Morgengrauen bis zur Dämmerung, auf seinem Ausguck oder Schauinsland verharren: von dem Moment an, da die Sonne ihr Haupt über die felsigen Kämme erhebt, ihre Strahlen auf die gegenüberliegenden Steilwände wirft, sie konturiert und koloriert, dabei sorgfältig die Linie zieht, die den Horizont umspannt – wenn jede Gesteinsmasse, jeder Vorsprung eine eigene Individualität gewinnt, zu einer mysteriösen Persönlichkeit findet, das Geheimnis einer aus Licht und Schatten gemeißelten Sphinx verkörpert –, bis zu dem Zeitpunkt, wo die »irdische Fackel« sinkt, sich kupferrot färbt, hinter die Berge zu tauchen beginnt, theatralisch die riesigen Skulpturen der Schlucht erleuchtet und »aus ihrem Feuerleib einen letzten schwachen Schimmer entläßt«.

Das Tal von Hadramaut!

Den zahlreichen Gebirgseinschnitten, die in ihm münden, verdankt die Landschaft ihre vielfältigen Formen und Farben. Man sieht verfallene Wehrtürme sich an einsame Felsnasen klammern, tausendjährige Wachtürme der Weihrauchstraße, gekalkte Säulen, die einst Stammesgrenzen markierten, Mausoleen, in denen die Überreste irgendeines Marabuts ruhen, makellose Kuppeln, die gleichmäßig weiße Farbtupfer in die Landschaft setzen. Einige dieser Gräber – wie das des präislamischen Propheten Allah Hud, an das sich ein wunderschönes, heute verlassenes Dorf anschließt, sowie das von Ahmed Bin Isa al-Muhadschir, einem Nachkommen Mohammeds, der im 10. Jahrhundert aus Bassora kam, um den Ibadismus zu bekämpfen – sind das Ziel regelmäßiger Wallfahrten, bei denen der Besuch des Heiligen und die rituellen Umzüge mit Marktfesten und Basargefeilsche der Beduinen einhergehen. Der von Ali Bey beschriebene Einfall der Wahhabiten führte zur Zerstörung unzähliger Gräber und Mausoleen von unschätzbarem künstlerischen Wert. Diejenigen aber, die erhalten blieben oder später wiederaufgebaut wurden, zeugen von einer erstaunlichen Übereinstimmung des religiösen Empfindens in Hadramaut und in Marokko – vielleicht eine Folge der jemenitischen Beteiligung an der islamischen Expansion, als einige Bewohner des glücklichen Arabien in den Maghreb gelangten und auf die unüberwindliche Grenze des atlantischen *finis terrae* stießen.

Von ferne möchte man Schibam für eine optische Täuschung halten, für eine ebenso aberwitzige wie faszinierende Luftspiegelung. Mit einzigartiger Schönheit und Grazie ragt die inmitten des Tals und seiner üppigen Obst- und Palmengärten erbaute Stadt in den Himmel. Die Höhe der Gebäude, die glatten Fassaden und ebenmäßigen Fensterreihen verleiten den Reisenden gewöhnlich zu einem Vergleich mit Manhattan, einem Manhattan der Wüste, von einem imaginären Aussichtspunkt in Brooklyn Heights aus betrachtet. Zu dieser ungewöhnlichen baulichen Geschlossenheit gesellen sich hier aber weitere prachtvolle Details: die einheitliche Farbgebung der massiven Häuserblöcke, ocker und weiß, mit kurzen indigoblauen Pinselstrichen; das sandbraune und grüne Tal, welches das bescheidene Mauerareal umschließt; die imposanten Steilhänge der Hochebene als ewigwährende Hintergrundkulisse. Angesichts dieser kompositorischen Kühnheit und Harmonie erfaßt den Besucher staunende Bewunderung. Die aus Lehmziegeln errichteten und zu Blöcken gruppierten Gebäude sind häufig über Balkone miteinander verbunden und erlauben den Familien, sich gegenseitig zu besuchen, ohne zur Straße hinabzusteigen. Einige sind drei- bis vierhundert Jahre alt und erreichen eine Höhe von fast achtzig Metern. Den

Geschichtsschreibern zufolge wurde Schibam im 2. Jahrhundert erbaut und erlebte fünfhundert Jahre später seine Blütezeit. Bei zwei Überschwemmungskatastrophen wurde ein Großteil der Stadt fortgerissen, und ihre Bewohner mußten talaufwärts kleine Stauwehre errichten, die seither regelmäßig und gewissenhaft instand gehalten und ausgebaut werden. Es gibt nur einen Zugang zur ummauerten Medina, die aus etwa fünfhundert Häusern besteht und rund siebentausend Einwohner zählt. Bei der Neuanlage der Stadt nach der Überschwemmung von 1532 wurde eine Reihe mehr oder weniger paralleler Straßen gezogen, die sich rechtwinklig kreuzen und von der Mauer umschlossen werden. So verwandelte sich Schibam in eine regelrechte Insel gegen einen eventuellen Ansturm der Fluten und wuchs ganz natürlich in die Höhe. Mit ihren Steinfundamenten, Backsteinkörpern und gipsverputzten Fassaden und Balkonen zeugen die Häuser von der Begabung und Erfahrung ihrer Erbauer, anonymer Baumeister, denen wir dieses architektonische und städtebauliche Lehrstück verdanken. Ein Spaziergang durch die Straßen der Stadt lädt den Besucher alle paar Schritte zum Stehenbleiben ein: vor einer geschnitzten Holztür mit jahrhundertealtem Klopfer, bei einer runden, kuppelförmig überdachten Zisterne, die dem Vorbeikommenden Gelegenheit bietet, seinen Durst zu stillen, an den Steinfundamenten mit ihren ornamentalen Gipsprofilen oder vor einem zylindrischen grünen Minarett, niedriger als die Dächer der angrenzenden Häuser, an dem er den Blick emporwandern läßt. Die phantastischen »New Yorker« Perspektiven nehmen überhaupt kein Ende, man braucht aber nur den Blick zu senken, schon findet man sich in der Lebhaftigkeit und Geschäftigkeit der jemenitischen Realität wieder. Bei Einbruch der Dämmerung, wenn die Sonne sich in den Balkonfenstern spiegelt, liegt die Stadt wie eine Schneelandschaft da: ein atemberaubender, schimmernder Gletscher.

Die verborgenen Schönheiten Hadramauts beschränken sich indes nicht auf Schibam. Der von Rimbauds befruchtendem Wort inspirierte Reisende wird in der Tiefe des Tals die Altstadt von Seyun entdecken, die sich unterhalb des alten Sultanspalastes zusammendrängt, oder durch die Straßen von Tarim schlendern, dem alten geistigen Zentrum des Landes mit seinen Medresen, Bibliotheken und Moscheen, deren Stil die engen, durch die jemenitische Emigration entstandenen Beziehungen zum Fernen Osten oder zu Indien sowie den architektonischen Einfluß des asiatischen Subkontinents oder Indonesiens verrät.

Aber kehren wir nach Schibam zurück, zur Apotheose von Schibam in der untergehenden Sonne, deren gewaltsame letzte Verschwendung oder orgiastische Agonie den im Tal aufragenden Häuserblöcken eine einzigartige Behandlung zuteil werden läßt: die Verneigung vor jedem noch so kleinen Detail, die Liebe und Aufmerksamkeit des Künstlers. In das Gefühl, das uns überkommt, mischt sich indes Melancholie und Besorgnis. Wird all dies, verborgen wie Dornröschen vor der Berührung mit dem industrialisierten Westen, nicht auf schleichende Weise von ihm infiziert und zerstört werden? Wird die unwiderstehliche Anziehungskraft einer Zivilisation, die über die fürchterliche Midasgabe verfügt, alles, was sie berührt, wertlos und gleich zu machen, nicht die Ursprünglichkeit von Hadramaut und die Mentalität und Gradlinigkeit seiner Menschen verderben? Wilfred Thesiger, ein guter Kenner der Verhältnisse im Jemen, schreibt: »Bei keinem Volk ist mir das Gefühl meiner eigenen Minderwertigkeit so unmittelbar deutlich geworden wie bei dem jemenitischen«, einem Volk, »das in unendlich höherem Maße als mein eigenes Großzügigkeit und Stärke besitzt, Ausdauer, Geduld, Unerschrockenheit und Fröhlichkeit.«

Die westliche Welt mit ihrer besessenen Sorge um das arabische Erdöl hat kaum je wirkliches Interesse daran bekundet, die Zivilisation und Kultur seiner rechtmäßigen Besitzer kennenzulernen. Wird sie eines Tages die Kraft aufbringen, sie zu verstehen? Oder wird sie, wie Rimbaud in Aden, die Schätze von Hadramaut ignorieren und bei ihrer armseligen Geschäftemacherei verharren?

Wallfahrt nach Mekka

An einer Stelle der zweiundzwanzigsten Sure des Korans, die allen Muslimen vertraut ist, wendet Gott sich mit den folgenden Worten an Abraham: »Und verkündige den Menschen die Pilgerfahrt. Laß sie zu dir kommen zu Fuß und auf allen schlanken Kamelen, ankommend aus allen tiefen Talwegen: auf daß sie Zeugnis ablegen von den Vorteilen, die sie dadurch haben, und den Namen Allahs aussprechen...« Seit dieser koranischen Offenbarung stellt der rituelle Besuch des *Beit Allah al-Haram*, der heiligen Moschee von Mekka, neben dem Glaubensbekenntnis, den Gebeten, dem Fasten im Ramadan sowie dem Almosengeben oder *sakat* eine der fünf Säulen des Islams dar. Seine Einhaltung ist in der Tat obligatorisch, auch wenn kein Zwang ausgeübt wird und der Gläubige die Reise antreten kann, wann immer es ihm innerhalb bestimmter Tage des islamischen Kalenders möglich ist. Wer wegen Krankheit oder aus anderen Gründen nicht dazu in der Lage ist, kann auch für die Kosten der Pilgerfahrt einer anderen Person aufkommen, die sie bereits einmal unternommen hat und nun für ihn wiederholt. Selbst Nachkommen von Gläubigen, die sie nicht gemacht haben, erfüllen oftmals die Kindespflicht, indem sie die Verstorbenen vertreten und ihnen mit dieser frommen Tat helfen, sich Gottes Wohlwollen zu erwerben. Jedenfalls finden kein Muslim und keine Muslime ihren wirklichen inneren Frieden, solange sie nicht im Rahmen ihrer Möglichkeiten auf den in den Koranversen angespielten Ruf Gottes mit ihrem »Hier bin ich, zu Deinen Diensten!« – *labbaika allahumma, labbaika* –

antworten, dem rituellen Pilgerruf oder *talbiya*, den Männer und Frauen, Alte und Junge in der Menge der Gläubigen aussprechen, die das ganze Jahr über, bei Tag und bei Nacht, die Kaaba umkreisen.

Es gibt zwei Arten von Pilgerfahrt, unter den Gläubigen bekannt als *hadsch*, große Pilgerfahrt, und *umra*, kleine Pilgerfahrt. Während letztere zu allen Zeiten des Jahres unternommen werden kann, erfolgt der Hadsch verbindlich ab dem siebten Tag des Monats Dhul-Hidscha. Die Pilger, die auf große Wallfahrt gehen, verbinden sie im allgemeinen mit einer kleinen, führen die jeweiligen Riten entweder gesondert oder gleichzeitig aus oder beginnen den Umra am Ende des Hadsch, ohne dafür erst in die Heimat zurückkehren zu müssen.

Jahrhundertelang fand die Wallfahrt nach Mekka zu Fuß oder auf dem Rücken der Kamele statt. Die Pilgerkarawanen, die aus Al Andalus oder Buchara, von Indien oder den Landstrichen südlich der Sahara herbeikamen, sammelten sich an den verschiedenen *mikats*, um die Zeremonie des *ihram* auszuführen, des feierlichen Anlegens des Gewands. Einige Gläubige wie Ibn Battuta aus Tanger und der Andalusier Ibn Dschubair haben uns eine ausführliche Schilderung ihres Hadsch ins pochende Herz der islamischen Welt hinterlassen, und noch vor weniger als einem Jahrhundert war eine solche Fahrt ein Unternehmen voller Gefahren – Sandstürme, Epidemien, Schiffbrüche, Banditenüberfälle –, das sich manchmal über Jahre erstreckte und nicht wenigen Reisenden den Tod brachte. Der als Ali Bey bekannt gewordene Katalane Domingo Badía y Leblich, der Schweizer Johann Ludwig Burckhardt und vor allem Sir Richard Burton erinnern in ihren Berichten mit großer Bildhaftigkeit und einer Fülle von Anekdoten an die Leiden und die unerschütterliche Ruhe ihrer frommen Gefährten im Abenteuer. Weniger bekannt sind die maurenspanischen Schriften über das, was die Morisken *romeaje* nannten. Mitten im 16. Jahrhundert vollzog der Mancebo de Arévalo, Inquisition und allen Hindernissen trotzend, die von der Religion seiner Väter vorgeschriebenen Riten, und der anonyme Verfasser der *Coplas de Puey Monzón* beschreibt mit charmanter Einfalt sein heimliches Eintreffen am Sammelplatz der Karawanen:

> Dort zog der *alhache* aus,
> mit großem Volk
> von Männern und Frauen
> und reichlich Kamelgetier;
> wir machten unsern Weg
> über Berg und Tal
> und durch stürmischen Sand
> bei Tage und bei Nacht...

Trotz eines alten, weitgespannten Netzes von Karawansereien, das die osmanischen Kalifen, die seit dem 16. Jahrhundert für den Schutz der heiligen Stätten des Islams zuständig waren, modernisierten, barg die Wallfahrt zahlreiche Risiken und kam für viele einer Auswanderung gleich: Die zahlreichen »maghrebinisch« genannten Moscheetore und Viertel in Städten wie Damaskus, Jerusalem und Kairo zeigen, daß eine große Anzahl von Gläubigen aus Marokko sich nach Erfüllung ihrer religiösen Pflichten endgültig im Orient und auf der arabischen Halbinsel niederließen, was im übrigen auch die Schriften Ibn Arabis bezeugen. Noch Anfang des zwanzigsten Jahrhunderts durchquerten die westafrikanischen Muslime die Wüste zu Fuß, Märsche, die Jahre in Anspruch nahmen und Entfernungen von Tausenden von Kilometern überwanden. Aus diesem Grund setzten die Pilger vor der Abreise in der Regel ihr Testament auf und verabschiedeten sich feierlich von Verwandten und Freunden, als sollten sie nicht wiederkehren. Stirbt der Pilger auf der Reise oder im Bezirk des Heiligen Hauses Gottes, verleiht ihm dies den Rang eines Märtyrers und garantiert ihm, so die Überlieferung, den Einzug ins Reich der Gerechten. Für manchen Gläubigen ist das Hinscheiden in der Stunde, da der göttliche Auftrag erfüllt wird, auch heute noch die höchste Belohnung, nach der er sich im tiefsten Innern seines Herzens sehnt.

Mit dem Aufkommen der Dampfschiffahrt nahm der Karawanenverkehr zwar ab, doch je nach Herkunft und Heimatland schlossen sich die Pilger auch weiterhin an den traditionellen Treffpunkten zusammen und begannen von dort aus ihre Reise nach Mekka. Cholera und andere Epidemien forderten das ganze 19. Jahrhundert hindurch immer wieder zahllose Opfer, doch konnte die osmanische Präsenz zumindest die Überfälle von Straßenräubern eindämmen und so die Sicherheit spürbar verbessern. Der Einzug des Emirs Ibn Saud 1924 in Mekka und die Erhebung der wahhabitischen Lehre zur Staatsreligion leiteten eine neue Phase in der stürmischen Geschichte der Wallfahrt ein. Der Luftweg ersetzte allmählich den Seeweg und verdrängte endgültig die alte Hedschasbahn nach Medina, die Lawrence von Arabien und seine Beduinen im Ersten Weltkrieg überfallen hatten. Einige überempfindliche Ulemas verurteilten das Flugzeug natürlich als tadelnswerte Neuerung, doch die islamische Rechtsprechung erklärte seine Benutzung für zulässig, was im übrigen schon die bemerkenswerte Ansicht des Valencianers Al Schatibi in seinem *Al-I'tisam* beweist, formuliert vor nicht weniger als acht Jahrhunderten: »Wenn es jemanden gäbe, der das Gebot der Wallfahrt erfüllte, indem er im Fluge durch die Luft ginge oder zu Fuß über das Meer, er würde auf seiner Reise nicht als Neuerer angesehen, da das einzige, was zählt, die Ankunft in Mekka ist.«

Heute handeln die saudischen Behörden die Organisation des Hadsch mit den Ministerien für religiöse Angelegenheiten und sonstigen islamischen Institutionen der muslimischen Länder aus, was die alte individuelle und kollektive Epopöe zu einem einzigen bürokratischen Hindernislauf macht. Um die Massenwallfahrt im Rahmen der Möglichkeiten zu gewährleisten, bekommt jedes Land eine Gläubigenquote zugeteilt, und unter Zugrundelegung der Aufnahmekapazität der Stadt Mekka sowie des Fassungsvermögens der Großen Moschee ergibt sich eine maximale Besucherzahl von etwa zwei Millionen Personen.

Der unumgängliche Auftakt zur Wallfahrt ist privater Natur: es ist die *niya* oder Absicht des Pilgers, gereift zunächst in seinem Innern, dann seiner Familie umstandslos oder mit feierlichem Ernst verkündet. Im heute wiederbelebten spanischen Islam ist die Zeremonie äußerst schlicht. Verwandte und Freunde kommen zum künftigen Hadschi nach Hause, begrüßen und beglückwünschen ihn. Die Muslime gratulieren zur Wallfahrt und bitten ihn, sie in seine Gebete einzuschließen. Es ist die Stunde des Friedens und der Vergebung, des Vergessens früherer Beleidigungen und der Aussöhnung mit dem Feind: der allgemeinen Läuterung der Seele.

Sorgfältig richtet der Pilger seine Ihram-Tracht her, das feierliche weiße Gewand, das er auf seinem Hadsch tragen wird. Im Geiste wiederholt er die Talbiya, die er zusammen mit Bitten und Gebeten bei seinen Umrundungen um den Tempel zu sprechen hat, verläßt schließlich sein Haus mit dem rechten Fuß zuerst und begibt sich mit den Seinen zum nächstgelegenen Flughafen, wo er mit den anderen Pilgern zusammenkommt. Während in Europa, Fernost und den Ländern des Maghreb die Pilgerfahrt fast ausschließlich auf dem Luftweg stattfindet, bevorzugen viele Türken und Araber aus dem Nahen Osten die Reisebusse, die im Monat Dhul-Hidscha von Istanbul oder Damaskus aus zum Heiligen Hause Gottes aufbrechen.

Für welches Transportmittel sich der Pilger auch entscheiden mag, er muß, sobald er am Bestimmungsort eingetroffen ist, eine ganze Reihe von Vorschriften befolgen, um in den »Weihezustand« des Ihram einzutreten. Solange dieser andauert, hat er sich bestimmter Handlungen und Gewohnheiten zu enthalten, da andernfalls die Wallfahrt nichtig wird. Er darf keinen Geschlechtsverkehr haben, sich nicht verheiraten, keine Duftstoffe benutzen oder genähte Kleidung tragen, er darf nicht lügen oder bei Gott schwören... Die islamische Rechtsprechung ist recht ausgreifend und nennt nicht weniger als zwanzig Verbote.

Das Pilgergewand der Männer besteht aus zwei weißen Tüchern, ähnlich zwei Badelaken, von denen er sich eins über die Schulter wirft und dabei den rechten Arm und die rechte Schulter unbedeckt läßt, während er das andere um die Hüfte wickelt und damit die Beine bis über die Knie bedeckt. Kein Kleidungsstück darf genäht sein. Das Schuhwerk darf keinesfalls den Fußrücken umschließen und genausowenig irgendwelche Nähte aufweisen. Bis vor wenigen Jahren erfolgte das Anlegen der Pilgertracht am jeweiligen *mikat* oder Treffpunkt. Unter der Anleitung eines *mutawif*, eines Führers, vollzogen die Pilger dann die rituelle Reinigung ihres Körpers, wonach sie rezitierten: »Hier bin ich, zu Deinen Diensten, hier bin ich, hier bin ich. Dein ist das Lob und die Gnade und die Macht. Du hast keinen Gefährten.« Die schwindelerregende Zunahme des Pilgerverkehrs und das Verschwinden der alten Karawanensammelplätze hat inzwischen eine Fetwa notwendig gemacht, die bestimmt, daß die gewaltige, von den saudischen Behörden nahe dem Flughafen von Dschidda errichtete »Stadt der Pilger« – Tausende mit Stahlkabeln abgespannte Großzelte – nun der Ort der Sakralisierung ist. Im Anschluß an dieses Ritual muß sich der nunmehr mit seinem Gewand bekleidete Hadschi den vorgeschriebenen Einschränkungen unterwerfen, bis der Zustand des Ihram aufgehoben wird: weder Gesicht noch Haupt bedecken, sich nicht rasieren oder die Scham enthaaren, keine Zöpfe flechten und das Haar nicht entwirren, keinen Schmutz von sich ablösen, sich nach verrichteter Notdurft reinigen, aber nicht waschen oder parfümieren. Erst vor wenigen Jahren haben die Rechtsgelehrten den Gebrauch von Sonnenschirmen gestattet, was an der hohen Zahl von Sonnenstichen allerdings nicht viel geändert hat.

Der Anblick von Mekka hat die arabischen Schriftsteller ebenso wie die wenigen nichtmuslimischen Europäer, denen es im Pilgergewand gelang, trotz strikten Verbots die Stadt zu betreten, zu den unterschiedlichsten Texten inspiriert, deren Gefühlsskala von schierer Verzückung bis hin zu wehmütigem Tadel reicht, so im Falle Ibn Dschubairs[1]. Nach den Worten Ibn Battutas ist Mekka »wie eine strahlende Braut auf einem erhabenen Thron«, die Gott mit einem solchen Gnadenreichtum beschenkte, daß niemand einen Fuß in die Stadt setzen kann, »ohne

1 »Das Land, das es am meisten verdient hätte, mit dem Säbel geläutert und im eigenen, für die Sache Gottes vergossenen Blute von Schmutz und Abschaum gereinigt zu werden, ist wohl der Hidschas. Das Haus Gottes ist heute in der Gewalt von Menschen, die es zu einem Quell unerlaubter Gewinne gemacht haben.« Ibn Dschubair, *Rihla*. Seine Einschätzung ließe sich natürlich auf Verhältnisse übertragen, die uns historisch sehr viel näher sind.

ihr zu verfallen«, noch sie verlassen ohne »den Entschluß, den Besuch zu wiederholen«. Der Moriske, der die *Coplas* schrieb, erzählt uns gleichermaßen bewegt:

Dort besuchte ich die Kaaba
und kreiste im Haram,
sah den schwarzen Stein
in der Ecke und den Almaquem.
Dann den Quell Zemzem,
jenes wahre Wasser,
das zu reinigen vermag,
wo ich fehlte und vergaß.

Diese Fülle von Berichten – einige davon mit illustrierenden Graphiken, wie die von Ali Bey und Burton – sowie die Fotografien von Christiaan Snouck Hurgronje, dem zum Islam konvertierten holländischen Arabisten, erlauben uns, eine Stadt vor unseren Augen wiedererstehen zu lassen, von der kaum eine Spur geblieben ist. Weder die alte Moschee noch der Brunnen, noch ein einziger Mimbar oder Betpavillon der vier in den *rihlas* minuziös ausgemalten sunnitischen Schulen existieren heute außer in Abbildungen und schriftlichen Zeugnissen. Alles wurde von den Wahhabiten geschleift.

Die Gläubigen beginnen das Pilgerritual mit dem Besuch des Heiligen Hauses Gottes. Sobald sie sich im Zustand des Ihram befinden, unterscheidet sie nichts mehr voneinander. Nach Durchquerung des Säulenwalds der Großen Moschee – erweitert vom saudischen Herrscherhaus, »Hüter der Heiligen Stätten des Islams« – gelangen die Gläubigen in den riesigen Innenhof um die Kaaba. Obwohl er dreihunderttausend Gläubigen Platz bietet, warten im Gedränge des siebten und achten Tages des Monats Dhul-Hidscha Zigtausende in den Wandelhallen und auf den Galerien des Obergeschosses darauf, daß sie an die Reihe kommen. Nachdem die Gebete der Talbiya gesprochen sind, beginnen die Pilger mit den rituellen Umrundungen, von den Morisken *rodeo* genannt: es ist der *tawaf al-kudum* oder »Ankunftsrundgang«, der sich, angefangen beim schwarzen Stein, gegen den Uhrzeigersinn um die Kaaba bewegt. Bei jedem Umschreiten müssen die Gläubigen bemüht sein, den schwarzen Stein zu küssen oder mit der Hand zu berühren. Nur wenige Glückliche erreichen ihr Ziel, die meisten finden sich damit ab, ihn bei ihren Umrundungen als Anhaltspunkt zu nehmen. Der Andrang der Gläubigen verwandelt das Kreisen in eine Spirale, einen unaufhaltsamen Wirbel. Einander antreibend, im Fluge fast, absolvieren die Pilger die sieben Runden »wie ein Schwarm Bienen, die den Bienenstock umschwirren«, so Ali Bey in seiner anschaulichen Beschreibung. Nach Beendigung des Tawaf lassen sie den Wartenden den Vortritt und verrichten zwei Rakas. Die Umrundungen sind ein ebenso überraschendes wie entflammendes Schauspiel: »Viele Zeremonien habe ich mir angeschaut, in vielen Ländern«, sagt Burton, »aber niemals, nirgendwo habe ich etwas so Feierliches und Beeindruckendes gesehen.«

Die Kaaba, das würfelförmige, schwarz verkleidete Bauwerk, ist der Überlieferung zufolge der Schlüssel des Universums. Früher wurde sie von den Gläubigen freitags und montags besucht, heute bleibt sie aus Sicherheitsgründen für die Menge verschlossen. Ihr Inneres wurde unter anderem von Ali Bey beschrieben, und Richard Burton liefert in seinem Buch über den Hadsch einen detailgetreuen Plan. Ibn Arabi, der von seinen Berührungen der Kaaba und seinen außergewöhnlichen Visionen bei den rituellen Rundgängen berichtet, widmet ihr einige Gedichte von zärtlicher, anrührender Eleganz.

Von ihren vier Ecken – der jemenitischen, damaszenischen, irakischen und der des Aswad – genießt letztere, der »Station« Abrahams gegenüber, das größte Ansehen, weil sich dort der berühmte schwarze Stein befindet, Sammelpunkt aller Menschen der Kibla. Einen Meter über dem Boden eingelassen, ist er heute von einer Silberplatte bedeckt, die nur einen Teil von ihm freigibt.

Die *kiswa*, das am Dach befestigte und mit Seilen bis zu den Bronzeringen am Boden gespannte Tuch der Kaaba, ist ein goldgewirkter Überzug aus schwarzem Brokat, dessen Inschriften Koranverse und Hadithe über die Einzigkeit Gottes zitieren. Die Kiswa wird jedes Jahr erneuert und wurde zunächst in Bagdad, später dann in Kairo und schließlich in Mekka gefertigt. Den Chroniken zufolge waren ihre Farben früher grün und gold, heute ist Schwarz striktes Gebot. Die *rihlas* und andere Reiseberichte beschreiben eingehend die Quelle Zemzem, deren hoher Brunnenrand sich, mit Stufen versehen und von einer graziösen Kuppel überdacht, in der Mitte der »Station« Abrahams befand. Wasserträger im Dienst des Tempels gaben das mit Eimern geförderte Wasser an die Menge der Gläubigen aus, die dort mit Krügen und Glasgefäßen anstanden. Wie die Schöpfungsgeschichte berichtet, ließ der Engel Gabriel die Quelle aufspringen, um Hagar zu helfen, als sie, schwanger mit ihrem Sohn Ismael, in der unwirtlichen Weite der Wüste fast verdurstete. Daher wird sein Wasser so hoch geschätzt. Im Ramadan brechen viele Gläubige nach Sonnenuntergang mit ihm das Fasten und verwahren es sorgsam in Schränken oder Nischen als unfehlbares Allheilmittel in Fällen äußerster Not. Um den *mataf*, den Raum der Umschreitungen, freizuhalten, hat man den Brunnen unter der neuen Moschee wieder aufgebaut. Die Pilger steigen heute nach Geschlechtern getrennt über zwei Treppen zu ihm hinab, ohne wie früher in sengender Sonne warten zu müssen.

Unmittelbar nach dem Ankunftsrundgang und den rituellen Gebeten verrichten die Pilger in steter Begleitung ihrer Führer den *say*, den Lauf zwischen zwei knapp einen halben Kilometer voneinander entfernten Erhebungen direkt bei der großen Moschee. Hier soll vor Hagars Augen die Quelle entsprungen sein. Der Say beginnt in Safa mit der Rezitation eines Gebets, das der Pilger bei seiner Ankunft in Marwa und am Ende jeder einzelnen der sieben Wanderungen wiederholen muß – dreimal hin und zurück sowie ein letztes Mal nach Marwa –, acht Stationen insgesamt, da die Wallfahrt andernfalls nichtig ist. »Von Safa nach Marwa«, schreibt Ibn Battuta, »verläuft ein breiter, trockener Graben, wo auf einem großen Markt Getreide, Fleisch, Butter, Datteln und andere Früchte feilgeboten werden. Die Pilger, die von einem Ort zum anderen ziehen, schaffen es im Gedränge der Menschen rund um die Zelte der Händler kaum, ihr Ziel zu erreichen.« Heute sind Safa und Marwa von zwei riesigen Kuppeln überwölbt, und das gesamte Gelände ist in den Komplex der Großen Moschee integriert. Die Wandelhalle mit jeweils einem Gang für den Hin- und Rückweg, voneinander getrennt durch einen für Behinderte und Alte reservierten Korridor, gestattet es den Pilgern, ihren Lauf geschützt und ungehindert zu absolvieren. Mit diesen Stationen und Gebeten endet das Ritual der kleinen Wallfahrt und öffnet sich der Weg zu den großen Zeremonien des Hadsch.

Am achten Tag des Dhul-Hidscha rüstet sich der Pilger zum Besteigen des Berges Arafat. Es ist der erste der fünf Tage der großen Wallfahrt, bekannt seit alters her als »Tag des Tränkens«, da an diesem Tag das Wassers zu seinem Ausgangspunkt transportiert wurde, um den Durst der Gläubigen und ihrer Kamele zu stillen. In der Ebene von Arafat, wo sich der sogenannte Hügel der Barmherzigkeit erhebt – früher ein gelbliches, steiniges Ödland, das heute aufgeforstet wird –, kampieren die Pilger und warten auf den Anbruch des neunten Tags des Dhul-Hidscha, des »Tags der Vorstellung«, der Vergegenwärtigung von Größe und Herrlichkeit des Jüngsten Gerichts. Um den Berg herum stehen Unmengen von Zelten, die sich wie winzige Pilze bis zum Horizont erstrecken. Niemand hat besser als Ali Bey das physische wie menschliche Panorama beschrieben:

»Erst der Berg Arafat vermag eine wahre Vorstellung von dem imposanten Schauspiel der Wallfahrt der Mohammedaner zu geben. Eine unzählige Menge von Menschen aller Völker und Hautfarben strömt, tausend Mühen und Gefahren nicht achtend, von den entferntesten Punkten der Erde herbei, um gemeinsam ein und denselben Gott zu verehren: der Bewohner des Kaukasus, der dem Äthiopier oder dem Schwarzen aus Guinea freundschaftlich die Hand reicht; der Inder und der Perser, verbrüdert mit dem Berber und Marokkaner; und alle betrachten einander wie Geschwister oder Mitglieder ein und derselben Familie, die die Bande der Religion miteinander vereinen, und die meisten sprechen dieselbe Sprache oder verstehen sie zumindest einigermaßen, die heilige Sprache Arabiens. Nein, es gibt keinen Kultus, der den Sinnen ein schlichteres, zärtlicheres, erhabeneres Schauspiel böte!«

Am Abend desselben Tages, wenn Gebete und Riten vollzogen sind, gerät die Menge in Bewegung. Es ist die *ifada* oder Flut, die die Pilger ins Tal von Musdalifa zwischen Mina und dem Berg Arafat treibt, wo sie Steinchen aufsammeln, mit denen sie später den Teufel steinigen. Die kleinen Kiesel, die sie zusammentragen – mindestens einundzwanzig – müssen einzeln aufgesammelt werden.

Der zehnte Tag des Dhul-Hidscha ist der Höhepunkt der Wallfahrt. Schon bei Sonnenaufgang drängen sich die auf der Ebene kampierenden Gläubigen um die drei Säulen, die das Böse symbolisieren, und werfen die ersten sieben Steine, jeder Wurf begleitet von einem *Allahu akbar* und gefolgt von einer Schmähung des Teufels und einem Lob des Allerhöchsten. Wie die anderen Stationen des Hadsch erinnert die Zeremonie an die dreifache Versuchung Abrahams durch Satan bei seiner Durchquerung dieser weiten Ödnis. Die Morisken kannten sie unter dem Namen »Steine des Hangs«, womit die Hindernisse gemeint sind, auf die Abraham stieß – im Arabischen bedeutet derselbe Ausdruck, *aakaba*, zugleich Hang und Hindernis –, bis er den Leibhaftigen schließlich besiegte.

In den folgenden Tagen wird der Pilger die beiden anderen symbolischen Säulen bewerfen, immer mit sieben Steinchen, bis zu 70 insgesamt, wenn er den Hadsch fünf Tage fortsetzt, oder 49, wenn er ihn am vierten beendet, das heißt am 12. Dhul-Hidscha. Nach der Steinigung Satans kann der Pilger sein Gewand ablegen und wieder in seinen gewöhnlichen Zustand zurückkehren. Es ist die kleine »Entsakralisierung«, bestehend aus einem Haarschnitt bei den Männern und dem Abschneiden eines Haarbüschels bei den Frauen, wobei das entsprechende Gebet zur Aufhebung der bisher geltenden Verbote gesprochen wird. Überglücklich, gratulieren Freunde und Gefährten einander, der Pilger spaziert mit seiner Familie umher und bereitet sich geistig auf das Opferfest vor – *'id al-adha* auf arabisch, *kurban bayramı* auf türkisch oder *Pascua del cordero* für die Morisken –, das an Abrahams Opfer nach seiner harten Liebes- und Gehorsamsprüfung durch den Schöpfer erinnert. Die Schlachtung eines Tiers ist kein zwingendes Gebot, doch der Pilger erfüllt es, sei es, weil er ein entsprechendes Gelübde getan hat, sei es, weil er einem brennenden Impuls folgt, der ihn mit den Herzen von Hunderten Millionen von Muslimen vereint, die das Hammelfest auf der ganzen Welt feiern. Früher fand die Opferung in einer Senke in der Ebene von Mina statt, doch wegen der wachsenden Zahl von Wallfahrern sowie aus hygienischen Gründen hat sich eine »stellvertretende« Opferung eingebürgert, und gegen Zahlung einer bestimmten Summe stellen hypermoderne Schlachthöfe dem Spender einen »Opferbon« aus. Allerdings bevorzugen manche Gläubige nach wie vor die traditionelle Methode und opfern persönlich ihre Rinder, Schafe oder Ziegen, ohne die Dienste eines Schlächters in Anspruch zu nehmen.

Erneut setzt sich die Flut der Pilger nach Mekka in Bewegung, um die letzten Zeremonien des Hadsch auszuführen: den *tawaf el-ifada* um die Kaaba, mit der gleichen Anzahl Umkreisungen wie bei der Ankunft. Im Anschluß waschen sich die Gläubigen in ihren Herbergen, ziehen ihre gewöhnlichen Kleider an und übernachten noch einmal in Mina. Der elfte, zwölfte und dreizehnte Tag des Dhul-Hidscha – die sogenannten Tage des »Austrocknens«, da man das Fleisch der geopferten Tiere zwecks Konservierung für den späteren Verzehr zum Trocknen in die Sonne legte – vergehen zwischen den freiwilligen Steinigungen der Stelen und den Reisevorbereitungen. Ab dem zwölften Tag des Monats kann der Pilger in seine Heimat zurückkehren, nicht jedoch ohne eine letzte »Abschiedsrunde« um die Kaaba. Zu Tränen gerührt, spricht er das Abschiedsgebet, tritt aus dem Innenhof der großen Moschee und verliert sich im Säulenwald des *Beit Allah al-Haram*.

Der Wallfahrer hat einen der Pfeiler des islamischen Glaubens und vielleicht seinen glühendsten Herzenswunsch erfüllt. Die Reise ins Land des Propheten und seine Rückkehr verleihen ihm eine besondere Würde und machen ihn zu einem neuen Menschen. Gekleidet in makelloses Weiß, landet er mit leichtem Herzen auf dem Flughafen, wo ihn die Familie tiefbewegt in die Arme schließt. Zu Hause öffnet er dann seine Türen sperrangelweit für jeden, der ihn besuchen kommt, verteilt seine Geschenke und frommen Andenken (heutzutage fast alle Made in Corea oder Taiwan), spricht die Dankgebete und feiert ein Fest, zu dem er Verwandte und Freunde einlädt und dessen angenehme Erinnerung ihm sein Leben lang Kraft geben wird.[1]

1 Zum praktischen Ablauf sowie zur Organisation und zur Kommerzialisierung der Wallfahrt vgl. Slimane Zéghidour, *La vie quotidienne à La Mecque de Mahomet à nos jours*, Paris 1989.

Der schwarze Islam

Schon im 19. Jahrhundert wies Sir Richard Burton, der berühmte Übersetzer von *Tausendundeine Nacht*, auf die Unvereinbarkeit der christlichen Normen und Ideale mit dem überschäumenden Temperament der Afrikaner hin und sagte mit erstaunlicher Intuition und Klarsicht voraus, daß »die Neger früher oder später im Islam die ihnen gemäße Religion finden dürften«. Was damals eine kühne Prophezeiung schien, ist in den letzten Jahrzehnten auf dem bestem Wege, greifbare Wirklichkeit zu werden. Der islamische Glaube hat sich auf dem afrikanischen Kontinent seither unaufhörlich Richtung Süden ausgebreitet, erreichte zunächst den Golf von Guinea und drang mit der Zeit nach Zaire, Gabun und Mosambik vor.

Wie der spanische Katholizismus in Amerika hat es der Islam verstanden, sich den Eigenheiten und Traditionen der konvertierten Volksgruppen anzupassen. Der Einfluß der großen Sufibruderschaften im Senegal, in Mali und Nigeria, die Flut der mit übernatürlichen Kräften begabten Marabuts oder Wunderheiler – auf deren sichtbare europäische Vertreter wir tagtäglich in der Pariser Metro stoßen –, die symbiotischen Zeremonien, die manchmal die Festlichkeiten anläßlich der Hauptfeiertage des islamischen Kalenders begleiten, und die islamisierten animistischen Riten fügen sich zu einem äußerst attraktiven und originellen, ethnisch-religiösen Gesamtbild. Trotz seiner dem Westen gegenüber politisch, wirtschaftlich und kulturell schwächeren Position hat der Islam die expansive und assimilatorische Kraft seiner Frühphase nicht verloren und ist heute ohne allen Zweifel die lebendigste und wichtigste Religion der Dritten Welt.

Überall in Westafrika mehren sich die Konversionen von Animisten und Christen. »Ich kenne Völker, die vollständig zum Islam übergetreten sind«, schreibt Vincent Monteil, »wo mir gesagt wurde, daß man noch bis vor kaum dreißig Jahren den Schemel verbrannte, auf dem ein moslemischer Reisender gesessen hatte.« Die Gründe für die starke Ausbreitung in jüngerer Zeit sind komplexer Natur und hängen zum Teil mit den kulturellen Erschütterungen zusammen, die durch den englischen und französischen Kolonialismus ausgelöst wurden. Während der Animismus angesichts der technischen und wissenschaftlichen Neuerungen der Europäer an Boden verlor, wurde der Islam zu einem Faktor des Widerstands gegen die kulturelle und politische Unterdrückung durch die Invasoren. Im Unterschied zum christlichen Katechumenen verrät der Neumuslim nicht seine Werte, um sich denen des Feindes anzuschließen, die Konversion bekräftigt vielmehr seine Zugehörigkeit zur Welt der Unterdrückten. Anders als der katholische oder protestantische Missionar repräsentiert der islamische Prediger nicht die Macht der weißen Kolonialverwaltung: er ist ein Bruder und Artgenosse, dessen Lehre von Erneuerung und Gleichheit verlockend klingt. Wobei noch hinzuzufügen wäre, daß das Christentum in den Augen der Afrikaner eine »puritanische« Lehre ist, voller Geheimnisse (Trinität, Transsubstantiation etc.), während sich der Islam als schlichtes und klares Bekenntnis präsentiert, beruhend auf dem Glauben an einen einzigen Gott, der Sendung Mohammeds und dem Fehlen von Vermittlern zwischen Mensch und Schöpfer. Die Leichtigkeit, mit der er sich auf die Denkungsart und die Gebräuche der Afrikaner einstellt, kontrastiert auch mit dem befremdlichen Verhaltenskodex, den die Missionare in persönlichen wie gesellschaftlichen Dingen propagieren. Während das Zölibat für den Christen ein religiöses Ideal darstellt, die Ehe dagegen ein bloßes Zugeständnis an die menschliche Schwäche, begreift der Muslim die Ehe als Verpflichtung und akzeptiert Polygamie unter der Bedingung, daß der Mann den Frauen, die er heiratet, Hilfe und Unterhalt gewährt. Die Toleranz gegenüber der Vielehe, wie sie bei den meisten animistischen Völkern traditionell üblich war, hat auf entscheidende Weise zur Verbreitung des Islams beigetragen, da er weder mit den althergebrachten Normen noch mit den herrschenden Sitten kollidierte. Ein weiterer Aspekt, der das Wort des Propheten gegenüber der Katechese der Europäer begünstigte, war die ethnische Pluralität des islamischen Modells, seine größere Durchlässigkeit für andere Kulturen. Zwar trieben die Araber seit frühester Zeit Sklavenhandel, doch erst seine Systematisierung durch die an den Küsten Senegals und Guineas niedergelassenen weißen Händler zerstörte die empfindlichen Staatengebilde der Region und entvölkerte ganze Landstriche – eine in jeder Hinsicht traumatische Erinnerung –, mit Folgen, die nur schwer zu überwinden sind.

Die Gesellschaften bestehen aus mehreren einander überlagernden kulturellen Schichten, deren äußere und sichtbare sich gleichwohl aus den darunter verborgenen speist. Aus diesem Grund fällt es in den Ländern Westafrikas nicht immer leicht, die islamischen Anteile gegen frühere Entwicklungen abzugrenzen. Synkretistische Trauerzeremonien, Initiationsriten während der Pubertät und Opferhandlungen haben sich bei vielen islamisierten Völkern bis heute erhalten. Doch wenn wir uns anschauen, wie viele Seher und Medien mittlerweile unsere Städte bevölkern, können wir den tiefverwurzelten Glaubensvorstellungen der afrikanischen Muslime einen Respekt nicht verweigern, den wir anderen an anderen Orten der Welt entgegenbringen: Oder kann man Talismane und Amulette verurteilen, wenn man Weihwasser und Heiligenbildchen akzeptiert? Die Mittel gegen den bösen Blick sind keine arabische oder afrikanische Erfindung, ihre Verbreitung erstreckt sich über den gesamten europäischen Mittelmeerraum, von Andalusien bis Griechenland. Tatsächlich bezieht sich die irreführende Bezeichnung »Marabutismus« auf ein sehr weites Spektrum, das von den Gelehrten und Anhängern irgendeiner Sufibruderschaft bis hin zu analphabetischen Zauberern und Wunderheilern mit angeblich charismatischen Kräften reicht. Es wäre also ungerecht, die reiche afrikanische spirituelle Tradition der Sufimeister, Bruderschaften und Zawiyas allein auf diejenigen zu reduzieren, die sich ihre Riten und Gebete zum eigenen Vorteil zunutze machen. Die in Westafrika beheimateten großen Orden wie die Kadiriyya oder Tidjaniyya zählen Hunderttausende von Gläubigen; sie pflegen das kollektive Rezitieren von Litaneien, richten sich nach den Grundsätzen der Sunna und bilden gleichsam das Rückgrat des religiösen Lebens der Gesellschaft. Der Einfluß Ibn Arabis auf einige »Pole« der Tidjaniyya oder der von Hadsch Omar erklärte Vorrang des großen Dschihad als Kampf gegen die eigenen Schwächen vor einem Dschihad als dem gerechten Krieg gegen die Ungläubigen speisen sich aus den reinsten und lebendigsten Quellen des Islams. Autoren wie Cuoq, Monod und Monteil haben die Aufmerksamkeit auf den beispielhaften Kampf Amadu Bambas, des Dichters und Begründers der Bruderschaft der Muriden, und auf die Weltentsagung und Armut eines Tyerno Bakar Salif Tal gelenkt, dessen größte Sehnsucht dem Kommen einer Zeit der Versöhnung zwischen allen Religionen der Welt galt.

»Mali«, sagt Vincent Monteil, »ist ein islamisierter Staat, in dem verschiedene Mande- bzw. Mandingasprachen gesprochen werden und der seine Blütezeit im 14. Jahrhundert erlebte. Dieses Reich war nicht nur im arabischen Orient, in Ägypten und Schwarzafrika berühmt, wo die mündliche Tradition seine Erinnerung bewahrt, sondern auch in Europa, wo Rabelais es in seinem *Pantagruel* erwähnt und die mallorquinischen Kartographen ihm eine Abbildung mit Erläuterung widmen. Der katalanische Atlas Karls V., ein Werk von Abraham Cresques (1375), enthält ein Porträt des Herrschers von Mali mit folgender Inschrift: *Dieser schwarze Herr trägt den Namen* musse melly, *Herr der Neger von Guinea.*«

Der Prozeß der Islamisierung im Gebiet des heutigen Mali reicht ins 9. Jahrhundert unserer Zeit zurück und verdankt sich arabischen und berberischen Kaufleuten, die die Sahara durchquerten, angelockt durch die von Ibn al-Fakah aufgezeichnete Sage, wonach in »dem Land Ghana« – gemeint sind Mauretanien und Mali – das Gold so wüchse »wie die Pflanzen«. Eine Chronik des 11. Jahrhunderts berichtet von der Bekehrung eines seiner Könige durch die Predigten eines Marabuts. Ibn Chaldun zufolge, der den ersten Stammbaum der Herrscher des neuen malischen Reiches verfaßt hat, erfüllte einer von ihnen das Gebot der Pilgerreise nach Mekka. Aber es war die spätere Wallfahrt von Kaiser bzw. *mansa* Kankan Musa, die unter den Zeitgenossen erhebliches Aufsehen erregte und ein neues Licht auf die Herrschaftsgebiete des sonderbaren Pilgers warf: Wer immer ihn sah oder mit ihm sprach, war geblendet vom Glanz seines Gefolges, der Zahl seiner Sklaven, der verschwenderischen Menge Goldes und vor allem von seiner Frömmigkeit und seinen guten Arabischkenntnissen. Seit jener Zeit stieg die Zahl marokkanischer, ägyptischer und aus dem

Mzab stammender, ibaditischer Kaufleute sprunghaft an. Auch nahm der Monarch den aus Granada gebürtigen Dichter und Architekten As-Sahili mit auf die Reise, der für ihn verschiedene, wahrscheinlich almoravidisch beeinflußte Bauwerke entwarf. Als Ibn Battuta in das Königreich kam, stieß er daher auf Dörfer und Vororte, in denen »Weiße« – also Araber – mit einheimischen Ehefrauen oder Konkubinen und einer riesigen Nachkommenschaft zusammenlebten. Nach und nach breitete sich der Islam durch die Konversion verschiedener Gruppen – Nono, Dyula, Soninke – über die Wohnviertel der Kaufleute hinaus aus und erfaßte schließlich die zahlenmäßig stärkeren Völker im sogenannten Binnendelta des Niger: die Bambara, Malinke und Songhai.

Trotz aller Übertreibungen und Irrtümer ist das Zeugnis Ibn Battutas von unschätzbarem Wert. Seine unersättliche Neugier – einzigartig in der islamischen Welt – läßt ihn sich für alles interessieren, was ihn umgibt und seinen Wissensdurst auf irgendeine Weise reizt. Durch ihn wissen wir, daß in der malischen Sahelzone, die heute unter Trockenheit und fortschreitender Verwüstung leidet, Früchte ähnlich wie Birnen, Äpfel, Melonen und Aprikosen wuchsen. »Die Kürbisse«, schreibt er, »sind gigantisch; die Einheimischen schneiden sie entzwei, höhlen sie aus und benutzen beide Hälften als Suppenschüsseln.« An den Ufern des Niger, den er wie alle seine Zeitgenossen mit dem Nil verwechselt, entdeckt er ein Krokodil, so lang »wie ein Kahn«. Später trifft er erstmals auf Flußpferde, und ihr Anblick erfüllt ihn mit Staunen: »In der Nähe des Ufers beobachtete ich sechzehn Ungetüme, deren enorme Gestalt mir die Sprache verschlug; zunächst wollte ich sie für Elefanten halten, bis ich sah, wie sie in den Fluß stiegen, und ich fragte: Was sind das für Tiere?« Sein Gesprächspartner antwortet ihm: »Das sind Seepferde, die an Land kommen, um zu grasen.« Diese unbekannten Tiere mit pferdeähnlichen Köpfen und den Füßen von Elefanten, schreibt er, »schwammen im Wasser, hoben ihre Häupter und schnaubten derart, daß die Ruderer es mit der Angst bekamen und ans Ufer steuerten, um nicht zu kentern«. In seiner Schilderung der »Tugenden und Laster der Neger« hebt er die Seltenheit von Willkürtaten und Ungerechtigkeiten seitens ihrer Führer positiv hervor, die vollkommene Sicherheit ihrer Gebiete, die Pünktlichheit und Regelmäßiggkeit, mit der die Gläubigen ihre Gebete verrichten, ihre makellos weiße Kleidung in den Freitagsversammlungen und den Eifer, mit dem sie den Koran lesen; als negativ kritisiert er die Freizügigkeit der Sitten, die die Frauen zur Schau tragen, sowie die für ihn unbegreifliche Tatsache, daß »die Dienerinnen, Sklavinnen und jungen Mädchen sich in der Öffentlichkeit mit entblößter Scham zeigen«. Seine sprichwörtliche Prüderie, die uns an unseren spanischen Landsmann Ali Bey erinnert, verleitete ihn dazu, sich gelegentlich wie ein entrüsteter Seminarist auszudrücken.

Zweieinhalb Jahrhunderte später findet das neue malische Songhai-Reich anläßlich der sagenumwobenen marokkanischen Expedition zur Eroberung von Gao und Timbuktu abermals Eingang in die Chroniken. Durch Ibn Battuta und Ibn Chaldun wissen wir, daß zwischen Marokko und den jeweiligen Staaten am Binnendelta des Niger von alters her diplomatische Kontakte und Handelsbeziehungen bestanden. Als die saaditische Dynastie in Marokko an die Macht gelangte, forderte Sultan Al-Mansur von dem Herrscher des Songhai-Reiches, nach dessen Reichtümern es ihn gelüstete, einen Akt der Huldigung und Anerkennung seiner geistlichen Oberhoheit, welcher ihm, wie nicht anders erwartet, versagt wurde.

Er organisierte daraufhin im Jahre 1591 ein Expeditionsheer und unterstellte es seinem Günstling, dem jungen Pascha Xúder, einem zum Islam konvertierten spanischen Eunuchen aus Cuevas de Almanzora. Wie wir aus der *Chronik eines anonymen Spaniers*, der selbst an dem Abenteuer beteiligt war, erfahren, umfaßte es »tausend vom Glauben abgefallene Musketiere und weitere tausend andalusische Musketiere, das sind diejenigen, die das Königreich Granada verlassen haben, Leute, denen der Sultan die Bewachung seiner Person anvertraut hat und die unter allen Mauren die tapfersten sind. Des weiteren fünfhundert Spahis, das sind Musketiere zu Pferd, darunter ebenfalls viele Renegaten, und fünfzehnhundert lanzentragende Eingeborene; zusammen mit weiteren eintausend Bediensteten ergibt das die Zahl von fünftausend Mann.« Die Aufstellung dieses Heeres, schreibt Al-Ufrani, löste bei den Zeitgenossen großes Kopfschütteln aus: Wie sollte es, wurde eingewandt, »diese unermeßliche Wüste ohne Wasser oder Weideplatz« überwinden, »wo der Weg unsicher ist und die Einsamkeit voller Schrecken«? Allen Bedenken zum Trotz durchquerte der Troß die Sahara und erreichte 135 Tage nach dem Aufbruch von Marrakesch den Niger bei Kebara. Die Hälfte der Männer starb unterwegs an Hunger, Durst, Erschöpfung und Sonnenstich. Aber überlassen wir dem anonymen Spanier das Wort: »Wenn ein Mensch oder ein Tier in der Sahara stirbt, so ist die Hitze und Trockenheit des Sandes so groß, daß er dem Körper augenblicks alle Feuchtigkeit nimmt, noch bevor dieser Gelegenheit findet zu verwesen; und so bleiben die Körper zurück, federleicht und wie Zunder, davon man einige in diesen Dünen findet, wo der Tod sie ereilte, als sie mit ihren Karawanen einherzogen.« Dank ihrer Musketen fiel es den Überlebenden nicht schwer, den Feind zu besiegen; sie brachten Timbuktu und Gao in ihre Gewalt, und Gold und Reichtümer flossen nach Marrakesch.

Der Brief, den Sultan Al-Mansur an seine Untertanen schreibt, als er vom Erfolg des Unternehmens erfährt, ist einer der schönsten Texte über die Sahara, diesen »gespenstischen und unbesiegbaren Greif«: »Wie viele Völker mußten den Trugbildern der Wüste in die Falle gehen! Wie viele Antilopen dem Feuer ihres Durstes erliegen! Wie vielen Generationen von Menschen hat sie die Rückkehr verwehrt, wie vielen von ihnen und ihren Tieren ein sandiges Grab bereitet! Die glühende Erde hat ihnen das Hirn gesotten und den Körper geschmolzen; die Sonne fiel mit solcher Wut auf ihre Köpfe nieder, daß man meinte, die Hand nach ihr ausstrecken zu können. Selbst der Führer verliert hier das Zeitgefühl und verwechselt heute mit morgen. Ödes, dürstendes Land, ohne einen anderen Horizont als die Luftspiegelung, die den Blick verschleiert und eine Ahnung des nahen Todes schickt! So groß ist die Mittagshitze, daß der Mensch sich in der Hölle wähnt.«

Die Marokkaner blieben über ein halbes Jahrhundert in Mali, verloren aber nach und nach den Kontakt zu ihrer Heimat und verschmolzen mit der übrigen Bevölkerung. Nach dem Verfall ihrer Macht wurde das Binnendelta des Niger von einer Reihe verhängnisvoller Plagen und Katastrophen heimgesucht: von Dürren, Überschwemmungen, Hungersnöten, Epidemien. Die von den europäischen Handelsniederlassungen an der Küste organisierte Sklavenjagd dezimierte seine Bevölkerung. Weder die Herrscher aus dem Volk der Fulbe noch das Eindringen der Tuculeur von El Hadsch Omar vermochten den Niedergang aufzuhalten. Die französische Eroberung kam einem militärischen Spaziergang gleich; der malische Staat brach auseinander und vermochte dem tödlichen Stoß durch die Kolonialisierung nicht mehr zu entgehen.

Die sudanische Architektur Malis und der angrenzenden Länder hat seit ihrer Entdeckung alle Betrachter in den Bann gezogen. Caillié, Barth und Dubois haben sie für uns in Zeichnungen und Drucken festgehalten, und im Werk Gaudís ist ihr Einfluß deutlich zu spüren. Seit der Islamisierung des Landes markieren Palast und Moschee die Zentren der Macht, um die herum sich, den verschiedenen Volks- und Berufsgruppen entsprechend in Viertel gegliedert, die Städte drängen. Im Unterschied zu Europa und der arabischen Welt besitzen sie keine Befestigungsanlagen, allerdings führten die Sklavenjagd und die allgemeine Unsicherheit im 18. Jahrhundert dazu, daß kleine, strategisch völlig wertlose Lehmmauern errichtet wurden. Privathäuser und Moscheen zeugen vom Einfluß und der Symbiose verschiedener Strömungen animistischen, berberischen oder marokkanischen Ursprungs; dennoch, schreibt Sergio Damian, »ist das Ergebnis eine absolut einzigartige und hinsichtlich seiner Techniken, Formen und Materialien zutiefst afrikanische Leistung«.

Die Methoden, deren sich die malische Bauweise bedient, sind denkbar einfach. Das *banko* ist ein Gemisch aus trockenen Hirsefasern und schlammigem Ton aus dem Schwemmland des Flusses, das in viereckigen Formen in der Sonne ausgehärtet wird. Die Umfassungsmauern bestehen aus gestampftem Lehm, der in Verschalungen unterschiedlicher Höhe und Stärke gegeben wird, um kompakte Wände herzustellen. Für das Gebälk verwendet man Palmstämme, die Dächer werden mit Palmwedeln gedeckt und mit einer Tonschicht überzogen. Wegen der Empfindlichkeit der Materialien bessern die Einwohner von Mali einmal im Jahr gemeinsam ihre Gotteshäuser und Medresen aus und führen einen ständigen Kampf gegen Erosion und Versandung.

Die Fassaden der Moscheen, deren Stil regional sehr

unterschiedlich ausfällt und von den gedrungenen, niedrigen Konstruktionen in Goa bis zu den deutlich schlankeren in Djénné und im Delta reicht, sind allesamt bewunderswert. Mächtige Pilaster, Strebepfeiler, Rundbögen, Wasserspeier, hervorstehende Balken, wie um daran emporzuklettern, und Bündel knorriger Äste erschüttern unsere Sehgewohnheiten, flößen uns jenes gewisse Maß an Überraschung ein, das stets mit der Entdeckung kühner und innovativer Werke einhergeht. »Befremdlich rundherum, die Art und Weise, das Warum«, heißt es bei Góngora. Besser könnte man es kaum ausdrücken. Reihen schmuckloser Kegel, Zinnen wie Bischofsmützen, Türme mit quadratischem Fundament, die sich zur Spitze hin verjüngen, Straußeneier als krönender Abschluß, stumpfe, pyramidenförmige Minarette, mit Stacheln gespickt wie feindselige Kakteen oder bedrohliche Igel, insektile Fühler und Strukturen, die an Krustentiere erinnern, führen uns in ein Universum von listig verborgenen organischen Formen: Augenhöhlen, knöcherne Umhüllungen, rätselhaft angeordnete Auswüchse oder Zangen, hautähnliche Runzlungen, Panzer irgendeiner ausgestorbenen Schildkrötenart. Der Kontrast zum gräko-romanischen Kanon könnte nicht schärfer sein und ruft einem unwillkürlich das Wagnis eines Gaudí ins Gedächtnis. Man muß vielleicht den Parque Güell, die Pedrera und die Sagrada Familia kennen, um eine adäquate Einstellung zur sudanischen Architektur zu finden. Ähnlich wie die Kasbahs im Dra-Tal, Abu Simbel oder die kappadokische Landschaft offenbart sie eine Radikalität und Ursprünglichkeit, deren Kraft und Frische dem Leben selbst abgewonnen sind, jene fruchtbare Mischung unterschiedlichster Elemente, die das unverwechselbare Kennzeichen unserer Moderne ist.

Die Gründe für die einstige Größe Timbuktus lassen

sich in einem Satz zusammenfassen: Hier trafen sich die, die auf Kamelen ritten, mit jenen, die die Schiffe lenkten; die Flotten, die den nahen Niger befuhren, mit den Karawanen, die das unermeßliche Meer der Sahara durchquerten. »Zwangsläufig entstand ein Umschlagplatz«, schreibt Dubois; »die Kameltreiber brachten ihre Waren zu den Bootsanlegern, die Schiffer vertrauten die ihren den Kameltreibern an. An der Grenze zweier Welten und in beiden zu Hause, war Timbuktu eine riesige Karawanserei und Speicherstadt, deren Einwohner Herbergen betrieben oder als Handelsmakler arbeiteten. Das allmähliche Vordringen der Wüste aber ließ die bis Timbuktu reichenden Arme des Flusses austrocknen und machte den Geschäften ein Ende. Einst konnten Boote bis zu einer halben Tonne in den angrenzenden Buchten des Flusses festmachen; heute ist das Gebiet um Timbuktu versandet und die Stadt vom Fluß abgeschnitten, außer bei Hochwasser, wenn sie dank der Geschicklichkeit der Schiffer erreichbar wird.«

Die in einer Ebene mit winzigen, schuppig gewellten Dünen gelegene Stadt taucht wie eine Fata Morgana plötzlich vor dem Fremden auf. Die Gärten, in denen einst Gemüse, Wassermelonen, Tabak und Baumwolle wuchsen, sind verschwunden, nur verkrüppelte Bäume und Dornensträucher stehen in einigen Senken und an Tümpeln, die sich durch die seltenen Regenfälle gebildet haben. Leo Africanus, der Granadiner, der nach seiner Gefangennahme in Rom getauft wurde, hat Timbuktu zweimal besucht und seine Eindrücke in der bemerkenswerten »Beschreibung von Afrika« festgehalten: Seine Bewohner, schreibt er, »haben ein fröhliches Gemüt und tanzen häufig bis spät in die Nacht auf den Straßen der Stadt«. Viereinhalb Jahrhunderte danach ist Timbuktu von der Wüste eingeschlossen, seine Straßen sind sandbedeckt. Vom Rest des Landes nahezu isoliert, macht es den Eindruck einer halbverlassenen Stadt. Seine drei Moscheen sind jedoch eine Reise wert. Die Große Moschee, die der Überlieferung zufolge Mansa Kankan Musa nach der Rückkehr von seiner Pilgerfahrt erbauen ließ, ist ein Werk As-Sahilis; ihre ausladenden Proportionen und massiven, von Erosion zerfressenen Strebebögen aus Banko harmonieren mit dem wuchtigen, mit Ästen und Balken gespickten Minarett und Turm des Mihrabs. Die Moschee von Sankoré beeindruckt durch ihre hoch aufragende Bauweise, die an die Pentapolis der Mozabiten erinnert. Wie die Chroniken betonen, war Sankoré ein Jahrhundert lang ein mächtiges kulturelles Zentrum, dessen Glanz Studenten und Gelehrte aus der gesamten islamischen Welt anzog. Die erst vor kurzem restaurierte Moschee von Sidi Yahya beherbergt die sterblichen Überreste des Heiligen, der sie einst gründete.

Gao wurde nacheinander von Ibn Battuta und Leo Africanus besucht und von beiden als die größte und schönste Stadt der Sudanzone beschrieben. Bis zur marokkanischen Invasion war sie Hauptstadt des Songhai-Reiches und zählte seinerzeit hunderttausend Einwohner. Vom Niger nur durch eine Sandbank getrennt, die bei Hochwasser überflutet wird, erstreckt sich Gao wie Timbuktu in einer Ebene mit nur spärlicher Vegetation, mit Dornensträuchern und kümmerlichen Palmen. Die Moschee beherbergt das berühmte Grabmal des Askia Mohammed, und ihr siebzehn Meter hohes Minarett ist mit seiner primitiven, borstigen Erscheinung, den vorspringenden Ästen und der außenlaufenden Treppe, wie Sergio Damian schreibt, »einzig in seiner Art und dem animistischen Universum näher als der islamischen Welt: Symbol der in der Geschichte des Songhai-Reiches vollzogenen Verbindung von Islam und traditionellen Religionen«.

Die städtische Entwicklung von Djénné, im Zentrum des Nigerdeltas gelegen, ist jüngeren Datums. Leo Africanus beschreibt den Ort als ein großes Areal, »bewohnt von dem Monarchen, den Ulemas, Doktoren, Händlern und Edelleuten, mit strohgedeckten Häusern aus Lehm, ohne irgendeinen Palast«. Heute sind die Moscheen in Djénné und seinem Einflußgebiet, das sich von San bis Boré erstreckt, die schlanksten, faszinierendsten und schönsten von ganz Mali; ihre märchenhaften Formen – zylindrische Türmchen, bauchige Körper, aufgereihte Kegel, die einer versteinerten Prozession von Nazarenern ähneln – scheinen auf Schritt und Tritt mit den Schöpfungen zu liebäugeln, die Gaudís rationalem Delirium entsprungen sind.

Weil Minarette in den ländlichen Gegenden fehlen oder sehr niedrig sind, ist es Brauch geworden, daß die Muezzins von der Tür der Moschee aus zum Gebet rufen, wobei sie nach den Regeln des alten Gesangs die Stimme modulieren und eine Hand ans Ohr legen. Es gibt keine schönere Art, sich von Mali zu verabschieden, als innezuhalten und dieses Schauspiel von einzigartiger Schlichtheit zu genießen: den Anblick eines Mannes in würdigem Alter, der vor der Moschee steht und die Hände bis in Höhe der Schläfen hebt, so als erflehte er für sein ganzes Volk die Gnade Gottes, seine Gerechtigkeit, Güte und Barmherzigkeit.

Abd el-Krim und das Epos vom Rif

Auch bald fünfundsiebzig Jahre nach den Ereignissen ist die Heldengeschichte des Abd el-Krim im Bewußtsein der Spanier noch gegenwärtig und lebt in ihrer Erinnerung fort. Sein heroischer Kampf gegen die Besatzungsarmeen im eigenen marokkanischen Land, im Namen von Prinzipien, die heute von der internationalen Völkergemeinschaft unterschrieben werden, erschütterte die Weltöffentlichkeit und machte ihn zu einer beispielhaften Gestalt, deren Nimbus noch lange nicht verblaßt ist. Seine Feinde waren es – Franco, Mola, Sanjurjo, Yagüe, Millán Astray und Muñoz Grandes –, die eben dort, in Marokko, ihren unheilvollen Plan zur Rettung Spaniens schmiedeten, der die demokratischen Einrichtungen der Republik zerstören sollte, nachdem sie ihre im Rif erfolgreich erprobten repressiven Methoden auf das ganze Mutterland ausgedehnt hatten.

Auf Abd el-Krim kann sich also nicht nur das gesamte marokkanische Volk berufen, sondern auch jener Teil der spanischen Gesellschaft, der ihn unterstützte und in ihm einen Patrioten im Kampf gegen die Anführer einer neuen national-katholischen Ordnung zu sehen vermochte, einer Ordnung, die Jahre später in Kreuzzugsmanier, mit Feuer und Schwert durchgesetzt wurde.

Spaniens Randlage oder, besser gesagt, seine marginale Rolle im Hinblick auf die Bewegungszentren des europäischen Imperialismus hätte uns eigentlich vor einem historischen Verbrechen bewahren sollen, wie es die Großmächte begingen, als sie den afrikanischen Kontinent unter sich aufteilten wie einen großen Kuchen.

Doch dem war leider nicht so, und für ein paar Brosamen vom Tisch der Kolonialherren (wie hätten wir auch in der Lage sein sollen, das Rifgebirge zu kolonisieren, wo wir nicht einmal weite Gebiete Aragons, Extremaduras und der Sierra Morena bewirtschaften und besiedeln konnten?) mußten wir fast zwei Jahrzehnte lang einen nutzlosen Krieg führen, das Desaster von Anual hinnehmen, die Niederlage unserer Armee gegen die Kabylen eines Stammesfürsten aus dem Rif und die Demütigung, in letzter Sekunde durch eine massive Militärintervention Frankreichs gerettet zu werden.

Sechs Jahre nach der Konferenz von Algeciras im Jahre 1906, die Frankreich und Spanien politische und fiskalische Hoheitsaufgaben im Scherifenreich übertrug, errichtete Frankreich auf der Grundlage eines Vertrags mit dem Sultan sein Protektorat auf fast dem gesamten Gebiet Marokkos. Gemäß dem spanisch-französischen Abkommen vom November 1912 erhielt Spanien etwa 20000 Quadratkilometer zumeist bergiger und unfruchtbarer Gebiete im Norden, das heißt 5% des marokkanischen Territoriums.

Erste Versuche, auch militärisch in unsere Einfluß- und spätere Protektoratszone einzudringen, beginnen bereits 1909, unmittelbar nachdem es zu Auseinandersetzungen zwischen den spanischen Arbeitern der Eisenbahnlinie zu den Bergwerken von Beni Bu Ifrur in Melilla und benachbarten Rifkabylen gekommen war.

Allerdings provozierte das beim spanischen Volk unbeliebte System der Wehrerfassung, das die Söhne der Reichen gegen Bezahlung von der Kriegspflicht entband, während es die Söhne der Arbeiter und Bauern in ein Krisengebiet schickte, das sich bald als Schlachthaus erweisen sollte, den heftigen Widerstand der spanischen Sozialisten – trotz aller »afrikanistischen« Militärpropaganda, die von angeblicher »Niedertracht und Schlechtigkeit« der Rifbewohner schwadronierte, denen gegenüber man unmöglich »Rücksicht üben« könne; trotz Berufung auf historische Rechte und die jahrhundertealte Verpflichtung, Afrika zu europäisieren; trotz Sprüchen wie »Das Rif wird ganz und gar unser sein, wenn von den flammenden Feuern der wilden und primitiven Berberseele nur noch die Asche geblieben ist«. Schon 1909 sagte Pablo Iglesias: »Es wäre weder unwahrscheinlich noch außergewöhnlich, wenn irgendein Reservist lieber einen Minister erdolchte, als daß er Leute umbringen wollte, die ihr Vaterland mit derselben Tapferkeit verteidigen wie die Spanier 1808 ihr eigenes. Nicht die Marokkaner sind hier die Feinde des spanischen Volkes, sondern die Regierung.«

Während die Armee in der Wolfsschlucht am Fuß des Gurugú ein Debakel erlebte, führten in Barcelona Demonstrationen gegen den Krieg zum Ausbruch der »Tragischen Woche« und zur Füsilierung des anarchistischen Denkers Francisco Ferrer Guardia. Die Erbitterung, mit welcher der Kampf geführt wurde, und der hartnäckige Widerstand der Rifbewohner ließen die Öffentlichkeit ein paar schwer zu beantwortende Frage stellen: »Warum sind die Mauren Wilde, wenn sie unsere Stellungen angreifen, und wir Helden, wenn wir ihre Dörfer überfallen und als Trophäe hundert bluttriefende Köpfe schwingen?« Julián Besteiro, der das Problem in einen größeren Zusammenhang stellte, bemerkte sehr richtig: »Mit seiner Kolonialpolitik verübt Europa ungeheure Verbrechen. Wenn aber ein kleines, schwaches und rückständiges Volk gegen seine Erniedrigung aufbegehrt, verbietet Europa ihm dies.«

1911 predigt der Rif-Scherif Mohammed Amezian den Dschihad gegen die Invasoren, als diese auf den Fluß

Kert vorrücken. Dennoch treffen die Spanier auf keine Gegenwehr, als sie im Zuge des französischen Einmarsches in Fès, Meknès und Rabat – quasi im Schlepptau des Konkurrenten – die Städte Larache und Alcazarquivir (Ksar el-Kebir) besetzen. Amezian stirbt 1912 in der Schlacht. Ein Jahr später, als das Protektorat bereits errichtet ist, nimmt Spanien Tetuan ein und macht es zur Hauptstadt von Spanisch-Marokko.

Ahmed el-Raisuli, der große Feudalherr der Djebala, hatte es der spanischen Armee unter dem Kommando des damaligen Obersts Silvestre ermöglicht, in das Kabylengebiet der Atlantikzone einzudringen. Schon bald kam es jedoch zwischen den beiden auf Prestige bedachten Befehlshabern zu Meinungsverschiedenheiten in Fragen der Zuständigkeit. Bei einer berühmten Unterredung hatte El-Raisuli Silvestre gewarnt: »Du und ich, wir beide sind der Sturm. Du bist der tosende Wind. Ich bin das ruhige Meer. Du kommst und bläst erzürnt. Ich woge, wühle auf und schäume. Das Unwetter hast du nun. Aber da ist ein Unterschied zwischen uns, denn wie das Meer verlasse ich niemals meinen Platz, und wie der Wind bist du niemals zu Hause.«

Mit der Ernennung von General Gómez Jordana für das Amt des spanischen Hochkommissars in Marokko im Jahre 1915 verbessern sich die Beziehungen zu El-Raisuli vorübergehend. Als 1919 jedoch General Dámaso Berenguer antritt, führt die Konfrontation des Feudalherrn der Djebala mit dem neuen Hochkommissar zum Bruch.

Mehr als acht Jahre lang, in einem ständigen Tauziehen mit Raisuli, hatten sich die politisch-militärischen Anstrengungen Spaniens auf die Djebala konzentriert. Als Silvestre 1920 das Amt des kommandierenden Generals von Melilla übernimmt, beschließt er, die östliche Front zu reaktivieren, zumal die Kabylenstämme nach Jahren der Dürre und des Hungers geschwächt sind. Sein Besuch in Alhucemas, wo er mit den Rif-Honoratioren zusammenkommt, verwandelt sich ungeachtet des Wunsches seiner Gesprächspartner nach Frieden in ein Ultimatum, und kurze Zeit später überqueren die spanischen Truppen den Fluß Amekran, allen Warnungen des neuen Oberhaupts des Kabylenstamms der Beni Urriaguel zum Trotz. Es ist der Beginn des Epos von Abd el-Krim: die Geburtsstunde des revolutionären Kolonialkriegs und das erste Mal, daß ein Volk das Recht für sich beansprucht, über das eigene Schicksal selbst zu bestimmen, so wie Präsident Wilson es in seinen Vierzehn Punkten für einen neuen Weltfrieden formuliert hat.

Der berühmteste Rifbewohner der Geschichte, Sohn von Si Abd el-Krim Ben Mohammed, Kadi des größten und mächtigsten Kabylenstamms der Beni Urriaguel, wurde 1882 in Aghdir geboren. Si Mohammed Abd el-Krim genoß eine traditionelle arabisch-muslimische Erziehung und wurde mit zwanzig Jahren von seinem Vater nach Fès an die Hochschule Qarawiyyin geschickt, wo er sich zwei Jahre dem Studium der islamischen Rechtswissenschaft widmete sowie, nach eigenen Worten, »der Reitkunst und Handhabung von Waffen«. Nach der Rückkehr zu seinem Stamm nahm er die Stelle eines Lehrers an einer Schule für Marokkaner in Melilla an, war Herausgeber der arabischen Beilage der Zeitung *El Telegrama del Rif* und wurde später zum Kadi im Büro für Eingeborenenfragen ernannt. Seine Laufbahn in der spanischen Verwaltung scheint vielversprechend, doch die Bedenken der Militärbehörden hinsichtlich seiner politischen Ansichten werden 1915 im Verlauf einer Vernehmung bestätigt, als er seinem Glauben an die Größe des muslimischen Volkes und die Unabhängigkeit des nichtbesetzten Rif sowie seiner Opposition gegen das Marokko aufgezwungene französische Protektorat Ausdruck verleiht. Vor Gericht verwandelt Abd el-Krim seine Meinung in eine eloquente Anklage gegen Europas Imperialismus und ein Plädoyer für das Selbstbestimmungsrecht seines Volkes. Wie sein Vater hatte der künftige Führer an die Möglichkeit geglaubt, mit Spanien kooperieren zu können, um den materiellen Fortschritt der Marokkaner zu sichern; doch als die Absicht der Spanier deutlich wird, das Rif militärisch zu besetzen, entscheidet er sich für die Unabhängigkeit und gegen den »Fortschritt«. Verurteilt, eingesperrt, bei einem gescheiterten Fluchtversuch am Fuß verletzt, nutzt er seine Haftentlassung, um aus Melilla zu verschwinden und in sein Geburtsdorf Aghdir zurückzukehren.

1920, nach dem Tod seines Vaters, wird er von den meisten Kabylenstämmen seines Landes als Führer der Widerstandsbewegung anerkannt.

Im Juni 1921 schlägt eine aus Anual anrückende Kolonne spanischer Soldaten trotz anfänglicher Niederlage in Abarran ihr Lager in Igueriben auf, wo sie bald von den Berbern umzingelt wird. Die neue Verstärkung, die Silvestre schickt, um den Belagerungsring zu durchbrechen, muß sich an ihren Ausgangspunkt zurückziehen. Als Wasser und Lebensmittelreserven aufgebraucht sind, versuchen die eingeschlossenen Truppen einen verzweifelten Ausfall, der vernichtend endet: nur elf Männern gelingt es, den Kommandostand der Armee in Anual zu erreichen. Angesichts der breiten Offensive der Kabylen ziehen sich die 4000 Verteidiger der Garnison in panischer Flucht zurück, und unter dem Druck der Verantwortung für die Katastrophe schießt Silvestre sich eine Kugel in den Kopf.

Als die Geschehnisse bekannt werden, schließen sich

alle Kabylenstämme Abd el-Krim an. General Navarro zieht seine versprengten Truppen am Monte Arruit zusammen, doch Abd el-Krims Vormarsch ist nicht mehr aufzuhalten. Nachdem Nador und Zeluan besetzt sind, umzingelt er den Monte Arruit, wo sich die aus Anual und den übrigen aufgegebenen Stellungen Geflohenen gesammelt haben. General Navarro ergibt sich, und als Rache für den Mord an mehreren Rif-Gesandten, die man Tage zuvor geschickt hatte, um mit den Belagerten zu verhandeln, metzeln die *harkas* einen Teil der Besiegten nieder.

Zusammen mit Hunderten von Gefangenen hat Abd el-Krim auch über hundert Kanonen erbeutet, dreihundert Maschinengewehre, mehrere tausend Gewehre sowie Lastwagen, Panzer und Funkgeräte, mit denen er seine Harkas ausrüsten kann. Dreitausend schlechtbewaffnete Rifsoldaten haben ein Kolonialheer von zehntausend Mann geschlagen: das Rif ist befreit, und die Kolonialisten sind eingeschlossen in ihrer alten Bastion Melilla.

Die Gründe für Abd el-Krims Sieg sind vielfältig. Er wußte um seine zahlenmäßige und technische Unterlegenheit und mied deshalb den offenen Kampf. Seine Taktik war die der Guerrilla: das Verfolgen vereinzelter Truppenteile, nächtliche Überfälle, ein kluger Wechsel zwischen kriegerischer Grausamkeit und Freilassung von Gefangenen, um die Invasoren zu verwirren und zu entmutigen. Da er mit dem Gelände bestens vertraut war und auf die Unterstützung der Einwohner zählen durfte, bewegte er sich in dieser wild zerklüfteten, praktisch uneinnehmbaren Gebirgslandschaft wie ein Fisch im Wasser. Wie der vietnamesische Führer Ho Chi Minh später sagte: »Das Beispiel des Rifkrieges zeigt deutlich, daß ein kleines Volk, das zu den Waffen greift und seine Heimat verteidigt, eine moderne und organisierte Armee aufhalten kann. Den Rifbewohnern gebührt das Verdienst, der ganzen Welt diese Lehre erteilt zu haben.« Parallel zu seiner Taktik, die später auch von Algeriern, Vietnamesen und Afghanen bei ihren Befreiungskämpfen erfolgreich angewandt wurde, führte er in das anarchische und tribalistische System der Harkatruppen verschiedene Neuerungen und moderne Techniken ein. So bekamen die Soldaten Proviant für acht Tage, wurden in der Handhabung der erbeuteten Waffen unterwiesen und für ihre patriotische Mission geschult. Abd el-Krim ließ eine Funkstation errichten, baute in den von ihm kontrollierten Gebieten ein Fernmeldenetz auf und setzte das Instrument der psychologischen Kriegführung ein, indem er ausländische Korrespondenten empfing und Interviews gab. Sein größtes Handicap war der dramatische Mangel an Ärzten und Krankenhäusern. Die Verwundeten wurden von örtlichen Heilkünstlern behandelt, und erst mit der Einnahme von Xauen (Chechaouen) stand medizinisches Gerät zur Verfügung, das die Spanier bei ihrer Flucht im dortigen Hospital zurückgelassen hatten.

Abd el-Krims revolutionäre Strategie war nicht nur militärischer, sondern auch sozialer, administrativer und politischer Natur. Die Versammlung, die die Unabhängigkeit des Rif ausrief, sowie seine Anerkennung als *amir* oder Emir der Kabylen schufen einen verfassungsrechtlichen Rahmen, der auf der Partizipation aller Stämme der befreiten Zone mit ihren Scheichs und ihren Kaids basierte. Der Sitz des höchsten Regierungsorgans in Aghdir hieß *mahkama* (Gerichtshof), diesem untergeordnet waren vier weitere administrativ-militärische Regierungssitze, die ebenfalls mit der Anwendung des islamischen Rechts betraut waren. Der Rifstaat verfügte über eine Exekutive, den Ministerrat, und eine Legislative, die *djemaa* oder Ratsversammlung.

Abd el-Krim beendete den alten Brauch, Familienstreitigkeiten durch Fehde und Blutrache auszutragen, ließ die kleinen Türme oder Bollwerke niederreißen, die man neben den Häusern errichtet hatte, um auf feindliche Clans zu schießen, verbot das Tragen von geladenen Waffen außerhalb der militärischen Einsatzgebiete und schaffte den bei den Sanhadja üblichen Mädchenraub ab, desgleichen die Verstümmelung von Dieben und antijüdische Predigten. Seine Verwaltung garantierte den Schutz des Eigentums und die Sicherheit der Verkehrswege, führte ein neues Steuersystem ein und versuchte eine Volkszählung und eine Agrarreform einzuleiten, um das Land der mit Spanien kollaborierenden Grundbesitzer zu beschlagnahmen und unter den besitzlosen Rifbewohnern aufzuteilen. In seinem Verständnis von Staat und Gesetz verbanden sich also, wie María Rosa de Madariaga aufzeigt, Tradition und Moderne.

Die Katastrophe von Anual erschütterte die spanische Gesellschaft tief. Während die demokratischen Kräfte – Sozialisten, Anarchisten und die kleine kommunistische Partei – das Volk gegen den Krieg mobilisierten, setzte eine von Franco und Millán Astray angeführte Gruppe von Befehlshabern und Offizieren gegen die von der Regierung ernannten jeweiligen Hochkommissare eine Intensivierung der Kämpfe durch.

Bei einer spanischen Gegenoffensive im September 1921 bietet sich den spanischen Soldaten bei Monte Arruit, wie Miguel Martín berichtet, ein entsetzlicher Anblick: »blutverkrustete Ruinen, verstümmelte Leichen, verweste Reste von Landsmännern«, die einem ebenso grausamen wie ungerechten Krieg zum Opfer gefallen sind. Weder die Beschießung Aghdirs von See aus noch die Schlacht bei Tizzi Aza vermögen den militärischen Widerstand der Kabylen entscheidend zu schwächen. Verschiedene indirekte Gespräche zwischen der spanischen Regierung und dem Amir bleiben ergebnislos, da Abd el-Krim es ablehnt, sich dem von Spanien ernannten *jalifa* oder Kalifen zu unterwerfen. Mit der Machtübernahme von General Primo de Rivera scheint ein Verhandlungsfrieden in Sichtweite zu rücken. Der für seine Mißbilligung des afrikanischen Kolonialabenteuers bekannte Befehlshaber des Militärdirektoriums gibt einem ausländischen Korrespondenten gegenüber zu: »Abd el-Krim hat uns geschlagen. Er hat den immensen Vorteil des Geländes und kann auf den Fanatismus seiner Anhänger zählen. Unsere Truppen sind erschöpft von diesem Krieg, der nun schon Jahre dauert. Sie sehen nicht ein, weshalb sie für irgendein wertloses Stück Land kämpfen und sterben sollen.« In diesem Sinne beginnt er Geheimgespräche mit dem Führer der Unabhängigkeitskämpfer und schlägt eine Autonomie des *amalat* im Rif vor. Aus seiner Position der Stärke heraus weigert sich Abd el-Krim jedoch, auf dieses Spiel der Zugeständnisse einzugehen, und schlägt das Angebot aus. Als Primo de Rivera Melilla besucht, zwingen der feindselige Empfang seitens der Offiziere der Fremdenlegion und die unverhohlene Drohung in Francos Trinkspruch ihn zu einem Rückzieher.

1924 weitet Abd el-Krim seine Operationen auf die Djebala aus. Die Kabylen dieses Gebiets, die bisher von El-Raisuli abhängig sind, schließen sich ihrerseits dem Unabhängigkeitskampf an, und mit ihrer Hilfe kann die Straße zwischen Tanger und Tetuan gesperrt, Larache abgeschnitten und Xauen belagert werden. Der Fall dieser Stadt wird zum letzten großen Rückschlag für das spanische Kolonialheer: Tausende von Toten, Verwundeten und Gefangenen, der Verlust eines ganzen Arsenals von Waffen und sonstigem Kriegsgerät. Angesichts des Ausmaßes der Niederlage sieht Frankreich sich zum Eingreifen gezwungen, das Beispiel des Rif droht Schule zu machen und auf ganz Marokko überzugreifen, sein Protektorat ist in Gefahr. Unter dem Vorwand, Abd el-Krim hätte das Gebiet des Stamms der Beni Serual besetzt, das angeblich zu der Frankreich 1912 zugesprochenen und in der Tat nur ungenau festgelegten Zone gehört, beschließt Paris, sein militärisches Vorgehen mit Spanien zu koordinieren. Nach der Konferenz von Madrid im Juni 1925 und dem Besuch von Marschall Pétain in Tetuan starten die beiden Armeen eine Offensive, um Abd el-Krim zwischen zwei Feuern zu vernichten. Die siegreiche Landung in der Bucht von Alhucemas am 8. September ist der entscheidende Faktor in dieser letzten Phase des Krieges.

Während die Spanier mit französischer Luftunterstützung Aghdir einnehmen und das Geburtshaus Si Mohammeds in Brand stecken, erobern die Franzosen jene Gebiete zwischen Taza und Fès zurück, die sie beim Überraschungsangriff der Rifsoldaten verloren hatten. Im Herbst 1925 haben die Verbündeten ein Heer von 280 000 Mann zusammengezogen, unterstützt von Panzern, einer mächtigen Artillerie und 44 Staffeln der Luftwaffe. Pétains Offensive beginnt mit einer massiven Serie von Luftangriffen, um die Bevölkerung zu terrorisieren: französischen Militärquellen zufolge flog die *Escadrille Chérifienne* im Schnitt 410 Einsätze pro Tag. »Die zivilisierten Völker«, sagt der Kabylenführer voll Bitterkeit, »schicken ihre Kampfflieger, um uns zu zivilisieren... Sie töten wehrlose Menschen, und sie töten sie ungestraft!«

Erdrückt von zwei bestens ausgerüsteten Heeren, muß Abd el-Krim sich am 27. Mai 1926 den Franzosen ergeben. Er wird auf die Insel Réunion verbannt, wo er 21 Jahre bleiben soll, bis ihm die Flucht gelingt und er in Ägypten seinen Kampf für einen Vereinten Arabischen Maghreb mit anderen Mitteln fortsetzen kann.

Die antikolonialistische Politik Abd el-Krims, der sich auf Rechte berief, die heute in der Charta der Vereinten Nationen verankert sind, war zu seiner Zeit nicht nur luzide, sondern auch überaus ahnungsvoll. In einem »Offenen Brief an die zivilisierten Völker« schrieb der Emir des Rif: »Es ist an der Zeit, daß Europa seinen im zwanzigsten Jahrhundert erklärten Willen, zum Wohle der Menschheit die Zivilisation zu verteidigen, von der hehren Theorie in die Praxis umsetzt; daß es sich nunmehr erhebt, um die Gedemütigten gegen die Aggressoren zu verteidigen, und vor den Mächtigen für die Rechte der Schwachen streitet, deren traditioneller Sinn für die eigene Würde ihnen, wenn keine Hilfe von außen kommt, nur einen einzigen Ausweg läßt: die Selbstzerstörung... Die Spanier glauben, Europa hätte sie mit der Reformierung und Zivilisierung des Rif beauftragt. Doch die Bewohner des Rif fragen: Besteht diese Reformierung vielleicht darin, mit verbotenen Waffen Häuser zu zerstören oder sich in die Religion anderer Menschen einzumischen und ihnen ihre Rechte zu nehmen?«

Im Unterschied zur republikanischen Propaganda, die 1936, als Franco Söldner aus dem Rif einsetzte, sämtliche »Mauren« in einen Topf warf, wußte der Führer der Freiheitskämpfer immer zwischen spanischem Volk und der Partei der Kolonialisten zu unterscheiden, die von allen Intellektuellen und aufrechten Politikern verurteilt wurde.

Wie wir mit zeitlichem Abstand heute erkennen können, waren Abd el-Krims Aktionen auf ein dreifaches Ziel gerichtet: auf das Rif, auf Marokko und auf Nordafrika. In seinen Botschaften wandte sich der Unabhängigkeitsführer oftmals an die »Nation« und das »Volk« von Marokko; insofern können wir davon ausgehen, daß seine Gründung eines Rifstaates, wie es das Gleichgewicht der Kräfte gebot, »Ausdruck einer teils realistischen, teils vorsichtigen Strategie« war. »Da Abd el-Krim weder im Namen des Sultans sprechen noch Entscheidungen treffen konnte«, sagt Abdallah Laroui, »zog er es unter den gegebenen Umständen vor, eine Republik zu errichten und die Verantwortung für sein Handeln zu übernehmen, bis Marokko sich eines Tages befreien und die Macht seinem rechtmäßigen Oberhaupt zurückgeben würde.« Anders als seine Feinde, die ihn als Provinz-Kaid und Prediger des Dschihad gegen die Ungläubigen apostrophieren, erkennt Jacques Berque in ihm einen wahren politischen Führer, »der aus seinen Ambitionen eine nationale Idee und sogar ein internationales Projekt entwickelte.«

Tatsächlich sandte er mitten im Rifkrieg Botschaften an die »Brüder in Algerien und Tunesien« und schuf 1947 in Kairo – die 1989 in Marrakesch proklamierte Union von fünf Maghrebstaaten antizipierend – ein Befreiungskomitee für den Maghreb, dem Burgiba, Allal el-Fasi sowie die algerischen Unabhängigkeitsführer angehörten.

Für Spanien und seine Demokratie hatten der Krieg im Rif und die Niederlage Abd el-Krims katastrophale Auswirkungen: sie legten das Fundament für eine Diktatur, die vierzig Jahre währen sollte. Unmittelbare Folge dieses repressiven Krieges und der bitteren Erfahrung seiner Demütigungen waren zum einen die Gründung eines aus spanischen und ausländischen Freiwilligen bestehenden Legionärskorps durch Millán Astray und Franco mit dem Ziel, Mutlosigkeit und mangelnde Motivation bei den spanischen Truppen unter Kontrolle zu halten und auszugleichen; zum anderen die Herausbildung einer Kaste von »afrikanistischen« Befehlshabern und Offizieren, die nicht zögerten, sich gegen ihre Vorgesetzten zu erheben. Von einer nationalistischen Mystik beseelt und im Dienste angeblicher »ewiger Werte«, zügelten Franco, Sanjurjo, Millán Astray, Mola, Yagüe und Muñoz Grandes ihre Kampfeslust in Marokko und bereiteten von dort aus ihre blutige »Rettung« Spaniens vor.

Den Massakern an der Rifbevölkerung im und nach dem Krieg sollte sich ein ebenso blutiger Krieg gegen die eigene Bevölkerung anschließen. Was die beste Illustration für die historische Wahrheit ist, wonach ein Volk niemals frei sein wird, das – aus welchem Grund auch immer – zuläßt, daß die Freiheit eines anderen Volkes unterdrückt und mit Füßen getreten wird.

Cinéma Eden

1

Es gibt eine bestimmte, vom Aussterben bedrohte Art von Kinos, deren Saal und besonderes Ambiente sich dem Gedächtnis sehr viel stärker und glanzvoller einprägen als Handlung oder Höhepunkte des gezeigten Films. Was ich als Kind dort erlebte, war entscheidend für mich und erklärt, weshalb ich mich später zu den Orten hingezogen fühlte, die mir meine ersten Kinobesuche in Erinnerung riefen. Die Filmtheater befanden sich in der Nähe des Barceloneser Viertels, in dem ich geboren wurde und wohin ich wenige Monate nach Francos Sieg mit meiner nun kleiner gewordenen Familie zurückkehrte. Das eine, Ecke Paseo de la Bonanova und Calle de Anglí, hieß Murillo – vor dem Krieg noch Spring, ein Name, den es in den fünfziger Jahren wiedererhielt, bevor es endgültig seine Pforten schloß und einem Wohnhaus wich – und das andere Bretón, etwas kleiner und bescheidener und im Herzen des Vororts Sarrià gelegen, damals noch ein verschlafenes Nest. Die Zuschauer waren überwiegend jung und immer Feuer und Flamme. Schon lange, bevor das Programm begann, drängelte man sich an der Kasse oder stand Schlange, versüßte sich die Wartezeit mit der Betrachtung von Fotos und Plakaten jener Filme, die gerade liefen oder für die folgenden Wochen angekündigt waren, stopfte versonnen Feigbohnen und Bonbons in den wildesten Farben in sich hinein oder leckte sich die Lippen schwarz an einer klebrigen Stange Lakritz. Der Innenraum, bestehend aus einem Parkett und einem klobigen Rang, wirkte mehr wie ein Schuppen oder Lagerraum als wie ein richtiger Kinosaal. Die undisziplinierten und lärmenden Besucher sahen sich die obligate Vorführung der Wochenschauen an, zuerst die der Ufa, aus dem Deutschen übersetzt, dann die spanische Nodo, und der unaufhaltsame Vormarsch der Wehrmacht wurde ebenso wie jeder Auftritt des Caudillos von den Erwachsenen im Stehen und mit erhobenem Arm begrüßt. Schließlich kamen die Cowboy-, Abenteuer- oder Gruselfilme, die im Laufe des Schuljahres mit nur geringfügigen Variationen aufeinanderfolgten. Die Besucher waren nicht auf Neues aus, im Gegenteil, sie kamen, um sich von altbekannten Geschichten und Konstellationen ergreifen zu lassen. Die fürs weibliche Publikum bestimmten sentimentalen Filme langweilten uns, und wir mieden sie, wanderten aus dem Murillo mit seiner gemischten Kundschaft ab und verzogen uns ins Bretón.

Ich weiß noch, wie wir jedes Mal, gebannt noch vom Zauber der Leinwand, mit großen Augen den Saal verließen und mit irgendeinem Freund von den ruhmreichen Taten des Helden und den Augenblicken größter Gefahr oder Spannung sprachen. Damals ging ich zu Fuß zum Kino, allein oder in Begleitung meiner Geschwister, und nur ganz selten nahm ich die Metro in Sarrià, wenn ich auf dem Weg zum Roxy, zum Vergara oder zum Capitol bis Gracia und Cataluña fuhr. Das elegante Montecarlo hatte noch nicht eröffnet, und auch das prunkvolle Windsor gab es noch nicht, dessen Sanktuarium ich sehr viel später betreten sollte, mit dem Gehabe und in der Maskerade eines reichen Jüngelchens.

2

Solche Kinos wie aus meiner Kindheit, deren Atmosphäre noch verlockender ist als das Programm selbst, habe ich im Laufe der letzten dreißig Jahre in den unterschiedlichsten Städten der Welt wiedergefunden, in Paris (Luxor und Palais Rochechouart), Tanger (Vox), Essaouira (Caruso), Aden (Belkis) und vor allem in Marrakesch: Rif, Mabruka, Mauritania, Eden.

Das Luxor – ihm habe ich ein paar Seiten meines Romans *Engel und Paria* gewidmet – war ein richtiger Kinopalast mit Parkett, Rang und Galerie zum Einheitspreis. Sein buntgewürfeltes Publikum interessierte sich nur mäßig für das Geschehen auf der Leinwand: für viele spielte die wahre Handlung in den Toiletten im Keller und im Zwischengeschoß, in den oberen Reihen des Mezzanins und überall auf der Galerie. Die Kundschaft stammte meist aus dem Maghreb, dazu kam eine treue und heterogene schwule Minderheit – von einer »Spanierin« mit gefärbtem Haar, Steckkamm und Fächer bis hin zum Semiologen Roland Barthes. Einige dieser Besucher erfuhren nie, worum es in den gezeigten Filmen, die manchmal wirklich Beachtung verdienten, eigentlich ging: sie waren auf anderes aus. Wenn eine kecke Schwester sich bis in die Mitte des Parketts vorfingerte und von der Taschenlampe der Platzanweiserin in flagranti erwischt wurde, antwortete sie dem Angestellten, der sie schließlich vor die Tür setzte, mit dem Stolz einer Königin: »Selbstverständlich komme ich *deshalb* her! Wie können Sie nur denken, ich würde meinen Eintritt nicht für die ausgezeichnete Qualität Ihrer Filme bezahlen?«

Um das Marrakescher Mabruka, das in unmittelbarer Nähe des Djemaa el-Fna liegt, ranken sich zahlreiche Legenden. Die Scharen junger Leute, die bei den Doppelpremieren von Western und Kung-Fu-Filmen am Eingang zusammenströmen, erlauben den gewitztesten und gewandtesten unter ihnen, mit rudernden Armen über die Köpfe ihrer Kollegen hinweg zu »schwimmen« und in der Horizontalen zur Kasse zu gelangen! Als eines Tages ein Wolkenbruch die Stadt heimsuchte und ein mächtiger Schwall vom Platz aus die Straße heruntergeschossen kam und das Gebäude unter Wasser setzte, bewegte sich das Publikum, so berichten Zeugen, nicht vom Fleck. Die Leute zogen die Schuhe aus und hockten sich auf die Sitze, bis der Pegel der Flutwelle zwanzig Zentimeter erreichte und der Saal unter Protestgeschrei und wüsten Beschimpfungen evakuiert werden mußte. Die größten Aufschneider beteuern, einige hätten sich den Film standhaft weiter angeschaut, das Wasser bereits bis zum Hals!

3

Das Eden versammelt in seiner Anlage alle wesentlichen Eigenschaften und Attraktionen der eben genannten Kinos. Seine außergewöhnliche Lage nahe dem trichterförmigen Bogen der lärmenden Riyad Zeitun al-Jedid und sein großer Hof, der nicht nur Spielautomaten und Tischfußballgeräten Platz bietet, sondern auch den Ausschank von Erfrischungsgetränken und das Abstellen von Mofas und Fahrrädern erlaubt, machen es zu einem einzigen weiten und verwinkelten Gelände, worin der eigentliche Kinosaal nur das Herzstück ist, das Allerheiligste. Während die Menschenmenge am Eingang vorbeizieht, behindern die Schaulustigen, die die Plakate bestaunen, den Verkehr und verursachen Staus, das erboste Hupen der Autofahrer mischt sich mit den Schimpftiraden der Motorradfahrer, dem Geschrei der Fußgänger und den resignierten oder humorigen Bemerkungen der Anwohner. Wenn fliegende Händler, ihre Ware in riesigen Plastiktüten, auf der Flucht vor einer Polizeistreife plötzlich in hellen Haufen vorbeistürmen, steigert sich das fröhliche Chaos noch, tägliche Apotheose hitziger Konfusion.

Gewöhnlich fließt der Verkehr: Pferdedroschken preschen vorbei, ein lautes *balek, balek* als Warnung für die Unvorsichtigen, flinke Radler schlängeln sich in waghalsigem Zickzack durch die Menge, Esel unter schweren Lasten ertragen stoisch die Stockhiebe ihrer Herren. Doch inmitten des ganzen Getümmels verweilen die neugierigen oder verträumten Blicke von Passanten, Pedaleuren, Kraftfahrern und Kutschern für Sekunden auf den Reklametafeln des Eden-Kinos, magnetisch angezogen von den Szenen der Liebe und Gewalt, auf die Gefahr hin, einen schweren Verkehrsunfall herbeizuführen. Gott aber breitet den Mantel der Barmherzigkeit über die Stadt, und zu Verletzungen oder Prellungen kommt es erstaunlich selten.

Verkäufer von Mandeln und Erdnüssen, hartgekochten Eiern, Bonbons und Konfekt in schreienden Farben oder Zigaretten en détail gehen am Zugang zum Hof in Stellung, dicht an dicht die ganze Mauer entlang. In der Pause bleibt das Tor geschlossen. Die Zuschauer drängen sich vor dem Gitter, strecken die Arme zwischen den Stäben hindurch und kaufen sich, nachdem sie die letzte Münze hervorgekramt haben, Futtertütchen, Brötchen, eine bescheidene Marquise oder eine hochbegehrte, vornehme Marlboro. Von außen betrachtet, erinnert die Szene mit ihrem Gedränge und den flehenden Händen unwillkürlich an ein Gefängnis. Die Geschäftsleitung gibt Schwindlern und Schlaubergern erst gar keine Chance, und die eingesperrten Besucher nutzen die Halbzeit, um ihren Durst zu löschen oder Appetit zu stillen, eine Partie Tischfußball zu spielen oder ihre Notdurft zu verrichten. Die jungen Männer betreten Damen- und Herrentoiletten ohne Unterschied: das weibliche Publikum glänzt durch Abwesenheit. Keine Frau, ob allein oder in Begleitung, käme auf die Idee, in den drangvollen, rüden Raum des Eden einzudringen. Einzig zwei oder drei Mädchen vom Platz, in Jeans und Hemd und mit Jungenhaarschnitt, die ihren vormaligen restriktiven Status für die Freiheit des anderen Geschlechts aufgegeben haben, besuchen das Kino und werden von niemandem belästigt. Ihre neuen Artgenossen respektieren ausnahmslos ihre ungewöhnliche und wagemutige Entscheidung.

Wenn das Publikum am Ende der Vorstellung auf die Straße stürzt, richten zahlreiche immer noch staunende Besucher einen letzten Blick auf die Plakate der soeben gesehenen Filme, als wollten sie sich der Wirklichkeit der flüchtigen Welt vergewissern, in die man sie versetzt hat und der sie nun ebenso plötzlich nicht mehr angehören.

4

Das Programm des Kinos besteht in der Regel aus zwei Filmen, einem indischen Melodram und einem Karatefilm. Manchmal wird letzterer gegen einen Western ausgetauscht und ersterer gegen einen gezuckerten Softporno. Was gerade gespielt wird, ist von der Straße aus leicht zu erraten. Die knatternden Maschinengewehre und pfeifenden Kugeln würden selbst einen Tauben aus dem Tiefschlaf reißen, die gestöhnte Lust der Leinwandschönen im Negligé vermengt sich mit dem brünstigen Gebrüll des Publikums, eine honigsüße Melodie, von einer hohen Stimme getragen, kündet von Einsamkeit und Sehnsucht der Heldin aus dem indischen Stück.

Die Stammbesucher des Eden genießen es, wenn man sie aus der amerikanischen oder taiwanesischen Gewalt in die Atmosphäre von Magie und Mirakel der hindustanischen Produktionen entläßt. Wie jeder in Marrakesch weiß, besitzt der Eigentümer des Kinos auch das Regent in Guéliz, der europäisierten Neustadt. Ein spindeldürres Männlein unbestimmten Alters fährt jeden Tag mit dem Motorrad die Filmbänder von einem Ort zum anderen, und seine Pünktlichkeit ist sprichwörtlich: die Filme, die vom Regent herbeigeschafft werden, laufen im Eden immer zur angegebenen Stunde.

Einmal jedoch traf der Bote nicht ein. Wie sich später herausstellte, hatte er unterwegs einen Unfall gehabt. Der indische Film kam jedenfalls nicht, und Frust und Ungeduld verwandelten das Publikum nach und nach in eine tobende See, immer lauter wurden Rufe, Pfiffe und Gebrüll, ein paar Kerle drohten bereits, das Haus zu verwüsten. Vor der mißlichen Wahl, einem Aufstand Paroli zu bieten oder die Polizei zu rufen, stieg der Verantwortliche des Kinos auf die Rampe und stellte sich dem Publikum: Der indische Film habe Verspätung, doch dafür biete er einen anderen an, ganz nach Wunsch, Gangsterfilm oder Western. Gleichgültig dem Angebot gegenüber, schlug die erregte Meute rhythmisch gegen die hölzernen Rückenlehnen der Sitze: *hindi, hindi!* Weder Versprechungen noch Drohgebärden beeindruckten die Menge, die sich um ihren Lieblingsfilm betrogen sah. Nach diversen Kungeleien und Volksabstimmungen, vertrackter noch als die Genfer Friedensverhandlungen, gelangten die beteiligten Parteien zu einer Einigung: Alle Anwesenden erhielten eine Freikarte, mit der sie die Vorstellung am nächsten Tag besuchen durften. Zwar boten die

Väter dieses historischen Friedens Überzeugenderes als der Generalsekretär der Uno und die ehrenwerten Vertreter der Europäischen Gemeinschaft im jüngsten Balkankonflikt, doch in den Annalen des Viertels sind ihre Namen nicht verzeichnet.

5

Anfang der siebziger Jahre besuchte ich regelmäßig die Vorführungen der neuesten Karatefilme. Es war die Zeit, als ich an der New York University Seminare in Literaturtheorie gab, und das Entstehen dieses neuen Genres erlaubte mir – in Anlehnung an die klassische Studie von Propp über die Morphologie des russischen Volksmärchens – seine Muster und Varianten zu analysieren. Der Stoff hatte sich noch nicht zu einem unveränderlichen Kodex verfestigt, vielmehr pendelte er wie bei den ersten Cowboyfilmen, in denen man die Helden am vorhandenen oder fehlenden Schnurrbart und an der Farbe des Hemdes erkannte – weiß der rasierte Held, schwarz der struppige Bösewicht –, zwischen verschiedenen Optionen und schien sich voranzutasten, bis im sternenhellen Glanz des Bruce Lee die Klarheit des Rituals erreicht war: synchrone Zusammenstöße rivalisierender Banden, wundervolle Sprünge der Karatekas, Eliminierung des Gegners Mann für Mann, von der Basis bis zur Spitze die ganze hierarchische Pyramide hinauf. In den sonntagnachmittags überfüllten Kinos von Barbès und Pigalle stellte ich bei meiner Rückkehr nach Europa die Beschränkung der Ars combinatoria auf ein Minimum an Möglichkeiten fest, auf einen choreographischen Kanon in den Kämpfen, die als zeremonielles Ballett verstanden und getanzt wurden.

Meine Freunde aus dem Maghreb waren ebenso angetan wie ich. Der Manichäismus der Filme mit ihrer sauberen Unterscheidung zwischen Ruchlosen und Gerechten half ihnen, für Momente einer Welt zu entfliehen, in der die unscharfen Grenzen zwischen Ausbeutern und Ausgebeuteten den Blick für die wahren Gründe ihres Exils und ihrer Entfremdung trübten. Während ich die Gesetzmäßigkeiten des Genres untersuchte, feierten sie die vorhersehbaren Ruhmestaten des Siegers mit Applaus. Mein Interesse war natürlich anderer Natur, aber es war echt und verschmolz mit dem der Immigranten in herzlicher Gemeinschaft.

Jede Kunstgattung gebiert ihre Parodie, und die des Karates ließ nicht lange auf sich warten. Ein paar Anarchos, beseelt vom fröhlichen Geist des Mai 68, erwarben die Rechte für einen Film aus Taiwan, ließen bei der Synchronisation ihrer Phantasie freien Lauf und schafften es, ihn an eine Reihe kleinerer Kinos zu verleihen, die zum überwiegenden Teil von Gastarbeitern besucht wurden. Der Titel, *Die Dialektik bricht den Stein*, karikierte offensichtlich einen berühmten Spruch Maos. Die gekaperte Handlung ging ungefähr so: In einem erbitterten Krieg stehen sich zwei Gruppen von Jugendlichen gegenüber, die *Bürokraten* und die *Libertären*. Der Anführer der letzteren – nennen wir ihn Ling Pi – zieht allein gegen zwei Dutzend bis an die Zähne bewaffneter Feinde in die Schlacht. Die kleine Schwester Miu will an seiner Seite kämpfen, doch der Held weist sie zurück: »Deine falsche politische Linie gibt dir kein Recht mitzukommen. Hör auf, die Schwarten von Marx und Lenin zu lesen, vertief dich lieber in die Lektüre der gesammelten Werke de Sades!« Die Kleine trollt sich schluchzend und zieht sich ins Haus zurück. »Warum weinst du, Miu?« fragt ihr Vater besorgt. »Ling Pi hat mir nicht erlaubt, ihm beim Liquidieren der Bürokraten zu helfen. Er sagt, mir mangele es an politischer Reife, und statt meine Zeit mit kommunistischen Klassikern zu vergeuden, täte ich besser daran, de Sade zu studieren.« »Da hat er sehr recht, meine schöne Miu. Die Lektüre der *Hundertzwanzig Tage von Sodom* ist sehr viel lehrreicher für ein kleines Mädchen als der ganze Marxsche Mumpitz.« Die folgende Sequenz zeigt Ling Pi auf der Höhe seiner Karatekünste, wie er mit treffsicheren Handkantenschlägen die Reihen der Bürokraten lichtet. »Ihr Dummköpfe, hört auf, wie abgerichtete Papageien die Leitartikel Marchais' aus der *Humanité* nachzuplappern!« Der Rivalenchef: »Revisionist, Verräter!« Ling Pi: »Gleich bekommst du die Kraft eines Schülers von Nietzsche und Lou Andreas-Salomé zu spüren!« Und so weiter.

Der Film begeisterte mich, das brauche ich wohl nicht zu betonen. Aber genauso begeisterte er den Rest der Zuschauer, die, gefesselt von den wundervollen Streichen auf der Leinwand, den frech überdrehten Dialogen kaum Beachtung schenkten. Wenn ich mich nicht täusche, haben Tono und Miura bei einem alten Wiener Film, den sie *Ein Schnauzer für zwei* nannten, die Handlung auf die gleiche Weise umgedreht. In beiden Fällen traf der Scherz ins Schwarze und war Wasser auf die Theoriemühlen meiner Seminare zur Erzählstruktur, deren Hauptgegenstand bis dahin die Fotoromane Corín Tellados, einer Art spanischer Courths-Mahler, und die Heldenepen des unschlagbaren James Bond gewesen waren.

6

Meine Vorliebe für den indischen Film kam später. Bei meinen ersten Aufenthalten in Marrakesch mietete ich mir ein Häuschen im Kasbah-Viertel, dessen einziges Kino bis heute existiert und immer noch Mauritania heißt. Es war das Zauberreich der Filmproduktionen aus den Studios von Neu Delhi und Bombay, der Traumfabriken im Dienste eines armen und halbalphabetisierten Publikums. Die Abenteuer versetzten uns in das Universum des sogenannten byzantinischen Romans, wo entführt, plötzlich verschwunden, erkannt wird, wo Liebende einsame Balladen singen und Menschen an unwahrscheinlichen Orten einander wundersam begegnen. Die Lieder des Helden oder der Heldin, durch widrige Umstände voneinander getrennt, spielen hierbei eine ganz wesentliche Rolle, und obwohl die Zuhörer kein Wort verstanden, waren sie gerührt. Die nichtssagenden Untertitel auf arabisch und französisch beanspruchten die Hälfte der Leinwand, aber nur wenige Besucher machten sich die Mühe, ihnen zu folgen. Was dort geschieht, verlangt in der Tat weder Kommentare noch gelehrte Auslegungen.

Ein besonderer Erfolg war die Szene der gefangenen Braut, die fern aller Welt ihrem Kummer musikalisch Ausdruck verleiht und deren schmerzvolle Klage Tausende von Kilometern überwindet, ehe sie dem Geliebten zu Ohren dringt und dieser darob heiße Tränen weint. Dem gesamten Arsenal an Kunstgriffen, wie sie Lope de Vega und Cervantes in ihren Romanen vorführen, fügen die Drehbuchautoren noch übernatürliche Elemente hinzu: Zaubereien, Elixiere, Wunderwerke, Levitationen, himmlische Bestrafungen durch krachenden Blitz. Zwei

Kinder verlaufen sich im dunklen Wald und finden nach Hause dank dem rechtzeitigen – und zweisprachig übersetzten – Rat einer Hauskuh! Ein Elefant mit Waisenkindern auf dem Rücken hält an einer Straßenkreuzung an, um einen Blick auf die Hinweisschilder zu werfen, schlägt schließlich den richtigen Weg ein – und glänzende Tränen des Glücks kullern über seine faltige Haut!

Ich gebe zu, diese Filme interessierten und interessieren mich noch heute weitaus mehr als die üblichen psychologisch-realistischen Produktionen aus Europa und Amerika. Ihre für Unwahrscheinlichkeiten und Überraschungen offene Erzählweise wirkt stimulierend nach der faden Diät, nach all dem Konsumbrei, der bei uns die Leinwände und Bildschirme verklebt. Die Besucher des Eden-Kinos erfreuen sich lieber am Anblick von Zauberdingen und Wundern, wie sie traditionell den Heiligen zugeschrieben werden, so als wollten sie ihre schmerzlichen Entbehrungen ausgleichen, ihre ganze Ohnmacht.

An den Titel des besten indischen Films, der einmal in diesem Kino lief, erinnere ich mich nicht mehr, aber an die Geschichte. Irgendein Nabob feiert mit großem Pomp die Einweihung seines Palastes. »Mein Vermögen wird mich vor jeder Gefahr beschützen«, ruft er laut. Sekunden später straft das Schicksal seine Prophezeiung Lügen: ein Erdbeben! Das Gebäude stürzt ein und begräbt Gäste und Familie unter den Trümmern. Offenbar haben nur die Ehefrau und ein Sohn überlebt, der Jahre später, als er erwachsen ist, in die Polizei eintritt, um seine Mutter finanziell zu unterstützen. Dem jungen Polizisten gelingt es, einen berüchtigten Banditen festzunehmen und vor Gericht zu stellen. Beim Prozeß schildert der Verbrecher dem Anwalt, der ihn verteidigt, sein Leben. Anwalt und Polizist hören erregt zu, und ihre Ergriffenheit überträgt sich auch auf den Staatsanwalt: Der Angeklagte ist sein eigener Bruder, und die vier sind, so erfahren sie nun, Blutsverwandte! Muttermale, Narben und andere Kennzeichen bestätigen ihre Entdeckung, alles schluchzt, jauchzt, fällt sich um den Hals. Die Verhandlung wird unterbrochen, und die vereinte Familie tritt hinaus auf die Straße. »Wie glücklich wäre euer Vater, wenn er uns sehen könnte!« seufzt die Witwe. Und ehe man sich's versieht: Großaufnahme eines blinden Bettlers, der mit seinem Stock und einem Schälchen auf das Gerichtsgebäude zugeht: der Verstorbene! Mutter, Polizist, Räuber, Rechtsanwalt, Ankläger und Bettler weinen und umarmen sich. Ende. An dem Tag erhob ich mich von meinem Platz und applaudierte, alleine zwar, aber so beharrlich, daß ich schließlich einen Großteil des Saales mitriß.

7

Das Cinéma Eden ist ein alter, ziemlich baufälliger Saal. Die Stützpfeiler der Galerie – sie Rang zu nennen, wäre unpassend – stehen mitten im Raum und nehmen jedem die Sicht, der das Pech hat, einen Platz dahinter angewiesen zu bekommen, weshalb er sich nach rechts oder links recken muß, mit den entsprechenden Unannehmlichkeiten für die Nachbarn. Die Erdnußschalen werden zwar am Ende jeder Vorstellung aufgekehrt, bedecken aber bald schon wieder den Betonboden und knirschen, wenn jemand beim Platzwechsel oder auf dem Weg zu den Spielgeräten und Toiletten auf sie tritt. Die dichte, vom Rauch der Zigaretten und des Kif geschwängerte Luft scheint das Publikum zusammenzuschweißen und an ihm zu haften. Die Zuschauer, die oben sitzen, werfen ihre leeren Papiertüten und Schachteln ins Parkett, ohne etwas auf die Schmähungen von unten zu geben. Einmal pinkelte ein Betrunkener ins Parkett, und ein Strafkommando beförderte ihn manu militari auf die Straße. In den Karate- und Gangsterfilmen greift die Gewalt aufs Publikum über, und die Ältesten und Stärksten unter den Jugendlichen vertreiben ohne Rücksicht alle von ihren bevorzugten Plätzen. In einer Atmosphäre wie in einer Raubtierhöhle – beißende Gerüche, Schweiß, Gerangel – entlocken Revolverschüsse und Karatekaschreie den Zuschauern freudiges Gejohle oder zornige Pfiffe, als bräche gleich ein Aufstand los. Doch die über die Ufer getretenen Wasser kehren ins Flußbett zurück. Während der Vorführung der Filme Made in India schweigt das Publikum und wohnt verzückt dem Gesang der von Piraten geraubten Heldin bei oder dem Schwebetanz der Liebenden, trotz aller Entfernung – auf der Leinwand überblendet – in der Minne vereint. Wenn eine Zauberin ein Neugeborenes vergiftet, erschallen wüste Beschimpfungen, bei seiner wundersamen Auferstehung und der Bestrafung der Missetäterin Beifallsrufe. Das Publikum duldet keinen traurigen Schluß, auch nicht den Triumph des Bösen. Das ramponierte Feuerlöschgerät des Kinos käme gegen einen Brand im Saal gar nicht an. Aus diesem Grund, und um etwaigen Unruhen vorzubeugen, zeigen die Verantwortlichen allein Filme mit einem glücklichen Ausgang.

8

Um elf Uhr abends kommt plötzlich Bewegung in die halbleeren Straßen des Viertels, in heiseren Massen strömen die Jugendlichen aus dem Kino. Die Eierfrau, der

Mann am Stand mit den Süßigkeiten und Bonbons, der Zigarettenverkäufer, sie alle bringen eilig ihre Ware unter die Leute. Nur wenige Meter entfernt dampfen gebratene Spießchen, die fahrbare Küche wird von den Hungrigen im Sturm genommen. Die lärmenden Kassettenläden haben geschlossen, und die Besucher des Eden zerstreuen sich still, um der harten Realität ihres Lebens entgegenzutreten, sich die Augen reibend, als wären sie soeben aufgewacht.

Die Musik der Trance: Nas el-Ghiwan

Zunächst in einem kleinen Lokal in Salé, dann in einem Festsaal in der Nähe von Rabat und in einer Atmosphäre von Inbrunst und Hingabe, wie man sie von den Initiationstänzen der religiösen Bruderschaften von Mulay Abd el-Kader Djilali oder Sidi al-Hadi Benaissa kennt, rissen die ersten Auftritte einer als New Dervish bekannten, später unter dem Namen Nas el-Ghiwan berühmt gewordenen Gruppe junger Musiker das Auditorium buchstäblich von den Sitzen: Unter Schreien und unkontrollierten, verzückten Bewegungen ähnlich der rituellen Trance der *gnawa* oder *aissawa* stürmten die Zuhörer die Bühne und mischten sich unter die Spieler. Wie der Soziologe Georges Lapassade, einer der Entdecker der Gruppe, vorhersagte, sollte eine wahre musikalische und kulturelle Revolution die Gesangswelt Marokkos von Grund auf verändern.

Damals, 1971, wußte das große Publikum noch nichts von der Existenz der New Dervish, die Namen derjenigen, die bald zu Helden der marokkanischen Jugend wurden, waren den meisten völlig unbekannt: Omar Sayyed, Batma, Allal, Tahiri und vor allem Budjemaa. Die Mitglieder der neuen Gruppe, die alle aus verschiedenen Orten des Landes kamen, hatten sich 1967 im Stadttheater von Casablanca kennengelernt, wo Tayyeb Sadiki Regie führte. Bei ihm lernten die zukünftigen Ghiwan, mit der gestischen, deklamatorischen und musikalischen Ästhetik zu brechen, die seinerzeit Mode war, und spielten in Stücken, die das Theater erneuerten, so in jenem über den mystischen Dichter Abd ar-Rahman Madjdub.

Ein ehemaliger Gnawa-Meister aus Essaouira, ebenfalls Mitglied der Gruppe, stärkte zugleich die Bindung der Ghiwan an die musikalischen und religiösen Traditionen der alten Orden aus den Ländern südlich der Sahara.

Es ist sicher kein Zufall, daß die Nas el-Ghiwan ihren Ursprung in Casablanca haben, genauer gesagt im volkstümlichen Viertel Hay Mohammedi. Wie in allen Großstädten hatten Phänomene wie Entwurzelung, Bevölkerungsexplosion, Arbeitslosigkeit, der Verlust identitätstiftender Traditionen und die mimetische Verwestlichung mancher Zonen zu einer Reihe kultureller und sozialer Spannungen geführt, die die Jugend vor das Dilemma stellten, sich entweder an eine ausländische, dekadente und den eigenen Werten widersprechende Moderne anzupassen oder einer Authentizität treu zu bleiben, die längst jede Vitalität eingebüßt hatte und ihre drängendsten Sorgen und Probleme ausklammerte.

Das kulturelle Angebot der Nas el-Ghiwan umging dieses Dilemma, und die marokkanische Jugend begriff dies sofort. Larbi Batmas Percussion, Allals Akkorde, ihr perfektes Zusammenspiel mit den Stimmen Budjemaas (am *daadwa*), Omar Sayeds (am *bendir*) und Taribis (am *hadjhuj*) vollbrachten das Wunder, Kopf und Bauch zugleich anzusprechen, auf die Ängste und Forderungen der städtischen Jugend einzugehen und ihren Hoffnungen und Träumen Ausdruck zu verleihen. Die Nas el-Ghiwan, »Leute der Boheme und des Wanderlebens«, sind auch die Männer der *tarab*, der weltlichen Trance; wie so oft im Arabischen umfaßt das Wort *ghiwan* ein weites Spektrum von Bedeutungen, wozu auch Musik und Sangeskunst gehören.

Um 1970 befindet sich die marokkanische Musik in einer Phase der Stagnation, beherrscht auf der einen Seite vom arabisch-orientalischen Stil Umm Kulthums, Abd el-Wahabs oder Farid el-Atraschs, auf der anderen von den schmalzigen, internationalen Standards verpflichteten Liedern Belkhayats, Dukalis und ihrer Epigonen. Als die Ghiwan die Bühne betreten, gefolgt schon bald von Djil Djilala und weiteren Gruppen wie Tagada, Uthman oder Izanzaren, kommt ihre Wirkung einem Erdbeben gleich. Die Nas el-Ghiwan widersprechen nicht nur dem herrschenden Geschmack der städtischen Bourgeoisie und ihren Melodien – »eingeschleust« von Produzenten libanesischer und ägyptischer Lieder –, die Gruppe stellt überhaupt die Wertmaßstäbe der kulturellen Tradition Marokkos auf den Kopf. Der »andalusischen«, aristokratisch-verfeinerten und den städtischen Eliten so teuren arabischen Musik setzt sie Ausdrucksformen entgegen, die in sozialer wie ästhetischer Hinsicht sehr viel niedriger angesiedelt sind: die Volksmusik der Bruderschaften berberisch-afrikanischer Herkunft, die auf einer unterschiedlichen, um nicht zu sagen gegensätzlichen Auffassung von Gesang basiert, mit einer stimmlichen Anordnung und Verwendung von Instrumenten, wie sie die Regeln des Anstands und »guten Geschmacks« verbannt haben. Bei allen literarischen und künstlerischen Revolutionen trotzt der Neuerer dem herrschenden, von ihm selbst als bedrückend empfundenen Kanon, indem er sich auf »minderwertigere« Formen und Modelle stützt und diese künstlerisch aufwertet. Mit ihrem Rückgriff auf die »Musik der Trance« bringen die Ghiwan die gängige Wertskala durcheinander, beleben eine geringgeschätzte Tradition und verleihen ihr auf diese Weise eine neue Sensibilität.

Neben der Aneignung des kathartischen Rhythmus der alten Sklavenorden schließen die Nas el-Ghiwan an die Thematik der mystischen Poesie Marokkos an, womit ihre Lieder auch der Ungewißheit und Sorge angesichts der elenden und ungerechten gesellschaftlichen Verhältnisse Ausdruck verleihen, der Einsamkeit des Menschen, der verdammt ist, in einer verderbten und perspektivlosen Welt umherzuirren.

Das ursprüngliche Programm der New Dervish, sich der Invasion eines falschen Orientalismus und eines im schlimmsten Sinne des Wortes amerikanisierten Westens zu widersetzen – durchaus vergleichbar den islamischen Bruderschaften, die im 19. Jahrhundert dem kolonialistischen Eindringen der Europäer trotzten –, kommt in ihrem Glaubensbekenntnis zum Ausdruck:

Ana mensit el bendir,
Ana mensit gnawa,
Ana mensit el musem,
Ana mensit djedba,
Ana mensit Djilali,
Ana mensit el hadhra.

Nicht vergessen habe ich den *bendir*,
Nicht vergessen habe ich den *gnawa*,
Nicht vergessen habe ich den *musem*
(Wallfahrt),
Nicht vergessen habe ich die Trance,
Nicht vergessen habe ich Djilali (Gründer der
Bruderschaft),
Nicht vergessen habe ich die *hadhra*
(wöchentliche Versammlung der
Bruderschaften, gewöhnlich freitags).

Die Ghiwan nahmen die Rhythmen der Gnawa und Aissawa in sich auf, ließen sich von der Musik der Zawiyas durchdringen, suchten die Wurzeln einer marokkanischen Authentizität, die ihre Musik paradoxerweise –

aufgrund von Reminiszenzen und Bindungen an eine von den Sklaven verbreitete schwarzafrikanische Musiktradition – dem Jazz und den von ihm hergeleiteten Stilen annäherte. Diesmal handelte es sich also nicht um Imitation, sondern um ursprüngliche, zündende Konvergenz. Indem sie auf die historischen Quellen der Sklavenbruderschaften zurückgingen, eroberten die Nas el-Ghiwan für sich und die Zeremonie der Trance einen Platz in der Moderne.

Seit ihrem ersten Stück, dem wunderbaren *Es-siniya*, hat die Musik der Ghiwan diese zweifache Eigenschaft bewahrt: Treue zum künstlerischen Erbe der immer schon unterdrückten marokkanischen Gruppen und, eben aufgrund dieses Erbes, eine Verwandtschaft mit dem Pop und anderen Formen der neuen nordamerikanischen Gegenkultur. Die Legende, die nach dem plötzlichen Tod von Budjemaa 1974 sogleich aufkam und nur mit jener vergleichbar ist, die sich um den Tod von Bruce Lee rankt, verlieh dem Verfasser der ersten und schönsten Lieder der Gruppe die Aura eines Märtyrers und Heiligen. Sein prophetisches, testamentarisches Lied *Ghir huduni* (»Holt mich fort von hier, befreit mich von dieser Welt«) wurde gleichsam zum Ausweis der neuen Musik und entfaltete eine ungeheure Wirkung auf die nachfolgenden Generationen. Noch heute erklingt die herzzerreißende Stimme Budjemaas mit ihren Anrufungen, Bittgebeten und Klagen in Suks, Cafés, Plattenläden und zahlreichen Wohnungen des Maghreb. Seit dem Tod ihres Inspirators haben die Ghiwan das Repertoire ihrer Lieder und das Spektrum erweitert. Mit ihren traditionellen Instrumenten schaffen sie eine rhythmische und stimmliche Stereophonie, die sich in tonalen Rückungen von bewegender Eindringlichkeit steigert. Die Stimmen erheben sich im Crescendo, verwünschen und lamentieren, ergreifen ein hingebungsvolles Publikum, marokkanisieren die *tarab*, die Trance, der Popkonzerte.

Seit Jahren schon reicht Nas el-Ghiwans Ruhm weit über die Grenzen der arabischen Welt hinaus, die Gruppe ist erfolgreich in verschiedenen europäischen Ländern, in den USA und in Kanada aufgetreten. Höchste Zeit, daß ihre Musik, die die Sinne der arabischen wie der nichtarabischen Jugend gleichermaßen anspricht, auch in Spanien zur Kenntnis genommen und gewürdigt wird.

Die letzten Gaukler

Die Bewohner und Besucher von Marrakesch genießen, ohne sich dessen immer bewußt zu sein, ein einzigartiges Privileg: eine Gauklerwelt erleben zu dürfen, die in Europa und der übrigen islamischen Welt seit Jahrhunderten verschwunden ist. Anders als im Theater oder im Zirkus macht die *halqa* (wörtlich: »Kreis, Ring«) auf dem Djemaa el-Fna keinen Unterschied zwischen Schauspielern und Zuschauern. Diese sehen sich die Darbietung des *halaiqis* nicht einfach an, sie durchleben sie, wirken mit. Keine räumliche Grenze trennt sie voneinander, noch von den konkurrierenden Halqas ringsum. Das ganze Volk wird so Teil der vorgeführten Drolerien oder jener magisch-religiösen Riten, die ein Sufi auf dem öffentlichen Platz vollzieht.

Agora, Theater, Sammelpunkt: offener und pluraler Raum, Weideland der Ideen: Bauern, Schäfer, Askaris, Kaufleute, Hökerer, herbeigekommen von den Busbahnhöfen und Standplätzen der Taxis oder schläfrigen Droschken: verschmolzen zu einer müßigen Masse, versunken im alltäglichen Treiben, umfangen von der Ungezwungenheit und Ungeniertheit der Umgebung, in stetiger, wechselhafter Bewegung: unmittelbarer Kontakt zwischen Fremden, Vergessen gesellschaftlicher Zwänge, Erkennen im Gebet und im Lachen, zeitweilige Aufhebung von Hierarchien, fröhliche Gleichheit der Körper langsam schlendern, frei vom Joch der Zeit, der schwankenden Eingebung der Menge folgend: Reisender in einer Wandelwelt: dem Rhythmus der anderen angepaßt:

gnädiges, fruchtbares Nomadentum: winzige Nadel im Heuhaufen: verloren in einem Mare magnum der Gerüche, Gefühle und Bilder, der vielfältigen akustischen Schwingungen: glanzvoller Hof eines Reichs der Verrückten und Scharlatane: lumpenarme Utopie von Gleichheit und unumschränkter Freizügigkeit: von einem Kreis zum nächsten wandern, als zöge man auf eine neue Weide: im neutralen Raum chaotischer, fiebriger Stereophonie: Tamburine Gitarren Trommeln Geigen Reden Rufe Suren Schreie

transportables Geschäftslokal: ambulantes Gewerbe, auf seine einfachste Ausformung reduziert: zerschlissener Teppich oder kleine Matte: ungewöhnliche, magere Bestände: ein Metallkästchen mit einer Handvoll Wurzeln, ein abgegriffenes Kartenspiel, eine farbige Anschauungstafel der Anatomie, eine Abhandlung über die Kunst der Verführung und aphrodisische Rezepte, ein altes, zerlesenes Exemplar des Korans: Aladins Wunderlampe bei Einbruch der Nacht, schützender Schirm vielleicht, aufgespannt wie ein Parasolpilz, unter dem ein Gnom mit Babuschen und Zipfelmütze Schutz sucht vor der Sonnentyrannei

wilder Wettstreit in der Halqa: Nebeneinander vielfältigen Werbens: ungehinderter Rückzug vom Spektakel, auf der Jagd nach Neuem, Erregendem, hin zum Nachbarkreis: Notwendigkeit, die Stimme zu heben, Argumente vorzubringen, die Zunge zu wetzen, die Gestik zu verfeinern, das Mienenspiel zu verstärken, um die Aufmerksamkeit des Passanten zu fesseln, ein befreites Lachen hervorzulocken: Clownskapriolen, flinke Gaukler, Trommeln und Tänze der Gnauas, Affenkreischen, anpreisende Heilkundige und Kräutersammler, plötzlich einfallende Flöten und Tamburine, als das Schälchen herumgeht: eine ewig verfügbare Masse zum Stehenbleiben veranlassen, unterhalten, verführen, sie nach und nach in das eigene Revier ziehen, vom Gesang der mitbuhlenden Sirene ablenken, ihr schließlich den glänzenden Dirham entreißen, Lohn für Ausdauer und Beharrlichkeit, Einfallsreichtum, Virtuosität

von der Erzählung leben, buchstäblich: einer Erzählung, die nichts anderes ist als die unendliche Geschichte: schwereloses Schallgebäude in immerwährender De(kon)struktion: Tuch der Penelope, Tag um Nacht gewebt und aufgetrennt: Sandburg, sachte fortgespült vom Meer

dem stets nach Geschichten fiebernden Publikum ein bekanntes Thema bieten: die Spannung halten durch wache Phantasie: bei Bedarf auf die Finten und Tricks des Pantomimen zurückgreifen: alle Stimmregister ziehen, vom Baß bis zum Tenor

die Zuhörer bilden einen Halbkreis um den Verkäufer von Träumen, schlürfen seine Sätze mit hypnotischer Andächtigkeit, geben sich ganz dem Schauspiel seiner tönenden Mimesis hin: trappelnde Hufe, brüllende Raubtiere, heulende Gehörlose, fistelnde Greise, donnernde Riesen, jammernde Frauen, wispernde Zwerge: zuweilen unterbricht er die Erzählung auf dem Höhepunkt, und in den Gesichtern der staunenden Kinder zeichnet sich, im unschlüssigen Licht des Lämpchens, Unruhe ab: Fahrten und Heldentaten des Antar, tolle Streiche der Aischa Debbana, Anekdoten des Harun al-Raschid laden das Publikum zum Mitmachen ein, wirken wie ein Psychodrama, führen, vermittelt über ein Spiel aus Identifikation und Antagonismus, ein in die Anfangsgründe des Lebens in der Gemeinschaft: wenn Juha sich zum Palast begibt, im Gewand und hüllenlos, zu Fuß und hoch zu Roß, strahlend und weinend, dann belohnt freches Gelächter seine List und die Findigkeit, mit der er den Sultan an der Nase herumführt: ideales Reich, wo Raffinesse vergolten wird und rohe Gewalt bestraft, Traum eines rechtfühlenden Gottes mit tiefen und ehrlichen Absichten: notwendiges Gegengift in einem Leben voll nackter Armut, unbefriedigtem Hunger und Unbill: der quirlige Schwindler weiß es und stillt eloquent den Hunger nach Abenteuern: die kleinen Kobolde mit Djellaba sind sein einziger Broterwerb: langsam, mit der Geduld einer Spinne, wird er sie von der Welt absondern: verkapselt in schwebender Blase: sein zartes, unsichtbares Wortgefängnis[1]

Wer könnte die Geschichte des Platzes erzählen?

Die mündliche Literatur hinterläßt keine sichtbaren Spuren, ihre Annalen verwehen wie Schritte im Sand. Dennoch bewahrt der Djemaa el-Fna die Erinnerung, die jene weitergaben, die auf ihm, von ihm, mit ihm und für ihn gelebt haben, er vertraut sie seinen Gauklern an, seinen letzten Gauklern: Halaiqis ohne Zukunft und vielleicht ohne Nachkommen. Sein Name beschwört Bilder des Todes – *fana* heißt im Arabischen soviel wie »Vernichtung« – und erinnert an dunklere Zeiten, als Hingerichtete in Trauben seine Mauern schmückten. Die ersten schriftlichen Zeugnisse erwähnen aber auch bereits den lärmenden Trubel und das fröhliche, buntgemischte Treiben: die Anwesenheit einer außerordentlich lebendigen, zugleich verspielten und unverfälschten, von ansteckender Herzlichkeit durchdrungenen Menge. Übermütiges Augenzwinkern, weiß aufblitzende Zähne, »halbnackte Körper in ihrem himmelweiten Gewand« oder in Kleider von unbeschwerter Majestät gehüllt. Menschen aus allen Richtungen der Windrose, heißt es bei den Reisenden und Kolonisten später, mit ihren Eseln, Maultieren und

1 Juan Goytisolo: *Engel und Paria*, Frankfurt am Main 1995, übersetzt von Thomas Brovot.

Kamelen, Araber Berber Schwarze, umweht vom Atem seiner flüchtigen Poesie.

Als Jerôme Tharaud 1920 den Djemaa el-Fna besucht, existieren bereits einige der uns heute vertrauten Gebäude: das Postamt, zwei kleine Moscheen, das Café Glacier, das Hôtel de France. »Alle gehen sie ihrer Beschäftigung nach«, schreibt er, »vertieft in ihre Gedanken, Sorgen und Träume, und ich durchwandere diese Welt, ohne zu begreifen, immer treibt der Strom mich auf diesen eigenartigen Platz, auf dem eine unaufhörlich sich erneuernde Menge haltmacht, sich niederkauert um all die Dinge, die sie bezaubern und die auch mich stundenlang in ihren Bann ziehen wie einen Analphabeten vor den Seiten eines aufgeschlagenen Folianten.« Jahre später werden so bedeutende Schriftsteller wie Ollier und Canetti uns an ihren Gefühle teilhaben lassen, wenn sie den müßigen, wilden Grüppchen zusehen, die sich Tag für Tag bilden und wieder auflösen wie Wölkchen oder Rauchfahnen im Wind.

robuster, kahlrasierter Schädel, gewölbter und massiger Nacken, breite Schultern, Kupferhaut, wulstige Lippen, über das Kinn rinnendes Mongolenbärtchen, Goldzähne

Fantomas
Big Boss
Tarzan
Sarukh
Antar
Taras Bulba

an Glanz und Eloquenz überragt er alle Halaiqis auf dem Platz: seine imposante Erscheinung, seine Donnerstimme lockt Tag für Tag ein begieriges Publikum herbei, im seligen Bann seiner vorgetäuschten Arroganz: Arme in die Hüften gestemmt, Beine gespreizt, schnurrt er wie ein

Pennäler die Stationen seiner Wanderschaft herunter, den endlosen Reigen seiner Spitznamen: sein aufbrausendes, anfachendes, beißendes Mundwerk pflegt geschickt das sprachliche Repertoire des Volkes: von allen Fesseln, Hemmungen, Verboten befreiter Jargon: Geschichten von Liebeshändeln, Seitensprüngen, Schelmenstücken, versetzt mit Gedichten, Zoten, Suren, Gelächter, Verwünschungen, Beleidigungen: Anekdoten von Hintern, Bäuchen, Phallen, jäh zur Moralpredigt gewendet: zwischen zwei Pointen schreitet er den Kreis ab, legt den Frauen nahe, sich zurückzuziehen, packt irgendeinen Bengel beim Schlafittchen und stößt ihn mit strenger, grimmiger Gebärde fort: seine Lügengeschichten eines auferstandenen Erzpriesters verherrlichen und verspotten laut die Gefahren der sexuellen Lust: blumige Fülle von Anspielungen, Umschreibungen, Verhüllungen, ausgeschmückt mit goldblitzenden Grimassen, hervorgestoßenen Lauten, geschwinden Bewegungen der Faust, den Mittelfinger vorgestreckt: Hurerei: Tiznit: Fellatio: Tafraout: Analverkehr: Ouarzazate: ohne die Regeln der klassischen Redekunst außer acht zu lassen, die an seine Anhänger gerichtete rhetorische Frage: wer löst das Rätsel: wie konnte der junge Juha seine Unversehrtheit bewahren in der Nacht, da er in einer Sodomitenhöhle schlief?: Antwort: indem er sich in listiger Voraussicht eine sämige Bohnensuppe in den Hosenboden schüttete!: Schmunzeln allenthalben, das sich in Bittgemurmel wandelt, gewöhnliches Geleit der altbekannten Anrufung

wem Gott die Kraft versagt, meine Brüder, den belohnt er mit Witz: bewundern wir also Seine Weisheit, und sagen wir Ihm Dank![1]

1 ebd.

Abdeslam, so der wahre Name unseres Halaiqis, wurde vor etwa sechzig Jahren in Rissani geboren, im äußersten Süden des Tafilalet. Obwohl er gerne verkündet, ein Scherif zu sein – die meisten aus seiner Region betrachten sich als adlig –, lebt seine Sippe, genau wie das Geschlecht der alten spanischen Hidalgos, stolz in Armut und Lumpen. Schon früh verließ Abdeslam seine Familie und zog zu Fuß durch Marokko. Er ging barfuß, erst mit fünfzehn Jahren kaufte er sich seine ersten Sandalen. In der Nähe Marrakeschs wurde er von einer Zawiya aufgenommen, wo er blieb, bis er den ganzen Koran auswendig gelernt hatte und zum Fakih ernannt wurde. Das Wanderleben der Sufis reizte ihn, und so begann er, in den Dörfern zu predigen. Er folgte ihrem Festkalender, lebte von den Almosen der Gläubigen und schlief unter freiem Himmel. Eines Tages, so erzählt er, als er gerade auf dem Markt seine Koranverse rezitierte, ohne daß irgendwer ihm Beachtung schenkte, kam ihm die Idee, einen Esel zu packen und ihn mit den Schultern in die Luft zu stemmen. Der schwere Körper des Tiers und seine wütenden Schreie lockten sogleich ein zahlreiches Publikum herbei, und Dutzende von Neugierigen bildeten rings um ihn eine Halqa: unbewußt hatte Abdeslam seinen Weg gefunden. Nachdem er den Esel mühelos wieder abgesetzt hatte, ging er mit der tumben Schar heftig ins Gericht: »Als ich euch Gottes Wort vortrug, wart ihr blind und taub. Nun hat euch das Iah eines Esels Augen und Ohren geöffnet. Was seid ihr eigentlich? Menschen oder Tiere?« Die Bauern und Straßenhändler hörten ihm zerknirscht zu und griffen tief in Beutel und Taschen. Dank Grauchen und Standpauke hatte er innerhalb von Minuten fast mehr Münzen beisammen als nach einer Woche fleißigen Betens! So beschloß der neue Halaiqi, fortan Mundwerk und Körperkraft zu verbinden, und schon bald machten ihn seine hünenhafte Erscheinung, seine religiösen Kenntnisse und satirischen Gaben zu einer populären Gestalt. Ganz dem Wanderleben hingegeben, zog er von Markt zu Markt und wartete dort auf die herbeiströmende Menge, um seine Nummer vorzuführen: einen Esel hochzustemmen und, sobald die Neugierigen um ihn versammelt waren, ihre Torheit und Einfalt zu schelten, sie voll komischen Ernstes zu schmähen. Abdeslams Ruf verbreitete sich in ganz Marokko. Die französische Obrigkeit nahm ihn wegen Landstreicherei fest, doch er ließ sich nicht beirren und setzte seine Rundfahrt fort. Bis vor ein paar Jahrzehnten gab es Halqas auch in Fès, Meknès, Beni Mellal und anderen Scherifenstädten, und wie eine Schnecke reiste Abdeslam, noch Junggeselle, mit seinem Haus auf dem Rücken. Als die Russen ihren ersten Sputnik ins All schossen, begannen die Leute ihn Sarukh zu nennen, »Rakete«, und der Glanz dieses Spitznamens überstrahlte nach und nach seinen wirklichen Namen. Mit vierzig Jahren heiratete er ein Mädchen, das ihm acht Kinder schenkte, zwei weitere, sagt er, »starben, weil Gott es so wollte«. Seither hat er das Wanderleben aufgegeben und wohnt nun in Marrakesch, wo seine Halqa eine der beliebtesten des ganzen Djemaa el-Fna ist.[1]

Ein halbes Jahrhundert zuvor hatte ein anderer Halaiqi namens Barghuth (»Floh«) die Marrakschis mit seiner denkwürdigen Körperfülle und Komik für sich eingenommen: vorspringender Bauch unter weißem Baumwollpullover, halblange, enganliegende bunte Hose, Troddelmütze eines Sultansdieners, lebhafte, schelmische Augen, unendliche Vielfalt an mokanten und artigen, frechen und treuherzigen Mienen und Posen, mit denen er

1 Sarukh starb im September 1993, drei Jahre, nachdem ich diese Zeilen geschrieben habe.

virtuos zu spielen wußte. Die Kunst dieses großen Komikers, an den zahlreiche Alte aus Marrakesch sich noch erinnern, scheint in der Gestalt des Sarukh wiedergeboren zu sein, wenn er gravitätisch oder wie ein Harlekin stolziert und fröhlich-ungeniert auf dem Platz – für ihn Kanzel oder Mimbar – seine Predigt hält. Wie Barghuth greift auch er auf die religiöse Sprache und den Jargon zurück, läßt Traditionen und Legenden wieder aufleben, feiert oder bespottet den Liebestaumel, gibt als Schlußstrophe Suren und Witze bei. Wie jener besitzt er die Gabe, sich jeden Tag einen Unglückswurm oder geistig Armen herauszugreifen, ihn der Halqa darzubieten als Zielscheibe von Hohn und Mitleid, auf seine Kosten zu lachen und das Publikum zum Lachen zu bringen, ihn am Ende wie einen Sohn zu küssen und die Barmherzigkeit Allahs auf ihn herabzuflehen. In seiner Mischung aus Invention und Imitation verbindet Abdeslam persönliche Anekdoten und erdachte Geschichten mit meisterlichen Erzählungen und aufgefrischten Versionen des jungen Juha. Wer sich in seiner Halqa niederläßt und ihm zuhört, erlebt ein Fest, und das ganze Jahr über kommt die Menge, die unaufhörlich über den Djemaa el-Fna zieht, pünktlich herbei.

zwei alte Männer mit dem Aussehen indischer Fakire versammeln das reiche, bunte Panoptikum ihrer Gerätschaften auf dem fadenscheinigen Teppich, der das geduldig ersessene Terrain bedeckt: improvisierte Blumenvasen in vielerlei Gestalt: Flaschen, Esso-Kanister, Milchpulverdosen, Handbecken, Kandelaber, aus denen Plastikrosen sprießen: unempfindlich gegen den Zyklus der Jahreszeiten, die fortgesetzten, rachsüchtigen Attacken einer rasenden Sonne: das komplexe Gebilde ihrer Pfeifen folgt der Form eines Saxophons, der Duft des Weihrauchs, den sie verbrennen, erinnert an Kirchen wie an Kifstuben: Dutzende von Tauben flattern weiß zwischen den Vasen umher, berauschen sich am Duft des schwelenden Harzes, setzen sich den Alten auf den Kopf, picken ihnen Kanarienfutter aus der knotigen Hand, gurren, stochern im dichten Gestrüpp ihrer Bärte, erkunden, ohne sie je zu überschreiten, die magische Grenze des Teppichs[1]

Die Halqa von Scharqawi, auf dem Platz bekannt als Rgul, »Mann mit der Wasserpfeife«, oder Mul le-hmam, »Herr der Tauben«, ist in ganz Marokko berühmt. Ursprünglich bestand sie aus dem Wanderdichter und seinem blinden Meister; seit dem Tod des alten *bsir*, der gleichwohl »mit dem Herzen sah«, bestreitet er sie allein.

Mohammed Scharqawi wurde 1927 in Marrakesch geboren. Er war noch ein Kind, als er, einem mystischen Impuls folgend, sein Zuhause verließ und sich einer Taifa der Heddawa namens Qor anschloß, bei der er lernte, gemeinsam mit etwa dreißig »Brüdern« und zum Takt der rhythmisch geschlagenen Tamburine Sufigedichte zu rezitieren. Die von Sidi Hedi in Beni Aros gegründete Tariqa der Heddawa weist eine Verwandtschaft mit den für ihre Armut, Ungeniertheit und Kauzigkeit berühmten alten Orden des Orients auf. Der Heddawi soll ledig, verwitwet oder geschieden sein, sich jeder Beziehung mit Frauen enthalten, Haare und Bart wachsen lassen, lumpige Kleider tragen und Kif aus der Nargileh rauchen. Im Volk *buhali* genannt, »Dummkopf« oder »geistig umnachtet«, gehört er laut Ibn Arabi zur Kategorie der Heiligen, die nach einer Theophanie oder dem Schock einer mystischen Vision ihren Verstand verloren haben. »So leben sie«, sagt er, »glücklich in Seiner Betrachtung, ver-

1 ebd.

sunken in Seiner Gegenwart, umflutet von Seiner Herrlichkeit. Sie sind verständige Geschöpfe, aber ohne Verstand.« Die *buhala* des Ordens von Sidi Hedi verachten alle Vorurteile und weltlichen Gedanken, führen ein Dasein am Rande der Gesellschaft, laufen barfuß umher, struppig und zerzaust, ein borstiges Bild, das sie kultivieren. Die Ablehnung, die ihre Lumpengestalt bei den »wohlanständigen« Bürgern hervorruft, ist ein Zeichen dafür, daß sie auf dem rechten Weg sind. Ihr mystisches Ideal ist das des *majdhub*, des Verrückten, in Liebe zu Gott Entrückten.

Die Begegnung des jungen Scharqawi mit dem blinden Mohammed Ben Faida weist alle Merkmale eines solchen »Schocks« der Initiation auf. Der Meister gehörte nicht zur Taifa der Heddawa und lebte allein, erleuchtet von einer Art inneren Glut. Scharqawi beschloß, seinem Weg zu folgen, und blieb bei ihm bis zu dessen Tod 1979. Gemeinsam schufen sie die Halqa der Tauben, mit der sie das Land von einem Ende zum anderen durchwanderten. Ihre Darbietung bestand darin, ein Dutzend Vögel zu dressieren, sich mit ihnen zu unterhalten und ihnen beizubringen, nicht die Grenzen des zerschlissenen Teppichs, auf dem sie agierten, zu überschreiten. Später erfanden Meister und Schüler ihr »Vogelgespräch«, bei dem sie in einem Spiel aus Fragen und Antworten die geographische Herkunft einer jeden Spezies bestimmten. Die Zuschauer folgten staunend diesem mit Gurren und Ruckedigu gespickten Dialog, bei dem die Herkunft, die sie den einzelnen Vögeln zuschrieben, mit jenen Eigenschaften benannt wurden, die man gemeinhin den Menschen der verschiedenen marokkanischen Städte und Landstriche nachsagt: Großzügigkeit, Schläue, Geiz etc. Außerdem psalmodierten sie Sufilitaneien, die sie von den Heddawa gelernt hatten, oder Gedichte von Sidi Abd ar-Rahman.

Ben Faidas Augenlicht erlosch 1938. Seine Blindheit war das Werk der Dschunn gewesen, und auch die traditionellen Mittel, die ein Heilkünstler aus dem Dades-Tal gegen das Übel empfahl, halfen ihm nicht. Seither war Scharqawi der Blindenführer seines Meisters und Gefährten. Vierzig Jahre lang lebten die beiden Männer nach den Regeln der Derwische und Heiligen: Wanderschaft, Askese, Armut, ein Dasein in Gottes Hand. Ihre Halqa reiste von den Berbermärkten des Atlas zu den mauerumschlossenen Plätzen der Königsstädte. Die Franzosen nahmen sie wegen Straßenbettelei fest, und so zogen sie, um ihren Kontrollen zu entgehen, auf die Friedhöfe. Die Einwohner von Fès kamen zu den Hügeln von Bab Ftouh oder Bab Guissa, um ihnen zwischen den Gräbern zuzuhören, inmitten der stummen Gegenwart jener, die im feinstofflichen Reich der Schatten umherschweifen. Als man sie manu militari aus Casablanca hinauswarf, verfluchte der Dichter Scharqawi die Stadt, die nicht herauskam, sie zu verteidigen: »Möge Gott ihre Bewohner vertreiben! Mögen ihre Hunde heulen ob des Ungemachs!« Als der Blinde, gebeugt vom Alter und von seinen Gebrechen, nicht weiter reisen konnte, kehrten die beiden Derwische nach Marrakesch zurück und ließen sich mit ihrer Halqa endgültig auf dem Djemaa el-Fna nieder. Der Ruf, der ihnen und ihrer Darbietung vorauseilte, lockte alt und jung, Fremde und Einheimische herbei. Nach dem Tod des Blinden kümmerte sich Scharqawi um dessen Familie und führte die Arbeit alleine fort. Auf die Frage, ob er nach einem Schüler oder einem neuen Meister gesucht habe, verneint er ruhig: Die Halqa der Tauben war ihrer beider Werk und sollte auch mit ihnen verschwinden. Heute lebt Scharqawi am Ende einer Sackgasse im Viertel Mukhef, zusammen mit seinen dressierten Tauben und den Erinnerungen an den alten Blinden, und nichts stört seine Ruhe noch seine quietistische Auffassung vom Leben. Zu einem seßhaften Dasein gezwungen, hütet er liebevoll die Wahrzeichen seiner Wanderschaft: die mit Pilgermuscheln bestickten Ledertaschen, die *darbala*, seine alte und geflickte Dschellaba. Wenn das Fest der Geburt des Propheten gefeiert wird, schließt er sich auf dem Platz den Heddawa an, die aus dem ganzen Land herbeikommen, vollführt mit ihnen den *dhikr* und betet die Litaneien, bevor sie die traditionelle Wallfahrt zum Grabmal von Mulay Brahim unternehmen. Ein paar Tage lang erschallen so wie einst die Musikinstrumente der Qor im Umkreis des Djemaa el-Fna. Scharqawis alte Gefährten kommen mit ihren Trommeln, Fahnen und Reliquien und stimmen ihre Gebete für Sidi Hedi und die anderen Heiligen der Bruderschaft an. Als wandernde Eremiten, die sich dem Dienst am Guten und der Betrachtung Gottes verschrieben haben, leben sie von den Almosen der Gläubigen, wie es dem Ideal des sufischen Weges entspricht. Gewohnt, auf Festen und Pilgerfahrten zu spielen, haben sie es im Laufe der Jahre zu wahrer Meisterschaft gebracht und stimmen ihre unterschiedlichen Instrumente mit bemerkenswerter Gewandtheit und Professionalität aufeinander ab. Beim Schein der Öllampen strahlt der nächtliche Auftritt der *buhala* in beeindruckendem Glanz. Der Rhythmus der Schlaginstrumente und die kontrapunktischen Stimmen schaffen eine intensive Atmosphäre, welche die Andächtigen in die mystische Ruhe geleitet. Einen flüchtigen wie erfrischenden Augenblick lang durchlebt Scharqawi dann noch einmal die Erfahrung des Novizen, so wie damals, als er den Pfad verließ, den die Seinen vorgezeichnet hatten, und Zuflucht fand bei den Ordensbrüdern der angesehenen Zawiya von Beni Aros. Während des restlichen Jahres vergehen seine Tage zwischen der Halqa und seinem bescheidenen Refugium. Nichts bindet ihn mehr an die Welt, und ohne Wehmut akzeptiert er sein Gauklerdasein. Alt, aber ungebrochen, bleibt er einer Art zu leben treu, die heute ausgestorben ist und die Ibn Arabi einst in seinen *Viten andalusischer Heiliger* meisterlich beschrieb. Seine wunderbare Existenz könnte man mit einer Anekdote umschreiben, die Saadi erzählte: In einer kalten Winternacht klopft ein Bettler an die Tür eines Reichen. Niemand antwortet auf seinen Ruf, statt dessen stürzt sich eine Meute Hunde auf ihn. Um sich zu wehren, versucht der Bettler, einen Stein vom Boden aufzuheben, doch der bleibt trotz aller Anstrengung wie angewachsen liegen. Darauf ruft er aus: »Seltsame Zeiten, da die Hunde los sind und die Steine fest!«

Wird der Djemaa el-Fna der wachsenden Aggression einer zügellosen Pseudomoderne widerstehen? Oder sind Abdeslam und Scharqawi seine letzten Gaukler, Zeugen des Untergangs der Halqa, seines Endes? Den Platz zu schützen, diesen nach Meinung von Dichtern, Historikern, Soziologen und Stadtplanern wahrhaft unvergleichlichen Raum, wäre ein Weg, auch unserer Zukunft ein wenig Menschlichkeit zu bewahren. Der Marktplatz, sagt Bachtin über die karnevaleske Welt bei Rabelais, »hält eine fröhliche Bresche in eine fernere Zukunft offen, die einmal den relativ progressiven Charakter und die relative Wahrheit lächerlich machen wird«, die für unser stumpfes Jahrhundert und seinen kurzsichtigen Blick auf die Zukunft allein faßbar sind.

Das mündliche Erbe der Menschheit

Wie Michail Bachtin in seinem großartigen Buch über Rabelais und seine Welt aufzeigt, gab es eine Zeit, da sich das Reale und das Imaginäre vermischten, die Namen die von ihnen bezeichneten Dinge in den Hintergrund drängten und die erfundenen Wörter wörtlich genommen wurden: sie wuchsen, blühten und gediehen, vereinigten sich und empfingen wie Wesen aus Fleisch und Blut. Der Markt, der Platz, der öffentliche Raum waren der ideale Ort ihrer fröhlichen Vermehrung. Die Reden umrankten einander, die Legenden wurden gelebt, das Heilige wurde bespottet und blieb doch weiter heilig, die beißendsten Parodien vertrugen sich mit der Liturgie, die wohlgefügte Erzählung setzte das Publikum in Staunen, das Lachen ging dem Beten voran, und das Gebet belohnte den Spielmann oder Gaukler, wenn sein Schälchen die Runde machte.

Hökerer und Krempler, Handwerker und Bettler, Schelme und Beutelschneider, Spitzbuben, Gassenjungen, harmlose Narren, Frauen von zweifelhafter Tugend und raufIustige Bauernlümmel, kleine Strolche auf dem großen Sprung, Überlebenskünstler, Quacksalber, Wahrsager, Frömmler und Doktoren mit eingeborener Weisheit, diese ganze unbefangene und ungezügelte, buntschillernde Welt, einst Fond der gar nicht so leicht voneinander abzugrenzenden christlichen und islamischen Gesellschaft zu Zeiten des Erzpriesters von Hita, welche nach und nach hinweggefegt wurde von dem aufstrebenden Bürgertum und einem Staat, der die Städte und das Leben kleinkarierte, diese Welt ist nur noch matte Erinnerung für die technisch fortgeschrittenen und moralisch erschöpften Nationen. Die Herrschaft der Kybernetik und des Audiovisuellen macht Gemüter und Gemeinschaften gleich, disneyisiert die Kindheit, läßt die Kraft der Phantasie verkümmern. Nur eine Stadt verfügt heute noch über das Privileg, das ausgestorbene und von vielen als »Dritte-Welt-Phänomen« abqualifizierte mündliche Erbe der Menschheit zu hüten. Ich meine Marrakesch und den Platz Djemaa el-Fna, in dessen Nähe ich seit zwanzig Jahren – in regelmäßigen Abständen – frohen Mutes schreibe, »mediniere« und lebe.

Die Gaukler, Akrobaten, Komödianten und Geschichtenerzähler auf dem Platz sind heute in etwa so zahlreich und talentiert wie zu der Zeit meiner Ankunft, der Zeit von Elias Canettis fruchtbarem Besuch und den Tagen, als die Brüder Tharaud, sechzig Jahre früher, ihre Reportagen schrieben. Vergleicht man sein heutiges Aussehen mit den Fotos, die zu Beginn des Protektorats aufgenommen wurden, erkennt man nur wenige Unterschiede: solidere, aber unauffällige Gebäude, vermehrter Autoverkehr, ein schwindelerregendes Vielfaches an Fahrrädern, die Pferdedroschken so arbeitsscheu wie je. Die Grüppchen der Händler vermengen sich noch mit der Halqa unter den umherstreichenden, gastlichen Dampfschwaden der Küchen; das Minarett der Kutubiyya wacht standhaft über die ewige Seligkeit der Toten und das getriebene Dasein der Lebenden.

Innerhalb nur weniger Jahrzehnte sind Holzbuden mit Getränkekiosken, Basaren und Antiquariaten aufgetaucht und wieder verschwunden; eine Feuersbrunst zerstörte sie, und so verlegte man sie zum florierenden Neuen Markt (nur die Bouquinisten erlitten eine grausame Verbannung zum Bab Dukkala). Die am Ende der Riyad Zeitun stationierten Busgesellschaften – ein unendliches Hin und Her von Reisenden, Gepäckträgern, Verkäufern von Fahrscheinen, Zigaretten und Sandwichs – machten sich mit ihrem animierenden Gelärme ebenfalls aus dem Staub des Platzes, hin zum nagelneuen, ordentlichen Busbahnhof. Zur Feier der GATT-Konferenz wurde der Djemaa el-Fna geteert, aufgeputzt und freigefegt; der kleine Markt, der stets pünktlich sein Gelände eroberte und sich beim Anblick der Mokhaznis im Handumdrehen in Luft auflöste, wanderte in gnädigere Gefilde ab. Der Platz verlor etwas von seiner lärmenden Anarchie, bewahrte aber seine Authentizität.

Der Tod hat indessen die Reihen seiner vornehmsten Söhne gelichtet. Zuerst ging Bakschisch, der Clown mit der Fetzenmütze, dessen Vorführung Tag für Tag einen dichtgedrängten Ring von Schaulustigen, Kinder wie Erwachsene, auf das Inselrund seiner Halqa lockte. Dann Mamadh, der Fahrradartist, der es in seinem magischen Äquilibristenkreis fertigbrachte, von der Lenkstange auf den Sattel zu springen und zugleich die rasantesten Drehungen zu vollführen. Vor zwei Jahren klopfte der Tod an der Tür von Sarukh, dem majestätischen Rechtsgelehrten und schelmischen Goliarden, Erzähler köstlicher Geschichten eigener Schöpfung über den arglos-listigen Juha. In einer ausgreifenden und ungezügelten Sprache kreisten seine Tropen, anspielend, ausweichend, wie vibrierende Pfeile das unnennbare sexuelle Ziel ein. Mit seiner imposanten Erscheinung, dem rasierten Schädel und oberpriesterlichen Bauch schrieb er sich ein in eine alte Tradition des Ortes, wie sie Jahrzehnte zuvor Barghuth verkörperte. Ihre Ursprünge gehen auf härtere und rauhere Zeiten zurück, als Verräter und Aufrührer wider die erlauchte Herrschaft des Sultans zur Strafe an blutigen Haken oder – vor einem stummen, verschüchterten Publikum – in der grausigen »Schaukel der Tapferen« hingen.

Erst unlängst und mit einiger Verspätung erfuhr ich vom Unfalltod des Tabib al-Hascharat (»Doktor der Insekten«), dem Mohamed El Yamani in der Zeitschrift *Horizons Maghrébins* einen wunderschönen Essay gewidmet hat. Wir Freunde des Djemaa el-Fna kannten ihn gut, diesen kleinen Mann mit dem lichten zausigen Haar, der zwischen seinen immer selteneren öffentlichen Auftritten durch die Seitenstraßen taumelte und unter den Arkaden mit ihren wohlgefälligen Garküchen schnaufte wie eine asthmatische Lokomotive. Seine Geschichte, ein Kompositum aus Wahrheiten und Legenden, eiferte der des Sarukh nach. Wie dieser hatte auch er ein Wanderleben in Armut gewählt, auf Friedhöfen und Polizeirevieren übernachtet, wegen Trunkenheit hier und da im – von ihm »Holland« genannten – Gefängnis gesessen, und wenn er von Marokko die Nase voll hatte, so sagte er, dann packte er seine Siebensachen in ein Tuch und ging nach »Amerika«, will heißen: auf das freie Feld beim Holiday Inn. Seine Sprachgewalt, die phantastischen Erzählungen, Wortspiele, Palindrome knüpften unbewußt an die virtuosen Makamen Al-Hariris an (die bedauerlicherweise von der hochbedürftigen offiziellen spanischen Arabistik kaum zur Kenntnis genommen werden) und gehörten zu einer Literatur, in der sich, wie Shirley Guthrie sehr schön bemerkt hat, die Kühnheit dieses Dichters mit der »Ästhetik des Risikos« eines Raymond Roussel, der Surrealisten und des Oulipo verbindet. Seine Parodien der Fernsehnachrichten, dazu das Rezept für die größte Tagine (ein Fleischeintopf) der Welt, das Ganze versetzt mit rituellen Fragen an das Publikum, sie sind ein Musterbeispiel für Erfindungskraft und Humor. Ich muß hier einfach ein paar Passagen über die therapeutischen Eigenschaften der Produkte wiedergeben, die er der Zuhörerschaft anempfahl: weder »Liebespülverchen« noch »Spritzensaft« der offiziellen Heilkünstler, sondern zermahlenes Glas oder Amber aus dem Arsch des Teufels...

»Und Kohle?«

»Sehr gut für die Augen, für den Hahn des Achats der Iris, kreisendes Licht des Augenfeuers. Legt die Kohle auf das kranke Auge, laßt sie einwirken, bis sie birst, nehmt einen siebenhunderter Nagel, rammt ihn bis zum Anschlag in die Höhle, und wenn ihr das Auge endlich in der Hand haltet, könnt ihr auf siebenunddreißig Lichtjahre Entfernung sehen!

Wenn ihr Flöhe im Magen habt, Ratten in der Leber, eine Schildkröte im Hirn, Kakerlaken in den Knien, eine Sandale, ein Stück Zink, einen Haufen Schießpulver, bei einer Frau aus Daudiyat habe ich eine Socke gefunden! Ratet mal, wo ich die entdeckt habe?«

»Wo?«

»Im Gehirn eines Professors!« (Zitiert nach Mohamed El Yamani.)

Doch der schwerste Verlust war die unerwartete Schließung des Cafés Matich während des letzten Ramadans. Auch wenn seitdem viel Wasser durch die Wadis geflossen ist, hat der Djemaa el-Fna diesen Schlag noch nicht verwunden.

Wie läßt sich erklären, was sich aufgrund seiner proteischen Natur und ergreifenden Innigkeit jeder Schematisierung entzieht? Die strategische Lage an der belebtesten Ecke des Platzes machte das Café zu seinem eigentlichen Mittelpunkt, seinem wahren Herzen. Von dort aus überblickte das wache Auge die ganze Weite und sammelte seine Geheimnisse: Zwistigkeiten, Begegnungen, Begrüßungen und Schwindeleien, verstohlen fummelnde Hände, Männer, die ihre Rute überall dorthin dirigieren, wo sich eine Öffnung findet, ruheloses Gerenne, Schmähungen, umhertappende blinde Bettler, Liebesgaben, Menschengewühl, fühlbare Nähe der Körper, Raum in ewiger Bewegung: unablässig sich fortzeugende Handlung eines Films ohne Ende. Saatbeet der Geschichten, Nährgrund der Anekdoten, vielstimmiges Fabelwerk mit zweierlei Moral von der Geschicht: all dies war die tägliche Kost seiner eifrigen Besucher. Im Café versammelten sich Gnawamusiker, Schullehrer, Professoren, Basarhändler, kernige Burschen, kleine Dealer, großherzige Gauner, fliegende Zigarettenhändler, Journalisten, Fotografen, untypische Ausländer, Habenichtse. Die Aufrichtigkeit im Umgang machte sie alle gleich. Im Matich wurde über alles gesprochen, nichts erregte Anstoß. Der Dragoman, der das kleine Reich regierte, besaß eine solide literarische Bildung, und seine eher sporadische Aufmerksamkeit, wenn er sich gerade in die Lektüre einer arabischen Übersetzung von Rimbaud vergraben hatte, überraschte allenfalls die Neulinge unter den Gästen.

Dort erlebte ich die kristallisierte Spannung und verheerende Bitterkeit des Golfkriegs, seine harte und unvergeßliche Quarantäne. Die Touristen waren von der Bildfläche verschwunden, und selbst die alteingesessenen Fremden – abgesehen von einer Handvoll Exzentriker – wagten sich nicht an diesen Ort. Ein alter Gnawameister hielt das Ohr an sein Kofferradio gepreßt und lauschte den Nachrichten von der Katastrophe. Die Dachterrassen des Glacier und des Café de France waren hoffnungslos leer. Eine rote Sonne verblutete, Herold des Schlachtens, in den Abendstunden und färbte unheilkündend den Platz.

Dort verbrachte ich aber auch die unbeschwerteste und poetischste Silvesternacht meines Lebens. Ich saß mit einer Handvoll Freunde auf dem Gehsteig und wartete, warm angezogen, auf das neue Jahr. Plötzlich, wie in einem Traum, erschien an der Ecke ein Fuhrwerk, auf dessen Kutschbock sich ein junger Bursche nur mühsam aufrecht halten konnte. Sein umnebelter Blick fiel auf ein blondes Mädchen, das an einem der Tische saß. Verzaubert lockerte er die Zügel, und das Gefährt rollte immer langsamer, bis es zum Stehen kam. Wie in einer Stummfilmszene, in Zeitlupe, grüßte der schlichte Wagenlenker die Schöne und forderte sie auf, sein ungefüges Vehikel zu besteigen. Schließlich sprang er ab, ging unsicheren Schrittes auf sie zu und wiederholte mit einem umständlichen »Madame, Madame« die hochherrschaftliche Geste, die majestätische Einladung in den Rolls Royce oder die königliche Karosse, seinen prachtvollen Landauer. Die Anteilnahme der Gäste umgab fürsorglich seinen Eifer, seine alten Kleider, nun ein Festgewand, das beschwingte Gefährt seines flüchtigen Ruhms. Doch dann zerstörte jemand das Idyll, packte ihn am Arm und geleitete ihn wieder zurück. Dem Jungen gelang es nicht, sich aus dem Bann zu lösen, er schaute sich um, warf Kußhände und klatschte, um sich über das Fiasko zu trösten, seiner Stute mit unbeschreiblicher Zärtlichkeit auf die Hinterbacke (es wurde gelacht und gejubelt). Dann versuchte er, den Kutschbock zu erklimmen, schaffte es mit Mühe und fiel rücklings auf die leere Ladefläche, zusammengerollt wie eine Kugel (erneuter Beifallssturm). Mehrere Helfer richteten ihn auf, er nahm die Zügel in die Hand, wandte sich der nordischen Gottheit zu und formte mit den Lippen einen Abschiedskuß, bevor er, seinem verlorenen Eden trübe nachsinnend, auf dem schmutzigen und vergeßlichen Teer davontrabte. Seit Chaplins glücklichen Filmzeiten hatte ich eine solche Szene nicht mehr genossen: so zart, traumleicht, voll Humor und allerliebst romantisch.

Nach der Schließung des Cafés hat sich die Gemeinde

der Stammgäste zerstreut wie ein unbehauster Haufen Ameisen. Die Gnawas drängen sich am Abend auf dem rauhen Asphalt zusammen oder versammeln sich in einem verwahrlosten alten *funduq* auf der Derb Dabaschi. Wir übrigen trösten uns nach Kräften ob des Verschwindens dieses internationalen Kulturzentrums und lassen Szenen und Episoden aus seiner legendären und leuchtenden Vergangenheit wieder aufleben wie wehmütige Emigranten in ihren provisorischen Refugien.

Doch der Djemaa el-Fna widersteht den Angriffen sowohl der Zeit als auch einer heruntergekommenen, stumpfen Moderne. Die Halqas verkümmern nicht, es finden sich neue Talente, und ein stets nach Geschichten hungerndes Publikum schart sich munter um seine Gaukler und Artisten. Die unglaubliche Vitalität des Ortes und seine Fähigkeit, alles aufzunehmen und zu verdauen, bündeln das Zerstreute, heben Klassen- und Rangunterschiede zeitweilig auf. Die Touristenbusse, die wie Wale auf dem Platz stranden,werden sogleich von seinen hauchfeinen Fäden eingesponnen und von seinen Magensäften neutralisiert. Die Abende des Ramadans in diesem Jahr lockten Zigtausende von Menschen in seine Mitte, um die improvisierten Garküchen herum und zum lautstarken Gefeilsche um Schuhe, Kleider, Spielzeug und Tand. Im Schein der Petroleumlampen habe ich geglaubt, den Autor von *Gargantua und Pantagruel* zu erkennen, Juan Ruiz, Geoffrey Chaucer, Ibn Said, Al-Hariri sowie zahlreiche Goliarden und Derwische. Das grobe Bild des Schnösels, der mit seinem Handy schnäbelt, trübt oder mindert den beispielhaften Glanz seiner Allmende nicht. Die Glut des Wortes läßt das wunderbare Reich dieses Platzes überdauern. Doch manchmal macht mir seine Verwundbarkeit Sorge, und dann stiehlt sich die Angst in meine Gedanken und fragt: Wie lange noch?

Italienische und spanische Literatur in der edition suhrkamp und in den suhrkamp taschenbüchern

Rafael Alberti: Der Verlorene Hain. Erinnerungen. Aus dem Spanischen von Joachim A. Frank. st 1171

Juan Benet: Du wirst es zu nichts bringen. Erzählungen. Aus dem Spanischen von Gerhard Poppenberg. es 1611

Gesualdo Bufalino: Die Lügen der Nacht. Roman. Aus dem Italienischen von Marianne Schneider. st 2313

– Das Pesthaus. Aus dem Italienischen von Karin Fleischanderl. st 2482

Roberto Calasso: Die geheime Geschichte des Senatspräsidenten Dr. Daniel Paul Schreber. Aus dem Italienischen von Reimar Klein. es 1024

Leopoldo Alas Clarín: Die Präsidentin. Roman. Aus dem Spanischen von Egon Hartmann. Mit einem Nachwort von F. R. Fries. st 1390

Cristina Fernández Cubas: Das geschenkte Jahr. Roman. Aus dem Spanischen von Eva Schikorski. es 1549

Alejandro Gándara: Die Mittelstrecke. Roman. Aus dem Spanischen von Eva Schikorski. es 1597

Federico García Lorca: Dichtung vom Cante Jondo. Dichtung vom tiefinnern Sang. Deutsch von Enrique Beck. st 1007

Adelaida García Morales: Die Logik des Vampirs. Roman. Aus dem Spanischen von Anne Sorg-Schumacher. es 1871

– Das Schweigen der Sirenen. Roman. Aus dem Spanischen von Anne Sorg-Schumacher. es 1647

– Der Süden. Bene. Aus dem Spanischen von Anne Sorg-Schumacher und Imme Bergmaier. es 1460

Ian Gibson: Federico García Lorca. Eine Biographie. Aus dem Englischen von Bernhard Straub. Mit zahlreichen Abbildungen. st 2286

Natalia Ginzburg: Caro Michele. Der Roman einer Familie. Aus dem Italienischen von Arianna Giachi. st 853

– Ein Mann und eine Frau. Aus dem Italienischen von Arianna Giachi. st 816

Juan Goytisolo: Ein algerisches Tagebuch Aus dem Spanischen von Thomas Brovot. es 1941

– Dissidenten. Aus dem Spanischen von Joachim A. Frank. es 1224

– Notizen aus Sarajewo. Reportagen. Aus dem Spanischen von Meralde Meyer-Minnemann. Mit zahlreichen Abbildungen. es 1899

– Die Quarantäne. Prosa. Aus dem Spanischen von Thomas Brovot. es 1874

– Spanien und die Spanier. Aus dem Spanischen übertragen von Fritz Vogelgsang. st 861

114/1/7.95

Italienische und spanische Literatur in der edition suhrkamp und in den suhrkamp taschenbüchern

Juan Goytisolo: Weder Krieg noch Frieden. Palästina und Israel heute. Aus dem Spanischen von Thomas Brovot. es 1966

José Guelbenzu: Der Blick. Roman. Aus dem Spanischen von Peter Schwaar. es 1596

Cesare Lievi: Die Sommergeschwister. Ein Stück. Aus dem Italienischen von Peter Iden. es 1785

Julio Llamazares: Der gelbe Regen. Roman. Aus dem Spanischen von Wilfried Böhringer. es 1660

– Wolfsmond. Roman. Aus dem Spanischen von Wilfried Böhringer. st 2205

Eduardo Mendoza: Die Stadt der Wunder. Roman. Aus dem Spanischen von Peter Schwaar. st 2142 und st 2443

– Die unerhörte Insel. Roman. Aus dem Spanischen von Peter Schwaar. st 2519

– Die Wahrheit über den Fall Savolta. Roman. Aus dem Spanischen von Peter Schwaar. st 2278

Juan José Millás: Dein verwirrender Name. Roman. Aus dem Spanischen von Peter Schwaar. es 1623

Rosa Montero: Geliebter Gebieter. Roman. Aus dem Spanischen von Susanne Ackermann. st 1879

– Ich werde dich behandeln wie eine Königin. Roman. Aus dem Spanischen von Susanne Ackermann. st 1944

– Zittern. Roman. Aus dem Spanischen von Susanne Ackermann. st 2396

Guido Morselli: Licht am Ende des Tunnels. Roman. Aus dem Italienischen von Arianna Giachi. st 2207

Álvaro Mutis: Ilona kommt mit dem Regen. Roman. Aus dem Spanischen von Katharina Posada. st 2419

– Der Schnee des Admirals. Roman. Aus dem Spanischen von Katharina Posada. st 2291

– Ein schönes Sterben. Roman. Aus dem Spanischen von Katharina Posada. st 2525

Mercè Rodoreda: Auf der Plaça del Diamant. Roman. Aus dem Katalanischen von Hans Weiss. Mit einem Nachwort von Gabriel García Márquez. st 977

Alberto Savinio: Stadt, ich lausche deinem Herzen. Aus dem Italienischen von Karin Fleischanderl. st 2204

Jorge Semprun: Algarabía oder Die neuen Geheimnisse von Paris. Roman. Aus dem Französischen von Traugott König und Christine Delory-Momberger. st 1669

114/2/7.95

Italienische und spanische Literatur
in der edition suhrkamp und
in den suhrkamp taschenbüchern

Jorge Semprun: Europas Linke ohne Utopien. Essays. Aus dem Französischen von Wolfram Bayer. es 1915
– Die große Reise. Roman. Aus dem Französischen von Abelle Christaller nach der Originalausgabe. st 744
– Was für ein schöner Sonntag. Aus dem Französischen von Johannes Piron. st 972
– Der weiße Berg. Roman. Aus dem Französischen von Eva Moldenhauer. st 1768
– Yves Montand: Das Leben geht weiter. Aus dem Französischen von Uli Aumüller. st 1279
– Der zweite Tod des Ramón Mercader. Roman. Aus dem Französischen von Gundl Steinmetz. st 564
Giani Stuparich: Ein Sommer in Isola. Geschichten von der Liebe. Aus dem Italienischen übersetzt und mit einem Nachwort versehen von Renate Lunzer. st 2457
Enrique Vila-Matas: Vorbildliche Selbstmorde. Erzählungen. Aus dem Spanischen von Veronika Schmidt. es 1969
Giorgio Voghera: Nostra Signora Morte. Der Tod. Aus dem Italienischen von Renate Lunzer. st 2212

114/3/7.95